JN002120

中三学割投資法で＼あなたも／億万長者になれる！

金田一 洋次郎
KINDAICHI YOJIRO

幻冬舎MC

中三学割投資法で

あなたも億万長者になれる！

はじめに

この本は、株式投資で「億万長者」になりたい普通の人のために書いた。株式投資をしたことがない普通の人でも億万長者（金融資産1億円以上）になれる。ここでいう「普通の人」とは、「親などから億の財産を受け継いでいない普通の人」という意味である。

近年では「億り人」という言葉も流行っているようだが、どことなく、儚さを感じる言葉で頂けない。平成元年の年末ジャンボ宝くじの最高賞金額は、1億円で人々の夢を煽ったが、今の最高賞金額は10億円に達しているという。こう聞くとたかが1億円となるが、されど1億円である。10億円を築くためには、まずは1億円を突破し、あなた自身が億万長者にならなければならない。

億万長者という言葉には少々古臭い響きもあるが、資産家という意味が込められていると思う。どっしりとして、地に足が着いているイメージを想像してほしい。「億り人」にどことなく、儚さを感じるのは、その資産形成に一過性のものを感じるからであろう。ビットコインにFX取引など、資産運用の手法は様々あれ、一時的に億を突破したからといって、また億を失えば元も子もない。本書が述べる「中三学割投資法」は、普通の人が普通に億万長者になることができ、その後も億万長者であり続けることができる定石となる投資手法である。無論、望むならば1億円を達成した後に10億円、100億円と増加させることもできる。

「中三学割投資法」は、私自身が、長年研究し、開発した株式投資手法であるが、開発にあたっては、株式投資で成功を収めた3人の達人ともいうべき実在の人物の研究が基礎となっている。こうした先人達の投資手法を紐解き、理論の構築に10年、実践に10年かかった。この間、私自身も投資家として本投資手法を実践し、億万長者になったことは言うまでもないが、私が運営する投資勉強会である「達人視点の会」（運営：NPO法人日本ライフプラン協会）において、参加する多くの会員が資産形成に成功していることが何よりも嬉しいし、証しともいえる。

例えば、とある投資家は、食品メーカーで働いていた20代のときから株式投資を始めたが、数千万円までは自力で順調に増加させることができたものの、信用取引で大損をするなど株式投資では一進一退を繰り返していた。しかし、私の勉強会に参加し、「中三学割投資法」を学んでからは、その後順調に資産を築き、今や確たる億万長者。彼は現在テナント付きマンションなど複数の不動産を所有する他、ポルシェに乗り、起業して事業家としての頭角も現しつつある。1億円を突破してからの才覚は彼自身の努力であるが、億万長者の足掛かりをつくったのは「中三学割投資法」であり、投資を真面目に勉強し実践した彼は、まさに本物の資産家であり億万長者といえよう。

とはいえ、株式投資で勝ち組の投資家になり、勝ち組であり続けるのは簡単ではない。このように個人投資家が資産をしっかりと築き、地に足がしっかりと着いた豊かな人生を送るために必要なポイントとは何なのだろうか。

私は独立系証券アナリストとして会社を設立し、2020年4月に20年目の節目を迎えた。この20年間、個人投資家では情報を入手できない成長期待の中小型株に着目し、独自の分析によるアナリストレポートを投資家目線で作成し、配信し続けている。

株価が伸びる企業の経営者は何を考え、どのような戦略を描き、その結果、業績や経営指標がどのように変化していくのか。そんな「株価が伸びる企業の特長」を長年研究してきた結果、明確な共通指標を見出すことができた。

そこで本書では、株式投資をしたことがない投資経験ゼロの人でも億万長者になれる株式投資の手法について、具体的に解説していこうと思う。無論、これまで株式投資をしてきて確たる資産形成に結び付けることができない人、株式投資に失敗して株は博打と一緒と思っている人にとっても有用な投資手法である。

資産形成につなげる株式投資には、成長が期待される「割安」の「中小型株」に「中長期（最低5年から10年）の期間」で「集中投資」することで、数倍から10倍以上の利幅を目指せるという法則がある。これがタイトルにも取り上げた「中三学割（集中×中長期×中小型×割安株を学ぶ）投資法」だ。この原則に基づいた株式投資の基礎知識はもとより、投資すべき銘柄を見抜くために必要な、企業ＩＲ（インベスター・リレーションズ）の重要性についても詳しく取り上げた。

また、従来は自身の会員以外に非公開としているアナリストレポートについても解説し、実際にこれまで高い株価パフォーマンスを遂げ、これからも成長が期待できる60社の企業を厳選したうえで、一部企業経営者のインタビューも交えて、なぜ当該企業は魅力的なのかも詳しく触れている。

本書は私自身の研究の集大成であり、読者にとっては今後投資企業を見極める際のバイブルとして活用していただけるのではと確信している。株式投資の知識にとどまらず、どの銘柄をどのように購入し、どのように株式市場と接すれば夢の資産形成を手繰り寄せることができるのか。近年、土地神話バブル崩壊にはじまりＩＴバブル崩壊、ライブドアショック、リーマンショック、新型コロナウィルスショックと激動の株式市場ではあるが、本書の「中三学割投資法」をもってすれば、株式投資は必ずあなたの身を助ける財産となる。

「実行なくして実現なし！」。株式投資には様々な格言があるが、本格言は私が長年、研究過程において、自身で創作したものの一つである。本書では、こうした造語格言も随所に散りばめ、分かりやすく、読みやすいように工夫した。本書を通じて、人生をより豊かにするためのきっかけを得ていただければ幸いである。

目次

はじめに …… 2

第1章 株式投資は資産形成の王道である

普通の人が億万長者になるには投資家になるしかない …… 18
複利を知っている人はお金の怖さを知っている人 …… 20
元金保証主義者はお金が働くことを知らない …… 22
お金を増やすにはお金を本気で増やすという強い意志が必要 …… 25
あなたは投資と投機どっちをしているのか？ …… 27
株式投資の本質は株価ではなく会社を見るということ …… 31
情報はタダではない！　個人投資家のための証券アナリストという仕事 …… 34
投機の罠に陥って資産形成の本質を見失うな …… 38

財産三分法を知り明確な目標・イメージを持つこと …… 41
1億円稼ぐ人と1億円貯める人はどちらが幸せ? …… 45
8割の投資家が株で失敗しているわけ …… 48
1．情報に飛び付き無計画に株式を購入する …… 49
2．使ってはいけない大切なお金で投資している …… 52
3．みんなが知っている情報で投資している …… 54
老後の必要資金2000万円は本当に必要か …… 59
富裕層の普通の人は「最も大切なものはお金ではない」と分かっている …… 62

第2章 中三学割投資法の極意 いかにして億万長者になるか!?

「中三学割投資法」とは何か? …… 68
株式投資で成功する鉄則は3人の達人に学べ …… 73

1. 遠藤四郎氏の投資手法（達人視点E）に学ぶ …… 74
2. 竹田和平氏の投資手法（達人視点T）に学ぶ …… 78
3. ウォーレン・バフェット氏の投資手法（達人視点B）に学ぶ …… 88
「集中×中長期×中小型×割安株」を徹底的に学べ …… 102
数倍から10倍の利幅を目指す「集中投資」の魅力 …… 104
本物の「中長期投資」には5～10年の保有期間が必要 …… 107
中長期で成長を見込める「中小型株」に投資せよ …… 114
独自の分析手法で「割安株」を見極める …… 119
シャープの暴落を予見した達人視点 …… 121
達人視点を活用して億万長者への突破口を開け …… 127
ＩＰＯ企業は宝の山、達人視点で割安な成長株を発掘せよ …… 136
本物の投資を実践するための年代別心構え …… 146
20～30代の資産形成 …… 148
40～50代の資産形成 …… 150
60～70代の資産形成 …… 152

第3章 伸びる会社の見抜き方！ 中三学割投資法で10倍を目指せ！

事業リスクを知り経営者を見極める目を持とう …… 156
投資に勝つためには企業IRを活用せよ …… 168
アナリストの取材拒否という重要情報 …… 172
大型株が安全と考えるのは幻想 …… 174
投資対象銘柄をどう分析し、絞り込むのか？ …… 180
定量評価からのアプローチ …… 182
定性評価からのアプローチ …… 190
株は売りのほうが難しい。割安を知り売り場がどこかを見極める …… 196
株価分析からのアプローチ …… 198
最終的には経営者の人となりが信用できるか!? …… 208
最終投資判断と継続アプローチの重要性 …… 213

第4章

この銘柄を買えば間違いなし!? ハイパフォーマンス実証済みの〝レジェンド特選銘柄〟を一挙公開!

ハイパフォーマンス実証済みの「レジェンド特選60銘柄」……224
将来、持続的に増配をしていく会社を探せ……228
ROEやROAの高さに目を奪われるな!……232
無配や赤字の会社にも注目せよ!……233
株は12年間を勝負の期間と考えるべし……237
悪材料は買い、株は景気の悪いときにこそ買え……241
伸びる会社の共通点とは!?……244

持続的連続増配が期待できる会社に投資をする

プラネット(2391) 代表取締役会長 玉生 弘昌氏
「国債買うならプラネット、売上が減らない驚異のビジネスモデル」……251

セリア（2782）　代表取締役社長　河合　映治氏
「業界初のPOSシステム導入でイノベーションを起こす」……255
泉州電業（9824）　代表取締役社長　西村　元秀氏
「成熟業界でシェアを拡大する成長企業」……261
M＆Aで飛躍的成長を目指す会社は魅力的である
コロワイド（7616）　代表取締役社長　野尻　公平氏
「外食業界の風雲児、成長の先頭を走り続ける」……265
VTホールディングス（7593）　代表取締役社長　高橋　一穂氏
「ディーラーを超えるディーラーを目指す成長企業」……271
赤字経営でも挑戦するベンチャー会社は突然急騰する
アステリア（3853）　代表取締役社長兼CEO　平野　洋一郎氏
「つなぐ技術で世界シェアトップの成長企業」……279
TBグループ（6775）　代表取締役会長兼社長　村田　三郎氏
「普及率ゼロの市場に挑戦する開発ベンチャー」……282

IT bookホールディングス（1447）　代表取締役社長　前　俊守氏
「経営統合で急展開を見せる成長ベンチャー」……………… 287

グローバル志向の問題解決型の会社は必ず評価される

ジョルダン（3710）　代表取締役社長　佐藤　俊和氏
「100年に一度の交通網の大変革に挑戦する」……………… 290

スターティアホールディングス（3393）
代表取締役社長兼グループ最高経営責任者　本郷　秀之氏
「アジアNo.1のITグローバル企業を目指す」……………… 293

エーアイテイー（9381）　代表取締役社長　矢倉　英一氏
「世界トップクラスのフォワーダーを目指す」……………… 297

経営理念がしっかりして従業員を大切にする会社の株は上がる

クイック（4318）　代表取締役会長兼グループCEO　和納　勉氏
「小が大に勝つ戦略を明確に持つ人材サービス企業」……………… 300

幼児活動研究会（2152） 代表取締役社長 山下 孝一氏
「顧客と社員を喜ばすことが第一」……………… 303
テクマトリックス（3762） 代表取締役社長 由利 孝氏
「SIMPLE&4Cに込められた思い。医療クラウドに期待」…… 307

地方発のキラリと光る会社に勝機がある

FCホールディングス（6542） 代表取締役社長 福島 宏治氏
「交通インフラ・国土強靭化・防災・環境に貢献する」…… 310
ダイキアクシス（4245） 代表取締役社長CEO CGO 大亀 裕氏
「世界水インフラを構築する環境創造開発型企業」…… 313
キャリアバンク（4834） 代表取締役社長 佐藤 良雄氏
「徹底した差別化戦略でキラリと光る人材サービスを展開」…… 318

プロの経営者、CFOが采配を振るう会社は面白い

ギガプライズ（3830） 代表取締役社長 梁瀬 泰孝氏
「プロ経営者が進化させるISP成長企業」……………… 322

BEENOS（3328）　代表取締役副社長兼グループCFO　中村　浩二氏
「越境ECで東南アジアを中心にプラットフォームをつくる」……… 325

トップ、2代目と経営体制が強固な会社は安定している

バリューHR（6078）　代表取締役社長　藤田　美智雄氏
「健康管理のプラットフォームで国民の健康を守る」……… 329

サックスバーホールディングス（9990）　代表取締役社長　木山　剛史氏
「ファッショングッズ小売りの世界一を目指す」……… 334

ドウシシャ（7483）　代表取締役社長兼最高執行責任者　野村　正幸氏
「世界に2つとない会社をつくる」……… 336

フジックス（3600）　代表取締役社長　藤井　一郎氏
「糸の可能性を探求する技術者集団」……… 339

おわりに……… 343

第1章

株式投資は資産形成の王道である

普通の人が億万長者になるには投資家になるしかない

なぜ株式投資が資産形成の手段としてベストなのか? この命題に入る前に、題名にある億万長者になるためにはどうすればいいのかを考えてみよう。まず、世にいる億万長者を思い浮かべてほしい。すぐに頭に思い浮かぶのは、マイクロソフト創始者のビル・ゲイツ氏や、アップル創始者の故スティーブ・ジョブズ氏などの米国の富豪や、我が国ではソフトバンクの孫正義氏やユニクロの柳井正氏など日本の著名実業家などではないだろうか。芸能人などのセレブを思い浮かべた人もいるだろう。確かに芸能界は金回りがいい。有名人になることでそれなりのお金も入ってくる。近頃は、難関大学の出身者が芸人を目指すことも多いようだが、頷けるというものだ。成功すれば、お金持ちになって男性芸人が憧れの有名女優と結婚している例も珍しくないのだから。

しかし、こうした実業家にしても芸能人にしても、ほんの一握りしか成功していないことは誰もがお分かりだと思う。そのため、起業家にしても芸能人にしても、いざ目指すとなったら周りの大反対にあう。プロ野球などのプロスポーツ選手にしてもそうだ。頂点の成功者には輝かしい名誉とお金が約束されるが、ほんの一握りの話である。こうして考えると、仕事として、お金持ちになるために夢を追いかけた場合、成功した彼らは大変なリスクを冒して現在の地位を手に入れたことに気が付くだろう。

果たしてあなたは、お金持ちになるために起業家として成功することや有名芸能人なることを選ぶことができるだろうか。大半の人はノーだろうし、できないと考えるのが普通だ。また読者のほとんどの方が、すでに普通の人の道を歩んでいるサラリーマンや主婦、公務員の方か、自営業者やフリーランス、はたまた会社役員の方、すでにリタイアしている方など地道に真面目に人生を過ごされている方々だと思う。ここで、改めて考えてほしい。かようなリスクを冒さねば我々のような普通の人は億万長者になれないのかと――。

実は、そんなことはないのである。ここで注目してほしいのは彼らの資産である。芸能人は豪邸などに暮らしていることもあってお金持ちに見えるが、実際にはどのくらいお金があってどのくらい借金があるのかは分からない。そのため、蓋を開けると実際は火の車だったということもある。しかし、成功した実業家の方は株式を公開している例が多いので、彼らの資産状況は一目瞭然である。誰もが認める本当の資産家なのである。しかも、そのほとんどが自社株であることに疑いの余地はない。つまり、ゲイツ氏であればマイクロソフト株、柳井さんならファーストリテイリング株である。自らが起業し培ってきた企業の株式が莫大な富となっているのである。こうした株式は公開（ＩＰＯ）した以上、誰でも買うこと（投資すること）ができる。つまり誰でも「投資家」になることで彼らの資産の分け前を正当にオーナー（株主）として授かることができるのである。何も、人生においてて大きなリスクを冒すことはない。あなたの代わりにお金にリスクをしょってもらって働いてもらえばいいのである。

複利を知っている人はお金の怖さを知っている人

お金持ちの定義は様々だが、この本を手にした読者は、目標額としては金融資産1億円を目指してほしい。1億円と聞くと、普通の人は手が届かないと思いがちであるが、決してそんなことはない。お金の勉強をちょっとでもしたことがある人なら複利の効果くらいは知っているはずだ。お金の複利効果は大変なもので、利子に利子が加算される、よくある闇金ドラマなどで借りたお金がどんどん膨らんでゆく、からくりの一つである。借りた金の利子が複利で加算される。これこそ、金融屋が最も望む貸付のスタイルなのである。

元金を含め利子が利子を呼ぶものだから、利息ばっかり払って元金は一向に減らない。カード会社のリボ払いなどは、手数料の上に手数料が乗っかってくるという、こうした複利の効果を最大限取り入れた商品のため、金融知識に疎い方は支払いが楽だからといってついつい利用すると、あっという間に自分の収入では支払えない額になるので気を付けなくてはならない。

しかし、投資の世界で複利の効果を持ち込むことは有用である。毎年元金に10％運用益が乗る単利計算では、１００万円を1億円にするには90年かかるが、利子にも10％運用益が乗る複利計算では49年で達成する。20％複利なら26年目、30％複利なら18年目で１００万円が1億円になる。元金が１０００万円なら複利30％で回せば9年で1億円を突破してしまう。よく倍々ゲームというが、仮にくだんの１０００万円を倍つまり複利１００％で回せた場合、7年目で1億２８００万円になる。１０００万円なら、たった4年目で1億６０００万円だ。

複利の効果とともに複利の怖さも分かっていただけたのではないかと思う。察するに金融に疎い人がよく騙されるのは、1年目の利子が単利でも複利でも変わらないからだろう。１００万円を単利で運用しても複利で運用しても、次年度は１１０万円と変わらない。金貸しはそこに目を付けているし、お金の増やし方を賢く知る人は、複利で運用する大切さを重々承知しているということになる。

と、ここまで複利の効果をとうとうと述べたが、この話は以前、銀行マンのFP（ファイナンシャル・プランナー）研修で、講師として、いつも私が熱心に述べていたくだりである。机を並べた銀行マンの皆さんを相手に、「まずは、複利の効果を覚えてください」と。しかし、お金の学校で教えるのはここまで。どの金融商品で運用するかまでは教えてくれない。FPの教科書には様々な金融商品が網羅されているが、FPの勉強をいくらしても、お金の理屈は理解できてもお金の具体的な増やし方は分からないのである。無論、どうやって金融資産1億円をつくることができるのかなどは分かるはずもない。ただ、ここで分かってほしいのは、お金の怖さと同時にお金は、やりようによっては何もしなくとも勝手にお金が増えて飛躍的に伸ばすことができるという、からくりがあることをしっかりと心に刻んでほしいのである。

元金保証主義者はお金が働くことを知らない

複利の効果が分かったところで、金融資産1億円をつくることができる金融商品を探す必要があるわけだが、お分かりのとおり、今の日本に仮に10年という運用期間を設けたとして元金保証のままで１００万円を1億円にする商品はない。いや、１億円どころか倍の２００万円にする商品もない。ご存じのように、長年のデフレ経済からマイナス金利がすっかり定着してしまった。さすがに庶民の銀行預金には微々たる金利が付いているが、民間銀行が日銀に預ける当座預金には逆に利子を払わなくてはならない。景気を刺激する策とはいえ、民間銀行の疲弊ぶりは目に余る。いよいよ、銀行口座を持っているだけで、管理手数料が必要な時代に突入したと言える。銀行が貸出を伸ばすために審査内容を改ざんするなど、信じられないようなことも起こり始めた。銀行が詐欺まがいの商売までする時代である。まさに金融商品も自己責任で真贋《しんがん》を見極める時代に入ったといえる。

しかし、かつて日本でも預けているだけで元金が保証され、10年で倍になる時代があった。１９７４年の郵便定期貯金の金利は７・５％であったというから、10年でちょうど倍程度になる。そういえば、私が20歳ぐらいの頃、定期が満期を迎えて倍になったと祖母が喜んでいたのを思い出す。当時の私は学生で、金融に関する知識もなく、祖母の話をそんなもんかと聞いていたが、今思うと、こうした時代背景が、庶民を投資という概念から遠ざけてしまったのかもしれない。金融商品は安全で、預けておけば自然に増えるものだとの認識である。いや増えずとも元金は割らないと思い込んでいたのかもしれない。銀行や郵便局は安全にお金を増やしてくれる場所……。しかし、銀行や郵便局が元金をあっさり割ってしまう商品を売るのは、今や常態化している。よくよく考えれば、当時はなぜ元金保証で金利が高かったのか、素直に疑問に思うべきなのだが、庶民の頭の中には、戦後の高度成長を日本が謳歌するなかで、すっかり銀行の安全神話が根付いてしまったようだ。

分かってはいると思うが、当時も預けた先のお金は、その先でモーレツに働いている。お約束した利息以上のリターンが期待できるため、こぞって銀行は預金集めに奔走したわけだ。お金は、今も昔も大変な働き者なのである。その働かせ方を考えるのが本書の使命というわけだが、お金が働く過程においては、黙っていても勝手に増えるが減りもするということを知っておかねばならない。

ここで金融の常識を理解してほしいのだが、リスクとリターンは常にトレードオフの関係にあるということである。ハイリスクであればハイリターン、ローリスクであればローリターンだ。ミドルリスクならミドルリターンということになる。間違ってもローリスクハイリターンなどという金融商品はない。ローリスクミドルリターン然り。言葉では言い表せるかもしれないが、そんな金融商品は、この世にないと思っていい。今の時代、元金保証であれば、国内金融商品の金利はゼロと考えるべきだろう。０・１％の金利なら元本が倍になるのに694年かかる計算だ。言葉巧みに元金保証を謳い、高金利を約束する金融商品が仮にあるとすれば、まずインチキである可能性が高いと考えるべきだ。元金保証主義者は、騙されないようにくれぐれもご用心あれ。

お金を増やすにはお金を本気で増やすという強い意志が必要

お金の世界では、リスクとリターンが常に隣り合わせにあることを分かったうえで、心得なければならないことは、リスクを恐れてはいけないということである。リターンを追求する以上は、当然リスクもある。お金が増える可能性もあれば減る可能性もあるというシビアな問題である。この本は金融資産1億円、億万長者を目指す本だ。スタート時点での運用資金がどの程度あるかにもよるが、複利の効果をもってしても100万円を1億円にするには年率10％複利で49年かかることは先述したとおりである。こう書くと「先生、49年も待てません」という輩が必ず現れる。「運用資金を増やせばいいのですか。どの程度用意すればいいのでしょうか、200万円？ 300万円？ 1000万円？」。こうした質問を受けると、その方の懐事情など知る由もないのだから困ってしまうのだが、リスクに果敢に挑戦するという姿勢は評価できる。資産運用で成功するためには、1億円はともかく、お金を増やすという本気の強い意志が必要だからである。お金に働いてもらっているため、一見楽なようにも思えるが、実際の運用は増えたり減ったりするため、相当なストレスを受ける。こうしたストレスをものともしない強靭な意志が資産運用には必要だ。したがって、詳細は後述するが、不要不急の資金を運用に振り向けてはならないことも重要なポイントである。少なくとも10年は寝かすことができる資金で回さなくてはならない。49年も待てないという質問は例えの本質を理解していないが、本書で述べる「中三学割投資法」にとっての3つの「中」のうちの1つ、「中長期投資」にとっては重要なポイントを示唆している。49年は、私も待つことはできない。しかし、49年という月日は必ず経つという事実を忘れてはいけない。また、付け加えていうなら、毎年着実に10%複利で回せる商品など、どこにもないということを知っておくべきだろう。

こうした前提を踏まえて、金融資産1億円を達成するために大切なことは、リスクよりリターンに注目すべきということである。リスクを気にし出すと目標そのものが小さく萎んでしまい、大きな資産形成はできないと知るべきである。何回も言うが、リスクとリターンは常にトレードオフの関係にある。ローリスク・ハイリターンはあり得ないのが金融の世界だ。資産運用の勉強を始めると、どうリスクを回避するかという助言を目にすることが多い。こうした助言は、一概に間違っているとはいわないが、お金はさして増えないと断言できる。仮に3％程度が期待されるローリスク商品でも3％、もしくはそれ以上のリスクが必ず潜在しているのがこの世の常である。元金保証の預金が安全な気がするのは幻想で、インフレによる目減りリスクはあるし、金融機関にもしものことがあれば、ペイオフは1000万円＋利息までしか保証してくれない。タンス預金にしても盗難されればおしまいである。生きている以上、リスクはどこにでもある。となれば、リスクに備えてリターンに着目し、お金を働かせる術を身に付けるのが賢い生き方といえるだろう。

あなたは投資と投機どっちをしているのか？

さて、お金を増やすにはハイリターン商品に投資すればいいことが分かった。しかし、そこには常にハイリスクも付きまとう。この前提で、なぜ株式投資がベストなのかを考えてみよう。その前に、読者の皆さんには投資と投機の違いを明確に理解してほしい。世の中は様々な金融商品で溢れている。このなかから億万長者になるための金融商品を見つけなければならないわけだが、お金を増やしたいと思ったその日から、すでにあなたは色んな金融商品を勉強し、検討を始めていることと思う。その数多くの金融商品を見極めるための重要ポイントは、投資なのか、投機なのかという一点に尽きる。

投資か投機かの見極めは簡単である。第一に、あなたの保有もしくは検討している金融商品にリアルな価値があるかどうかということだ。このリアルな価値という点がポイントである。このリアルな価値とはリアルな資産として所有しているかということである。不動産投資や金現物投資などは、現物そのものに投資する点においてリアルな投資といえる。一方、ＦＸや商品先物なども実物資産の裏付けがあり、その変動を商品化しているので投資と思いがちだが、ここで見極めの第2のポイントとして、その商品に期限があるかどうかという点になる。一般にＦＸや先物取引は証拠金取引といって、委託証拠金の数倍〜数十倍の資金を金融業者が貸し付け、運用者は鞘を抜いて儲ける商品である。売りからでも買いからでも入れる取引はダイナミックで面白いとは思うが、相場が大きく変動した場合、特に損失を被ったときにロスカットされてしまえば、それでゲームオーバーであるし、限月がある場合、その期限までに思った方向にいかなければそれもまたゲームオーバーということになる。

ここで誤解が生じやすいのが資金を借りて実施する金融商品であるが、運用者の思惑が外れて現引せざるを得ない資金を、十分本人が担保している場合は、その行為そのものは投機ではなく投資といえる。金の先物取引で失敗しても、金を現引する余裕資金があれば何の問題もない。しかし、こうしたＦＸや先物商品の多くのプレーヤーはその証拠金以上の資金の裏付けがなくゲームに参加している場合が多い。こうした取引は間違いなく投機といえる。したがって第３のポイントは、資金の裏付けのないまま過大な取引をしていないかということになる。すなわち、整理すると投機ではなく投資といえるためには、

1. その取引にリアルな資産の裏付けがあるか
2. その取引に期限はないか
3. 借入取引額と同等の余裕資金で取引をしているか（いつでも現引できるか）

ということになる。この３つのうち１つでも当てはまれば、あなたは投機をしていることになる。裏付けのない仮想通貨なども投機ということになる。不動産投資などもマイホームは別として、他人に貸して収益を得るとなると、かなりリスクの高い手法と言えるだろう。普通のサラリーマンなど、定職に就いている方々が貸家やワンルームマンション投資

をすること自体は否定しないし、私自身も貸家を所有しているので、資産形成としては悪くない方法だ。しかし、かつての土地も上がり、家も上がる高度成長期のインフレ時代には、貸家経営は資産形成における極めて有効な手段であったと言えるが、固定資産税の重さや建物のメンテナンス、入居人の審査などを考えると管理はかなり大変である。所有物件の立地にもよるが、当該物件を借入で購入して、家賃で借入を返済し、管理を不動産会社に丸投げしている方は、相当なリスクをしょいこんでいるといっても過言ではない。少子高齢化やデフレ時代が引き続き想定される日本では、いい物件はかなり少ないし、高い。また、不動産は読んで字の如く動かない資産のため、売り急げば必ず叩かれるデメリットがある。オーナーとして、資産だけ見ればすぐに億万長者の気分になれるかもしれないが、抵当下の所有物件は増やせば増やすほど、眠れない日が多くなるだろう。

こう考えると、この3つを満たすハイリターンの金融商品は株式取引がベストということになる。昔から株式取引が投資の王道といわれるのも道理というわけである。

と、ここまで書くとなぜ億万長者になるのに投機ではダメなのかと思う人もいるかもしれない。それでは、ギャンブルと投機の違いは何だろうか。パチンコや競馬、競輪、はたまたカジノまで、昔から博打は人の世の常。一攫千金という人々の射幸心を煽り、増えることこそあれ、なくなる気配はないが、両者の違いは、ズバリ勝率にある。ギャンブルには必ず胴元（場の主催者）がいて、そのため投機より勝率は低くなるのである。なかでもひどいのは宝くじで、参加者の取り分は半分程度を分けあう形となっており、最も効率の悪い部類のギャンブルと言えそうである。「はじめに」で紹介したとおり、宣伝では、昔から億万長者の夢を煽るが、宝くじで本気で億万長者になるのはまず諦めたほうがいい。投機はゼロサムゲームのため、大きな胴元がいない分ギャンブルより勝率はいいが、あくまでも勝ちは運次第、偶然の産物だということである。冒頭で申し上げたとおり、仮に1億円勝っても次の取引で1億円を失えば元も子もない。投機やギャンブルでは、仮に1億円を手にすることがあっても、真の意味での億万長者になれないのである。無論、これから紹介する億万長者になるための「中三学割投資法」が使えないことは言うまでもない。

株式投資の本質は株価ではなく会社を見るということ

株式取引が投資の王道とはいえ、ハイリスク・ハイリターンの商品であることは先述した。株式に投資するということは、億万長者という夢の資産形成に一歩近づけると同時に、お金を働かせるためにリスクとどう向き合うかという観点も重要になってくる。投資でお金を増やすということは決して楽なことではない。お金の怖さをよく理解して、自分の考えを整理し、それなりに準備してから始める必要がある。そのためには、常日頃から株式投資に対する勉強をする必要がある。しかし、株そのものを買うには特殊な勉強はいらない。証券会社で口座を開いて入金して、買いたい銘柄を指定すれば、あなたもすぐに投資家の仲間入りである。そのため、投資家になるのは簡単だ。お金さえあれば誰でもなることができる。ここでいう勉強とは、どの銘柄を買うのかということと、なぜその銘柄を買うのか、どのように保有し続けるのか、どのくらい買うのか、いつ買っていつ売るのか、という具体的な投資行動を躊躇なく実行に移すためのあらゆる勉強である。

そのためには、政治経済をはじめとして株式市場、国際情勢、商品市況、景気動向など、マクロ環境を常にウォッチして分析する必要がある他、個別銘柄に対する内外のビジネス環境、業界動向、業績動向、経営戦略、ビジネスモデル、SWOT分析などを事細かくチェックしていかなければならない。無論、日々の株価の動きをチェックしていく必要もあるが、ここで大切なことは、株価の動きを見るというより、あくまでも中長期的な視点で会社の動きを観察していく目線を備えることが肝要である。「株価を見るのではなく会社を見る」というのは、口が酸っぱくなるほど私が常日頃から勉強会で言い続けていることだが、一体会社のどこをどのように見たらいいのか分からないと感じる投資家は多いと思う。ここで会社を見るとは、どういうことを言うのか。具体的な話をする前に、株式市場の参加者にはどのようなプレーヤーがいるのかを見てみよう。

株式市場の参加者は、取引所が発表する株式需給動向を表す投資部門別売買状況で分類されている。分類では、自己、個人、海外投資家、生保・損保、都銀・地銀等、信託銀行、その他金融機関、投資信託、事業法人などがあるが、大雑把に、個人投資家と機関投資家の２つに分けることができる。つまり個人投資家に対局するのが機関投資家であり、彼らは巨大な資金力を持ち、常に情報収集を怠らずＡＩ（人工知能）なども駆使して市場と対峙しているプロの投資家である。株式市場で最も大切なものは情報である。情報の多寡が勝負を決めると言っても過言ではない。いくら機関投資家が巨大でも同じ情報を持てば同じ土俵でほぼ互角に戦えるが、実際には情報量に雲泥の差がある。インターネット技術の発達で、定量情報には大きな格差はなくなったが、企業の経営者に直接会ってインタビューをする定性情報には実に大きな情報格差があるのである。そう、機関投資家は、実に会社をよく見ていると言える。無論、彼らも投資の究極の目的は、投資収益の最大化を図ることを目的としているため、株価に目を配るが、個人投資家以上に会社を見る機会に恵まれているのである。このような格差を個人投資家はどのように埋めたらいいのだろうか。私は、この格差を埋める鍵を機関投資家にはない「独自の情報と分析」と「機関投資家にはない強み」を持つことと考えた。そして、その情報を共有できるネットワークづくりこそが、個人投資家が株価に一喜一憂することなく、会社の成長を見て安心して投資できるようになると考えたのである。個人投資家のためのシンクタンクＫＣＲ総研の創業を決意した大きな動機の一つである。

情報はタダではない！
個人投資家のための証券アナリストという仕事

証券アナリストという資格がある。私は証券会社に入社してすぐにこの資格を取った。１９９２年だから入社して４年目のことである。証券アナリストは、民間の資格ではあるが、認定試験は現在の公益社団法人日本証券アナリスト協会が実施している。１９６２年発足で、我が国では唯一の証券アナリスト資格を正式に与える団体と言っていいだろう。私が受験したときは、すでにそれなりの試験制度も整備されており、合格率はわりと高め（科目にもよるが約40％～50％）であったと記憶している。しかし、科目ごとに所定の通信過程を経て、1次・2次試験を通過する必要があるため、取得には最低2年かかる資格であり、学生ならともかく働きながらこの資格をとるのは至難の業であった。大卒同期入社は250人程いたが、会社で取得を奨励されているにもかかわらず、同時期に取得した者は数人だったと思う。証券アナリストは、ほとんどが銀行・証券など金融関係者で占められている資格であり、今でもマイナーな資格の一つかもしれない。マイナーとはいえ、証券アナリストの名前くらいは聞いたことがあると思う。たまに、高額所得の外資系の証券アナリストなどがTVや雑誌などで紹介されることがあるが、まさにそれだ。

しかし、証券アナリストがどのような仕事をしているかを知る人は少ないのではないだろうか。証券アナリストの仕事云々については後述するとして、なぜ証券アナリストという資格がマイナーなのか。それは、証券アナリストという仕事では、一般で独立して食べていくのが難しいからである。税理士や弁護士などの身近な資格と違い、証券アナリスト有資格者は、ほとんど金融機関に勤めている。昨今は、上場企業の財務部門やIR部門などにも有資格者が増えつつあるが、ほとんどの人がその金融知識を活用したファイナンス関連の仕事に従事している。私が合格したとき、協会試験をパスした検定アナリスト（現在のCMA）は5000人を超えるほどであったが、2020年10月1日現在は2万7500人弱と5倍以上にも増えているのだ。これほどの人気資格であれば、もう少しメジャーであってもいいような気がするが、実は所属企業からの高評価獲得や自己研鑽のため、はたまた上場企業の財務・IR部門や金融機関などへの就職、転職に有利であるという理由から活用されているのが実情である。つまり一般に目立たないところで活躍されている方が取得されている資格なのである。

証券アナリストとは一言で言えば「企業の価値を分析する専門家」ということになる。平たく言えば「企業の実力から照らして今の株価が高いか安いか分析して評価する人」ということになる。硬く言えば、鑑定屋、緩く言えば予想屋といったところであろうか。専門家なのに両者で随分イメージが違うが、何せ変動する株式を分析・評価する仕事である。名前はかっこいいかもしれないが、有資格者であっても実際に直接、投資のために分析・評価する専門部署に従事している人はぐっと少なくなる。そのなかで、株式の分析・評価に携わる人の職業は大きくバイサイド・アナリストとセルサイド・アナリストに分けることができる。前者は、概して運用会社を指す場合が多く、所属するアナリストは、自社で運用を行っている投資家に向けてのみ情報を発信するため、その分析・評価結果を目にすることは難しい。役職としてはファンド・マネージャーやポートフォリオ・マネージャーなどが挙げられる。後者は、リサーチ・レポートを書いているアナリストを指す場合が多く、こちらは投資家であれば一度は目にしたことがあるかもしれない。近年は、ネット証券などが情報として自社の顧客に無償で提供する場合もある。私は系列の投資顧問会社、北浜キャピタル・アセット・マネジメント株式会社で北浜ＩＲファンドも運用しているので、バイサイドとも言えるのであるが、創業当初から企業のリサーチ・レポートを書き続け、独自の分析・評価法を長年にかけて構築し、個人投資家に提供するという思いから、セルサイドの立場として証券アナリストという仕事を大切にしてきている。

実は、こうした企業分析・評価を行うセルサイド・アナリストは、証券会社を中心に金融界では極めて少数であり、そのほとんどが機関投資家向けに情報提供しているのである。個人投資家と機関投資家の情報において定性情報には大きな格差があるとの話は先述した。なぜ、機関投資家ばかりにこうした情報が流れるかというと、彼らはそれなりにセルサイド・アナリストに対し、分析・評価の対価を支払っているからである。つまり、機関投資家を顧客として活動すれば、証券アナリストは食える職業ということになる。いや食えるどころか、人気アナリストともなれば、先ほど紹介したようにＴＶや雑誌で取り上げられ、所属する企業にもよるが高額報酬が約束されている職業なのである。反して、個人投資家向けにアナリスト稼業で食べていこうとすると、なかなか難しいということになる。なぜなら、個人投資家は情報をタダだと思っているからである。いや、情報だけではない。我が国の個人は、情報やサービスなど目に見えないものはタダという習慣が身に付いている。

しかし、気が付いてほしいのは、昔からいうようにタダほど高いものはないという事実である。そもそも無料の情報は、出所不明の情報も多く、真贋を見極めながら集めるのに随分と時間と手間もかかる。株式市場の情報に至っては、あなたの大切なお金を投入するためのものである。無料情報でも、時間と手間暇を十分にかけて集め、それなりに分析した情報であれば、それなりの価値もあるが、鵜呑みにして何の検証もなく実践に使うことは無謀以外の何物でもない。株式市場において資産形成を行う場合、有益な情報を得るためには、それなりの対価が必要であるということを肝に銘じてほしい。

投機の罠に陥って資産形成の本質を見失うな

投資家デビューは簡単である。証券会社で口座を開き注文するだけ。問題は、その注文に至るまでのプロセスである。あなたは「なぜ、その銘柄を選んだのか?」。この銘柄選びのプロセスにおいて、ほとんどの方が、「上がりそうだから」と答えるのではないか。しかし、それは当たり前で、明確な答えにはなっていない。あなたが、その銘柄を買いと思った明確な動機があるはずだ。この動機が見当たらない人は、勘で株式売買をしていることになる。勘で株式売買をしているうちは絶対に儲からない。いや、儲からないというより、絶対に資産にはならないというほうが正しいかもしれない。ここで、資金と資産の認識の違いを整理しておこう。資金とはお金のことである。お金は、お金として持っていても一銭も増えない。お金にも働いてもらうのが資産家への道であるとの話もした。本書は何度も言うが資産家になる、億万長者になるための本であって、お金（＝資金）はこうすれば倍々で増やせますよ、だから増やしましょうよ、という本ではないということである。資金とは、何かの元手であって、本書の場合は、株式投資のためのお金である。資産家という言葉はあっても資金家という言葉はない。軍資金という言葉があるが、まさに何かをやるための元手が資金なのである。こう考えると、「はじめに」で述べた「億万長者」と「億り人」の響きがなぜ違うのかをしみじみ感じていただけると思う。

デイトレーダーという言葉がある。資金をぐるぐる動かして、基本は1DAYでその日のうちに資金を現金に戻す方法である。原則オーバーナイトはしない、このデイトレーダーも1日と期限を区切っている段階で、先ほどの投資と投機を見分ける3条件の1つに当てはまることから投機ということになる。デイトレーダーを全て否定するわけではない。株式が変動する金融商品である以上、タイミングさえ良ければ、1日で莫大なキャピタル・

ゲインを手にすることは可能である。以前、みずほ証券が大量誤発注したジェイコム株事件では、複数のデイトレーダーが瞬時に大儲けをした。元証券マンである私から見れば背筋も凍る証券事故であるが、個人には返還義務はなかったと聞く。くだんのデイトレーダーは、莫大な利益を得ることができたわけだが、同じ利益を得るためには、こうしたチャンスが続かなくてはならない。ジェイコム株事件ほどではないが、このような偶然の高騰は、株式のような金融商品にはしばしば起こることであり、驚くことではない。相場さえ良ければ1年で倍になる銘柄なんてザラにあるのが株式市場なのである。しかし、この偶然を獲得し続けるのは至難の業である。確率論に正面から挑もうというのに等しい。大きな偶然の産物を手に入れたときにゲームから降りればいいのだが、なかなか辞められないのが投機でありギャンブルなのである。大金を手にするということは、それなりの高揚感も味わえる。「中二学割投資法」は、時間を味方にする投資法であるため、達成感はあるものの、こうした高揚感とは無縁であるが、短期に儲かれば儲かるほど興奮状態に陥り、高揚感は高まると考えていい。したがって投機で一度、こうした高揚感を味わってしまうと抜け出すのはそう簡単ではない。デイトレーダー然り。資産形成とは無縁であり、手元資金を倍増することだけに執着するようになっていくのである。資金が増え続けているうちはいいが、一日損失が増え出すと、それを取り返すためにさらに大きく相場を張っていく。資金を増やすための明確な動機はない。ただ、お金を増やしたいからだけである。その姿は、ギャンブルにのめりこんでいく姿と何ら変わらないし、行く末はギャンブラーの人生を見ればお分かりだろう。

財産三分法を知り明確な目標・イメージを持つこと

こうした投機の罠にはまらないためには、まずは資産形成において明確な目標を持つことが必要である。億万長者になるという明確な夢を持ち、資産家になるという強い信念がなければ大きく資産は増やせないと考えるべきである。そのための株式投資であり、「中三学割投資法」であるといってよい。「中三学割投資法」については、第2章で詳しく述べるが、ここでは、「中三学割投資法」を活用する前の資産形成の心構えについて話しておきたい。

まず、何のために資産を形成するのかという自らへの問いかけである。世の中、お金持ちへの憧れは強い。お金持ちのイメージとはどのようなものであろうか。分かりやすいのは漫画の世界かもしれない。藤子・F・不二雄氏の名作『ドラえもん』は、今も子どもたちに根強い人気を誇り、登場人物の描写はリアルで面白い。そのキャラクターのなかで、スネ夫がお金持ちで描かれているが、のび太など他のキャラクターと違ってやはり目を引くのは、家の大きさではないだろうか。つまり、資産家とは不動産所有のイメージが大きいということである。人生のなかで一番大きな買い物は家である。それでは、果たして家の大きさというものは人生にとって大切なのだろうか。答えは、イエスでもありノーでもある。なぜなら、家というものは住む人の価値観によって考え方が随分違ってくるからである。土地・家屋というものは人の人格形成に直結しており、生きるうえで必ず必要なものであり、また容易に換金できない性質を持っていることから、資産形成の本丸といえる。

本書は、不動産などを除く金融資産で億万長者になることを指南する本だが、資産形成のイメージとしては、まずは家を購入することをイメージしてほしいと思う。家がすでにあるご年配の方などは、住みやすく大リフォームすることを考えてもらってもいいし、理想の家への住み替えを考えてもらってもいい。とにかく資産形成において、不動産すなわち家を持つということは大切なことである。世の中においてまずは、衣食住が必要である。家の大きさは関係ないが、環境というものは、人生においても、資産形成の考え方においても大きな影響を及ぼす。

かくいう私は、31歳のときに最初の家を買った。否、正確に言うと買わされたのである。当時、私は東京勤めであったが、実家の金沢の父から突然電話がかかってきて、「いい物件があるから家を買え」と言われた。もう手付金も払ってあるというのだ。私は意図せず、いきなり大きな借金を背負うことになったのである。ちなみに、私の実家は呉服屋である。祖父は警察官から八幡製鐵（旧新日本製鐵、現日本製鉄）を経て軍人になったが、終戦間際、フィリピンのコレヒドール島で戦死したと聞いている。私が生まれる前のことで最後は、陸軍大将で中尉だったそうだ。祖父の生家は金沢の大農家であったが、自分の田畑は小作人に任せていたためGHQによる戦後の農地改革で、全てを失ってしまった。3人の子どもを抱えながら未亡人となった祖母のその後の苦労は察するに余るが、祖母が生活のために起こした商売が呉服だったのである。そんな祖母を支えるべく、父は地元の銀行を辞めて呉服屋を継いだわけである。戦後の祖母は借家暮らしで、金沢を転々としていた。そんな祖母を見ていた父は、長年の借家暮らしから家というものに大変執着するようになり、自分の住まいだけではなく、中古の物件を買ってはリノベーションして、大家として貸し出す不動産投資をするようになっていった。不動産投資を手掛けた時代も良かった。日本全体がインフレ成長していた時代だったからだ。こうして父は本業の呉服以外にも不動産投資で財を成していったわけである。父は、兄にも弟にも家を買わせた。兄は獣医師として石川県庁に勤める公務員であり、弟は大手食品会社のサラリーマンである。私も証券会社勤めの一介のサラリーマンに過ぎない。若くして不動産を買うには借金をして買うしかない。父親の手引きで兄弟全員が大きな借金を背負うことになったわけである。

しかし、それが資産を築く第一歩となる。したがって、真の資産家になるためには資金をすぐには換金できない不動産を買って所有し、不要不急の資金を換金性が高い株式などの有価証券で運用し、生活資金など必要な資金をリスクのない現預金として分けて所有しておかねばならない。つまり、資産家になるためには財産三分法を常にイメージしておく必要があるのだ。理想のバランスは3分の1ずつということになるが、資産形成を本格的に考えスタートさせた時の、資産状況、ライフステージによってこのバランスは当然変わる。無論、年齢を重ねることによるステージでも変わっていく。こうした年代別の運用法については後述するので参考にしてもらいたいが、ここでは資産形成の第一歩として、財産三分法を常にイメージすることの大切さを学んでほしい。

父は元銀行マンであるから、銀行融資に詳しく、不動産融資には長けていたようだ。札勘はお手の物だった。子ども心に父親の鮮やかな手捌《てさば》きを見て、いつか私も父のようにお札を数えてみたいと思っていたが、銀行マンは特殊な訓練をしているのだろう。証券マンはそのような訓練などはなく、どうにも札勘が下手くそである。しかし、資産形成に目覚めたのは、父のお陰で最初の家の購入時からかもしれない。そんな父は、晩年は地域への恩返しに勤しんだ。民生委員を22年務め、金沢市崎浦公民館の館長となり、金沢市の公民館連合会会長を歴任して80歳で引退した。とにもかくにも、私が財産三分法の大切さを知ったのは父からである。財産を不動産・株式・現預金と分けて資産形成をするこの考え方は資産形成の基本中の基本であり、真の億万長者を目指すためには極めて大切な考え方であるということを、改めてここではっきりと明記しておきたい。

１億円稼ぐ人と１億円貯める人はどちらが幸せ？

お金を稼ぐ人に言うほどお金は残らない。こう聞くと、本当か?と思いたくなるが、本当である。一般に、お金を稼ぐ人はお金もよく使う。これは間違いない。したがって、手元にはあまり残らないことが多い。この大きな理由の一つは税金である。サラリーマン諸氏は、税金や社会保険料などが給与天引きされて、実質の手取り金額で物事を考えるため、わりと計画的にコツコツお金を貯めることができる。しかし、事業経営者は売上金が丸々手元に転がり込んでくるため、全てが自分のお金だと錯覚しがちである。特に、事業の始めたてや経理に疎い経営者は、このトラップに陥りやすい。起業して会社経営をし出すと、たちまちに金銭感覚が変わる。それまでの1000円、1万円単位が10万円、100万円単位と大きく変わっていく。アイディアが良く、世間のニーズとマッチすれば事業というものは飛躍的に伸びる。ドッグイヤーといわれるように、それこそ当たれば倍々に伸びていくこともある。しかし、税金はその稼ぎに対して、後から追いかけてくるから実にやっかいだ。事業を始めて、とにかく税金の高さにびっくりするのは、どの経営者も同じだろう。

実際、日本の税と社会保障の国民負担率は5割近くと、どんどん上がっている。経営者は源泉徴収義務があるうえに、従業員の社会保険料も半分賄わなくてはならない。法人税が若干下がっても中小企業経営者にとっては、もともと赤字法人が多いためあまり関係ない。消費税はどんどん上がっているのに、所得税は高いままだ。我が国では相続税や贈与税も厳しい。資産家にとって悩ましい固定資産税も高い。つまり、課税だらけである。外からガバナンスが監視されている上場企業と違い、多くの中小企業経営者が派手に遊んで見えるのは、稼いだ金を少しでも経費にしたいからに他ならない。経営者がベンツなどの高級外車に乗るのは安全という側面もあるが、実質的には少しでも償却額を多くしたいからである。税金にとられるぐらいならと損金扱いにできる交際費を満額使い切ろうとする輩が多いというのも頷ける話である。そのくせ事業というものには保証がない。その時代のニーズに合わなければ、創業１００年の老舗でも潰れるのが事業である。一説に5年ごとに経営危機が訪れるというが、あながち間違いではない。10年一昔というが、世の中は10年もすればすっかり変わるからである。事業経営者である以上、5年のサイクルに危機感を持つぐらいでちょうど良いことになる。

したがって、1億円を事業で稼ぐということは、結構なストレスを抱えるということが分かっていただけたのではないかと思う。いろんな商売があって、ほとんど元手もかからずに1億円を手にする人もいるかもしれない。今、流行りのユーチューバーもそうだ。しかし、稼いだ金を持っていかれる痛税感は、持った人間にしか分からない相当なストレスである。来年、同じ金額が稼げるか当の本人にもまったく分からないのだから。昔から「商いは牛の涎《よだれ》」といって、商売のコツも牛の涎のように切れ目なく気長に辛抱強く続けることが肝要ということだが、まさに至言である。しかし、なかなかそう都合良くいかないのが商売の常。勢いで1億円稼げばそれを凌ぐ勢いでお金を使っているのが商売人なのである。事業で1億円を稼いでいる人は片方で1億円近くを使っているため、貯めるのは難しいのである。その点、お金に働いてもらう株式投資は、所得とは関係なく申告分離課税であり、ＮＩＳＡなどの非課税制度も設けられているため、うまく運用できれば1億円を目指して貯めることができる。何も事業リスクを冒して商売を始めなくとも、サラリーマンでも億万長者になることができるのである。商売も結構だが、事業経営者の方も是非、本書の「中三学割投資法」による株式投資に目覚めてほしい。

8割の投資家が株で失敗しているわけ

何回も言うが、株式投資で成功するためには勉強が必要である。かつ、勉強し続けることが必要である。しかし、個人投資家が失敗に陥る例は多い。ここでは、私の身の回りに起こった投資家との体験談を紹介すると同時に、なぜ多くの投資家が投資に失敗するのか、私の考えを3つに絞って述べてみたい。

1. 情報に飛び付き無計画に株式を購入する
2. 使ってはいけない大切なお金で投資している
3. みんなが知っている情報で投資している

1. 情報に飛び付き無計画に株式を購入する

「先生のお話に感動しました。先月仰った銘柄、早速買いました！」「いくら買ったの?」

こう尋ねると、ざっと1億円ほどだという。この方は、前月に私が開催した無料の株式投資セミナーに初めて参加し、感動してその銘柄を一気に1億円も購入したわけである。

買った銘柄自体は悪くはない。しかし、何の計画もなく初めて参加したセミナーでいかに感動しようと、すぐにその銘柄を1億円も買うなど、その時点で失敗していると断言できる。もっとも、無料セミナーに初めて来た人だったため、その方のことは私もまったく知らない。せめて、買う前に少しでも声をかけておいてくれたら、まずは、本格的に株を勉強するための「達人視点の会」にでも入ったらとお誘いできたのにと思ったのだが、大資産家なのかもしれない。超富裕層のなかにはポンと1億円ぐらいのお金を出す人は、ごくごくまれではあるが、いるにはいるからだ。しかし、話を聞いてみると、確かに普通の人よりはお金持ちであるが、株式投資に回せるお金は1億円だという。となると、この方は株式投資資金1億円を一度の取引で1銘柄に全てつぎ込んだということになる。

「うーん」私は困ってしまった。私が推奨している株であるため、無料の会員ではあるが責任を感じて、投資した企業の経営者に取材に行く際、特別に声を掛けて同行してもらった。実際に経営者に会ってもらい、経営者の人となりを確認してもらうためと、何か聞きたいことがあれば直接質問したほうが本人のためになると思ったからだ。当時、本人は経営者に直接会えて満足していたように見えたが、その後、私が主催するセミナーには姿を現さなくなった。私が推奨した銘柄は、ちょうど一相場終わったところで、全体市場もそうだが、当該投資企業のテーマ株としての魅力も終了し、長期低迷に入ってしまったからかもしれない。その銘柄は、最初に私が推奨してからは、わずか2年程度で確かに5倍ぐらいに急上昇したが、その後、推奨値から3倍ぐらいの水準で推移後、ライブドアショックの煽りも受け、私の当初の推奨値からも4分の1ぐらいの水準まで下がってしまった。

その方の買値は、相場の終焉時に高値圏で掴んでしまったから3年ほどで10分の1にまで減ってしまったことになる。

話だけ聞くと、目も当てられない話だろう。しかし、その方が買ったときは銘柄としての旬は終わっていたが、その企業の経営者自体の経営能力には、私は絶対の自信があった。だから中長期保有を続ければ必ず元に戻ると話した。少しまたお金に余裕ができたら、ナンピンを少しずつ入れたほうがいいとも思っていたが、このアドバイスはセミナーに来なくなってしまったのでできずじまい。やがて当該株式は、そこが大底でそれから8年程度で10倍以上に回復した。その間、継続して配当も出している。果たしてその後、底値圏で損切することなくいるだろうか。会いに来なくなった以上知る由もないが、計画性もなく私のような専門家の話であれ、新聞、雑誌、TVのニュースなど、見聞きしただけで深く考察することなく飛び付き買いをすることは無謀以外の何物でもない。個人投資家の陥りやすい失敗例の一つと言えるだろう。

2. 使ってはいけない大切なお金で投資している

私のセミナーに当時、よく来ている常連さんがいた。この方は、「達人視点の会」会員であったが、勉強熱心で毎月開催される私の講演を楽しみにしてくれていた。しかし、「達人視点の会」はマクロ経済動向を見極めて後述する達人視点レポートに基づき、注目銘柄の取材動向などを勉強する本物の投資家を目指す会である。具体的にKCR総研が推奨する銘柄を伝えるには金融庁お墨付きの投資助言業の資格が必要で、投資顧問会社、北浜キャピタル・アセット・マネジメント株式会社のVIP会員資格であるKCAMレポート会員になってもらわなければならない。この方は銘柄を自分自身で選びたい方であったので、達人視点会員を選んでいたようだ。

ある日、「先生、私が保有している銘柄を見てもらえますか」と保有銘柄のメモを持ってきた。見ると、ずらりと大型株が並んでおり、その多くが長期低迷状態、半分以下の銘柄も結構あった。私は銘柄分析をして、助言をするにはKCAMレポート会員になってもらわなければならないと話をすると、スポット的にフィーを払うというので、その方の保有銘柄の分析をし、いくつかの銘柄に関しては中小型株へ乗り換えを勧めた。

しかし、その方の一番の問題点が助言をしているうちに発覚。退職金を全額つぎ込んでいることが分かったのだ。株式投資は、不要不急のお金で実施しなければならない。資産形成の大原則として、財産三分法が極めて大切であることは先述した。この方の場合、すでにご退職者であったので、確たる収入は年金のみ。大企業のサラリーマン出身の方だったため、年金額もそれなりとは思うが、いくら退職前と同じ生活水準を保つための資産運用といえど、全額は絶対に使ってはいけない。60歳以降になっても、以前と同じ生活をするためにはお金は結構かかる。また、若い頃とは違うのだから不測の事態に備えるお金も必要である。銘柄をどう選ぶかということも大切だが、初っ端の軍資金の在り方が間違っていると、にっちもさっちもいかなくなるのも株式投資の特徴なのである。前段の無計画性につながるところもあるが、大前提の資金配分を間違うと、株が思うように動いてくれないと焦って売却を急ぎ、また新たに購入した銘柄でも失敗してお金を減らしていくことも多い。不要不急のお金で投資しないとイライラも募り、生活も荒れがちになる。

その方は、その後のライブドアショックで中小型株もガタガタになってしまい投資勉強会にも来なくなってしまった。「達人視点の会」の会員であったのだから、もっと相談しに来てくれても良かったのだが、そうはならなかった。今も気がかりな投資家の一人である。

3. みんなが知っている情報で投資している

ズバリ、あなたはその株を買うまでにどのような投資のための判断行動を取ったか？

こうした質問に「上がりそうだから」というのは答えにならないと先述した。株式投資は勘でやっているうちは絶対に儲からない。これは、私自身も証券会社に勤めていながら、実感したのだから断言できる。証券マンは、信用取引など一部の取引制限はあるが、基本的に会社にどの銘柄を買うのかを届け出て承認されれば、購入は可能だ。会社によって多少の違いはあるかもしれないが、少なくとも私の勤めていた当時の会社は普通に株を買うことができた。ただし購入後、一定期間の保有条件がついている。証券マンといっても、全員が発行体である企業と接触しているわけではない。インサイダー取引規制も厳しく、自分の関係する企業の株式などは無論売買できないが、それ以外の企業は問題がない限り会社の口座で購入ができた。

しかし、証券マン時代の私の投資成績は、トントンといったところであろうか。あるときは儲け、あるときは損切り。その繰り返しであった。平均保有期間は、1年程度であったと思う。1年を超えて持っていたのは、塩漬けになったからである。証券マンといえども、投資に関する一定の理論構築がなければこの体たらくであり、素人同然の成績と言っていい。あるとき、印象的な失敗をした。通販カタログ大手のセシールが、株式を4分割という新聞記事を見て、飛び付き買いをしたのである。セシールは、香川県高松市で正岡道一氏が裸一貫から創業したベンチャー的な企業で、一時は飛ぶ鳥を落とす勢いで伸びていた会社だったため、少なからず好感を持っていた。これはチャンスとばかりに、コツコツと貯めていた金を200万円ほど投資した記憶がある。ところが、分割発表時が株価のピークで、分割後は大きく値下がり、あっという間に4分に1ほどになってしまった。それまで、コツコツとわずかながらもプラス圏で推移していた株式投資の儲けが、瞬く間に吹っ飛んだ瞬間であった。このときはさすがに参ってしまって、しばらく株価ボードを見るのも嫌になったくらいである。また、さらに悪いことに、セシールはその後、本業の通販カタログ業界の競争も激しくなり、業績もどんどん低迷していった。復活の兆しはなく、私は大幅な損切を余儀なくされたわけである。その後の顛末《てんまつ》であるが、セシールは半ば身売りのような形で、販売低迷から脱することなくライブドアに買収されてしまった。

このエピソードにおける投資の失敗は、どこにあるのだろうか。やはり、セシールを買うまでの私自身の投資の判断行動に問題があったと言えるのではないだろうか。こう考えた私は、株式投資というものを真剣に考えるようになった。なぜ、好条件であるはずの4分割後に急落したのか。好調に見えたはずの業績がどんどん低迷していったのはなぜか。そこには証券マンといえども、まったく分からない未知の部分が隠されているような気がした。私がセシールを買うに至るまでの投資行動は、まず4分割の新聞記事情報を手掛かりに四季報で業績をチェック、好業績であることを確認し、続いて株価チャートで値動きをチェック、そして現状の株価が割安であるかを知るためにPER（株価収益率）とPBR（株価純資産倍率）をチェックして総合的に判断したというものである。こうした一連の判断手続きに要した時間は、1時間ほど。もともと、会社の情報誌か何かで記事を読んで好感を抱いていたこともあり、4分割の記事を目にしたときから買いありきで考えていたのだと思う。このように投資に際しての一通りのチェックはしていたため、このような事態に陥るとはまったく予想だにしていなかった。

しかしよくよく考えてみれば、私が投資判断とした情報は企業の発表情報であり、すべてが誰でも知っている情報である。投資家は日々、いろんなニュースや記事を目にする。気に入った銘柄を買う前に必ず取る行動が、四季報の確認とチャートや代表的な株価尺度であるPERやPBRではないだろうか。多くの投資家が取るこうした行動自体は間違っていない。セシールで大きく失敗した私でも、今も必ず気になる銘柄にはこうした確認をする。しかし、チェックをすれども買いはしない。まだ情報が不足しているからだ。ここが、昔の私と今の私がまったく違う点である。

株式投資をする際、みんなが知っている情報は情報ではないと知るべきである。そう、みんなが知っている情報は投資判断に際しては、悪く言えばゴミ同然と言ってもいい。知らずにいればいいというわけではない。知っておく必要はあるが、鵜呑みにして投資判断に使うことは禁物であるということである。

ここでもう一つ、証券マン時代に目にした印象的なシーンを紹介しておこう。公開引受部にいたときである。あるとき、出張から戻った隣の先輩が帰って来るなり、受話器を取って「ファーストリテイリングを買ってくれ」と注文を出していた。その先輩は、同社と直接の関係はなかったようなので注文は認められたようであるが、私がファーストリテイリングの名前を聞いたのは、そのときが初めてであった。「そういえばそんな名前の企業が、新規でＩＰＯ（上場）してきていたような。確か山口県かどこかのアパレル業者だったよな」といった程度の知識しかなかったが、その後、ユニクロをチェーン化するファーストリテイリングが大化けしたのは言うまでもないだろう。当時の地方企業は、いきなり東京証券取引所を選ぶことができず、まずは地元エリアの地方証券取引所に上場する必要があった。ファーストリテイリングは広島証券取引所に新規上場ということになったわけだが、言葉は悪いが当時、地方証券取引所に上場している一地方企業に誰も注目はしていなかったと思う。それではなぜ、先輩はファーストリテイリングを買うに至ったのか。プライベートな投資である。当時、その質問はしなかったが、ずっと心に引っかかった。その先輩が山口県のファーストリテイリング社に行って、直接、柳井社長の話を聞いてきたことだけは推定できる。そのとき、柳井社長はどんな話をしたのだろうか。今のユニクロの成長を見るに自身のビジョンや夢、ファストファッション業界のこれから、日本にはまだ目新しいＳＰＡ（製造小売）のことなどではないだろうか。今となっては当時の想像を働かせるしかないが、私やみんなの知らない、いわゆる定性情報を持って先輩が株式投資をしたことだけは確かだ。何よりも柳井社長の夢と人となりに触れたことが大きい。ファーストリテイリングは、当時からそのまま持っていれば、高値までで２００倍以上になっているのではないだろうか。１００万円投資していれば2億円以上だ。今でも持っているとすれば大変な資産株になったというわけである。

このように、いくつかの事例を挙げて投資の失敗談を述べたが、一説によると株式投資で成功している投資家は全体の2割程度であるという。しかも、この2割は圧倒的に儲けて勝っているのが現実である。あとの8割は、2割の勝者に対して必死に損を分け合って貢いでいるとイメージしてほしい。株式売買というものが基本的にゼロサムゲームである以上、勝者であるためには偶然に頼らず、資産運用に関する正しい知識を持って常に勉強を怠らず、新しい情報を身に付ける術が必要である。本書もそのためにあると思ってもらいたい。

老後の必要資金2000万円は本当に必要か

先頃、金融審議会市場ワーキング・グループ報告書「高齢社会における資産形成・管理」が発表され、老後の必要資金が年金だけでは足りないと報告され、大騒ぎになった。老後の必要資金2000万円が急にクローズアップされ、数字だけが独り歩きし始めた感もある。報告書の内容自体は、現状の年代別の金融資産平均保有状況から見て、年金だけでは退職後毎月約5万円不足するため、人生100年時代を迎え、長生きするリスクにそれなりの警鐘を鳴らそうと、年代別に資産形成の在り方の重要性を指摘したものと言える。しかし、年金は100年安心といっていたのに、年金だけでは生きていけないのかと別の観点から異論を唱える方が多数現れたのである。

随分と極端な議論になったものである。報告書の内容は、あくまでも元サラリーマンの夫と専業主婦の妻で試算したモデル世帯であり、そもそも現役世代における給与水準や職種によっても、もらえる年金額はまったく違う。ご存じの方も多いとは思うが、年金構造はもともと3階建てになっていて、多くの自営業者は1階部分にあたる国民年金（基礎年金）部分しか給付は見込めないし、大企業のサラリーマンなら2階の厚生年金部分に加えて3階の厚生年金基金（企業年金）もある。そもそも、民間サラリーマンや公務員で「基礎年金＋厚生年金＋企業年金」という最も恵まれた3層構造になっているのはわずか3分の1しかいないという現実がすっぽり抜けているし、1階部分の国民年金保険料納付率が約7割であるということや、免除・猶予を含めた実質的な納付率は約4割程度しかないということを鑑みると、とても現実を直視した議論になっていると言えない。自営業者やフリーター、派遣社員など、多くの方は自ら積み立てる国民年金基金などに加入しておらず、国民年金だけの給付に頼るとなると、40年間満額を納めてももらえる年金は月約6万5000円である。報告書のモデルでは、2人の世帯の1カ月の収入は、平均で20万9000円となっており、すでに収入面で大きな開きがあるのだ。また、国民年金そのものに加入手続きしていない者もいる始末で、経済的困窮等により、仮に40年間全額免除の場合、受け取れる年金は半額である。

こうした個々の実態に照らし合わせて考えると、もらえる年金と資産運用の話は切り離して考えなければならないことに気づく。2000万円という金額は、あくまでもサラリーマン世帯の標準モデルケースで、退職後は家計において通常の生活レベルでも月5万円程度の赤字が生じ、長生きすることによって、後々大変なリスクになり得るということを示唆したものだ。認知症の恐れや介護費用など不測の事態に備えて、資産形成に励みなさいと啓蒙しているわけである。これまで、安閑としていた方々が急に資産運用に目覚め株式投資に興味を示すなど、なかなか貯蓄から投資へ資金が回らない我が国の国民性から見れば、思わぬところで報告書は一定の成果を上げたともいえるが、2000万円必要かどうかは本人の生活水準のレベルにもよる。

老後を豊かに暮らしたいなら、一定水準の金融資産は当然必要となるし、一見大変なように見える自営業者は、定年などなくどこまでも働き続けることができるという点が、サラリーマンとは違う長所とも言える。老後にどのくらいお金が必要かという観点は、個々人の生き方によって大きく違う。老後にいくらあれば安心かなどという問題は、入ってくるお金の話ばかりではなく、出ていくお金をどう抑えるかということもセットで考えなければならない。

しかし、必要資金を蓄えるという観点ではなく、自分だけでなくお金にも働いてもらいましょうと、お金の仕組みを知り賢く資産形成することは、後々の人生において大きな差がつくということは間違いない。そこで本書の登場ということになるわけだが、資産運用というものはリターンに見合ったリスクがあるという話は先述したとおりである。どうせ資産運用のリスクを冒すのなら、夢のある資産運用をしましょう、というのが本書の役割であり処方箋と言える。

富裕層の普通の人は「最も大切なものはお金ではない」と分かっている

世にいう富裕層という言葉がある。明確な定義はないが、野村総合研究所の調査では、預貯金、株式、債券、投資信託、一時払い生命保険や年金保険など、世帯として保有する金融資産の合計額から負債を差し引いた「純金融資産保有額」を基に、総世帯を5つの階層に分類しており、純金融資産保有額が1億円以上5億円未満を「富裕層」、5億円以上を「超富裕層」と位置付けている。

要するに不動産や借金を除いた金融資産が1億円以上あれば富裕層というわけだ。およそ全世帯数の２％程度と考えておいていい。金融資産5億円以上の超富裕層は全体の０・２％にも満たない水準となることから、かなり特別な存在と言えるだろう。本書は、億万長者を目指そうという本である。つまり金融資産1億円だ。そのための株式投資であり、「中三学割投資法」と言える。富裕層はわずか２％しかいないと聞くと、大抵、普通の人は「自分も富裕層になれる」、そんなことが本当に可能なのかと思うかもしれないが、２％という数字は１００世帯に2世帯、50世帯に1世帯の割合ということである。小学校の頃を思い出してほしい。クラスに1人ぐらいは、『ドラえもん』に出てくるスネ夫のようなお金持ちがいなかっただろうか。つまり、クラスに1人ぐらいは、富裕層がいてもおかしくないのである。自分もなれるかという問いには、そのクラスでの一番と言えば、勉強を一生懸命して一番になった子であって、『ドラえもん』の世界で言えば出木杉君かしずかちゃんであると答えたい。お金の勉強でも同じことが言える。株式投資と真剣に向き合い、一生懸命勉強すればクラスで一番になることはできるというわけである。

第2章からは、いよいよ「中三学割投資法」についての実践編に入るわけだが、ここで資産形成の心構えについて述べておきたい。まず、この世の中にお金で買えないものはたくさんあるという当たり前の観念である。分かっているはずの当たり前のことが、お金を持つと変わってくるため人間は用心しなければならない。お金というのは、その人の度量を超えて集まると不思議な魔力を醸し出す。最初はお金を使っているつもりが、いつの間にかお金に使われるようになっていく。人間の器にもよるので、どの程度の金額から使われるようになるのかというのは何ともいえないが、前述した超富裕層クラスになると危険ということが言えるかもしれない。お金は使ってこそ、お金の価値を発揮する。お金は使ってこそお金、必要なときに必要なお金があればいいことが重要で、貯めるだけでは意味がないことをまずは知っておきたい。そのうえで、人生にとって一番大切なものは何かに触れておきたい。

私は、28歳のときに糖尿病と医師に宣告された。「治らない病気です」と言われたときは自覚症状もなく、ピンと来ていなかったが、宣告から長い年月が過ぎて人生の折り返し地点も過ぎた今、健康というものの大切さをしみじみ感じている。宣告から、騙し騙し普通の生活をして仕事に勤しんできたが、44歳になったときに本格的に治療を始めた。40歳を過ぎたときから急激に体調が悪くなったからである。糖尿病の詳しい症状については説明を省くが、仕事にも支障が出るほど相当悪化しており、インスリン治療を余儀なくされている。治療を機にサングラスもかけるようになった。アナリスト稼業はことの外、目を使う。目が見えなくなれば廃業しなければならない。日中の直射日光やPCのリスクから少しでも目を守りたいからに他ならない。若いときに入れた保険も入れず、サラリーマン時代に普通に入れた保険関係は全て断られる始末。家のローンでは団体信用生命保険も断られた。糖尿病患者は、一般の基礎疾患がない人に比べて平均寿命は10歳程度早く死亡するという。保険屋がいい顔をしないわけである。

しかし、治せない病気と付き合うことは人生を思いの外、見つめ直させてくれる。いくらお金を持っていても買えないものが、世の中たくさんあるんだなとしみじみ感じるものである。お金で買えないものは、信用もそうである。本書はお金の本であるから、ここは特に強調しておきたい。一般にお金を持っている人は信用があるように思われがちであるがそれは違う。信用というものもお金では買えない貴重なものと言える。仮に1億円の現金を持っている人が銀行に預金をして1億円貸してくれと言っても、銀行は1億円を貸してはくれない。信用がないからである。銀行からすれば目の前のお金も大切だが、このお金をどのようにつくったかにもっと関心がある。銀行と取引を始めたばかりの人は、その銀行から見て1億円以下の与信からのスタートなのである。

信用とは、かくも貴重なものであり、あなたの手元に1億円がないからといって嘆く必要はない。あなたが定職に就いていて、あなたの身元を保証する配偶者や家族がいれば、それは大変な財産なのだということに気が付かねばならない。こうした信用は、一朝一夕で身に付けることができるものではなく、何物にも代え難い貴重なものである。恋人や友人、子どもや愛情など、この世の中には、お金で買えないものが溢れている。そのため1億円の資産形成に成功してもあなたは普通の人のままであるし、そうでなければならない。富裕層などという定義は、金融サービス提供者が勝手にサービスを提供しやすいように分類分けしているだけなのである。富裕層である普通の人はちゃんとこのあたりを理解している。資産形成に熱心になり過ぎる余り、この世の中で大切なものを決して見失ってはならない。このことを理解したら、夢の資産形成に向かって邁進するのみである。

株式投資を活用して1億円の資産形成——本書を参考に「中三学割投資法」(集中×中長期×中小型×割安株を学ぶ)に取り組めば、それは夢ではなく現実となる。

第2章

中三学割投資法の極意
いかにして億万長者になるか!?

「中三学割投資法」とは何か？

「中三学割投資法」でいう中三学割とは「集中×中長期×中小型×割安株を学べ」という意味である。冒頭で述べたようにこの理論構築に10年、実践に10年かかった。語呂で覚えやすいように「中学三年生の学割」のようなイメージでネーミングを考えた。投資で成功するための法則として少しでも多くの投資家の方々に覚えてもらうためである。２０１０年頃のことだ。

私は、１９９９年に独立してＫＣＲ総研の前身となる金田コンサルティング・リサーチを創業し、翌年の２０００年に株式会社化してＫＣＲ総研を設立した。詳細は後述するが、証券会社時代に企業ＩＲの専門家であった私は、当初から個人投資家のためのシンクタンクを標榜して事業を進めていたが、当社オリジナルの個人投資家向けの勉強会である企業ＩＲセミナーを開催したのは、２００３年からである。その際の企業選定方法は、企業ＩＲが活発なことが最有力であった。企業ＩＲと株価は極めて相関関係が強いと考えていた私は、企業サイドに強くＩＲ活動の活発化を進め、まずはその選定基準の基となる「ＩＲ

図表 2-1　ＫＣＲ総研のビジネスモデル

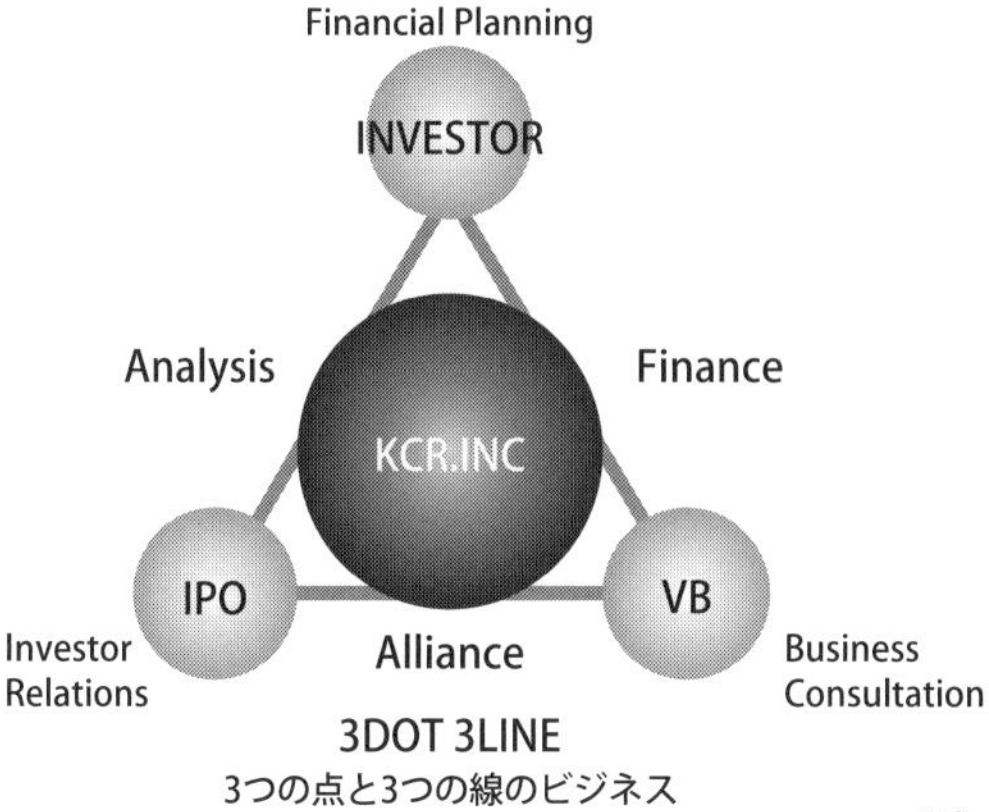

出典：KCR総研

戦略分析レポート」の作成に取り掛かったのである。「ＩＲが活発な会社の株価は上昇する」と考えていた私は、積極的に提案活動を行った。また、ＩＲ活動のやり方を知らない会社にはＩＲコンサルティングも実施するようにしていった。

誤解のないように述べておくが、私は独立する際のビジネスモデルコンセプトを「３ＤＯＴ３ＬＩＮＥ」戦略とし、３つの点と３つの線のビジネスで展開すると定めた（図表２－１）。個人投資家のためのシンクタンクを目指すと、志は高くとも証券アナリストという資格だけで独立して食べていくのが難しいことは先述した。私は、独立開業が可能な中小企業診断士の資格も取得していたので、中小・ベンチャー企業のコンサルティングビジネスも事業内容に取り入れ、まずは顧客となるターゲットを3つに絞った。投資家層（INVESTOR）と株式公開を目指すベンチャー企業（Venture Business）と株式公開企業（IPO）である。点のビジネスとして、投資家層にはファイナンシャル・プランニング業務を、ベンチャー企業には株式公開を目指すためのIPOコンサルティング業務を、株式公開企業にはIRコンサルティング業務を実施し、その3つの点を軸に三角形のラインを引くことによって、投資家層と株式公開企業を結ぶアナリスト業務、投資家層とベンチャー企業を結ぶファイナンス（資金調達）業務、ベンチャー企業と株式公開企業を結ぶアライアンス業務と3つの線のビジネスが出来上がる。この3つの点と3つの線のビジネスである6業務を主力業務として、その中心にKCR総研が存在するというビジネスモデルを構築したわけである。当初1人で立ち上げた会社だ。随分と大上段に構えた格好に見えるが、こうすることにより、各ターゲット顧客のシナジーを保ちながら6つの業務分野で事業を展開することができる。ある分野が悪くとも別の分野で食べていくこともできるし、またある分野に偏重することなく、常に中立の立場でものを言うことも、自由に書くこともできる。

この中立という点は当初、このビジネスモデルを考案したとき最も熟考したことである。証券アナリストは中立でなくてはならない。企業IRコンサルティングやIR支援サービスにおいては、企業側からフィーを頂くわけだが、それによって当該企業の評価を高めるようなことがあっては、証券アナリスト失格である。それ以外の収入源があれば、常に中立を保つことができる。証券アナリスト業務を営む以上、ＫＣＲ創業の原点であり、その後の事業展開においても最も工夫をした点と言える。

こうして中立の立場を保ちながら、企業のＩＲ支援サービスも活発化し、独自のアナリストレポートの開発も進み、当該企業分析・評価の方法において工夫がなされていったわけであるが、確かに企業ＩＲの活性化において、株価と大きく関係しているという実証データは、徐々に確信的なものが集まりつつあった。しかし、企業ＩＲが効果を発揮するのは、企業業績好調局面にのみ株価をさらに向上させる効果を持つものであって、企業業績が悪化するとＩＲ活動が活発な会社であっても株価の下落率はさほど変化がなく、すなわちＩＲ活動をしようがしまいが業績悪化局面において、株価はほぼ同じように下がることが分かってきた。よく、ＩＲ活動の活発な会社は株価の下支え効果があるといわれるが、少なくとも当社の長年の研究では、それは当てはまらないことになる。この理由の解明において、私はＩＲ活動における戦略性の有無だけではなく、企業業績が下落したときの投資家の期待値が、別の側面から剥離したと考え、投資判断をするにおいて、ＩＲ戦略分析に加えて定量面と定性面に分けて考え、徹底的に分析して指数化することを考えた。

証券アナリストの主要な役割として、業績予測があるが、業績と株価が必ずしも一致しないことはしばしばあることで、投資家にとって株式投資を難しくさせている一面である。企業業績が未来永劫伸びていく会社の株価が上昇していくことに疑いの余地がないが、業績予測だけで当該株価が上昇するかというと、事はそう簡単ではない。では、何を見るかということになるわけだが、私が「株価ではなく会社を見る」と常日頃から言っているように、会社、すなわち経営者を見る必要があるわけである。しかし、経営者をどのように定性面から分析すればよいのかはかなり難しい問題であったが、KCR総研では「定性分析レポート」をマイケル・ポーターの5フォース分析を応用して完成させた。また、企業業績予測においては、業績予測に留まることなく適正株価を理論的に算定し、現在株価の比較から分析を行う「株価分析レポート」も完成させた。このように、IR戦略分析、定量分析、定性分析、株価分析を経て総合判断レーティングを行い投資判断するという完全オリジナルの分析スタイルが整ったわけである。これらのレポートは会員向けに公開されているが、それぞれのレポートの内容については後述したい。ここでは、まず「中三学割投資法」の要となる「定量分析レポート」のなかの「達人視点レポート」について触れながら、株式投資で成功するためには、なぜ、中三学割（集中×中長期×中小型×割安株を学べ）なのかを解説したいと思う。

株式投資で成功する鉄則は３人の達人に学べ

前段では、ＫＣＲ総研のアナリストレポートが、どのようにして開発されていったのかを述べたわけだが、投資家サイドから見た場合、アナリストレポートの活用というものは、平たく言えば当たるか当たらないかということが重要だと思う。当たり前である。しかし、当のアナリストレポートを書いているアナリストがこの点を理解していない場合もある。特に目標株価とレーティング判断（買いか売りか中立か）を明確に出さないアナリストレポートを書くセルサイド・アナリスト全般に言えることだが、アナリストの仕事が業績予測に最も重点が置かれていることがあるため注意が必要である。しかし、業績をうまく当てた（実際ほとんど不可能に近いが）としても株価がそのとおり動かないことはよくあることである。また、最終的な投資判断を行わないアナリストレポートは、そもそもの問題としてアナリストレポートと言えるのかという疑問もある。

いずれにせよアナリストレポートを活用する投資家サイドに立った場合、投資判断されていないアナリストレポートは、当該企業の特長を知るにはいいかもしれないが、それを基に直接投資をするという観点からは、決定的に情報が不足しているといっても過言ではないだろう。しかし、レーティングをつける以上、無責任につけるわけにはいかない。そこには、その結論に達したアナリストなりのロジックが必要である。こうしたロジックの構築に、ＫＣＲ総研が研究題材として取り組んだものに達人視点分析というものがある。実際に株式投資で成功した投資家がどのような企業をどのような観点で投資しているのかを徹底的に分析してみようというものだ。ほとんどの分析アプローチが企業サイドであるのに対し、投資家サイドからどのような企業が選考されているのかを分析している例は少ないと思う。ＫＣＲ総研としても極めてユニークで野心的な試みであった。ＫＣＲ総研では、この達人視点分析において最終的に３人の投資家に焦点を当てて、その投資手法の特長を整理したのでここで紹介したい。

1．遠藤四郎氏の投資手法（達人視点Ｅ）に学ぶ

遠藤四郎さんという個人投資家がいる。お会いしたことはないが、１冊だけ本を出され

ている。私は、仕事柄、投資関係の本をよく探すが、遠藤さんが書いた本はこれまで見たことがない投資手法が記載されており、この本との出会いは、ある意味大変衝撃的であった。何よりも出発点が私と同じ一介のサラリーマンであったことが大きく、わずかな投資資金から億万長者へと昇り詰めるその具体的な投資手法は、詳細を研究せずにはいられなかった。本そのものは個人の体験を書いたものだが、それだけに具体的で現実的であった。遠藤さんは、１９６７年に15万円で投資開始後、７年後には１０００万円を突破し、約11年程度で1億円を築いたとされる。名実ともに億万長者となったわけだ。バブルピーク時には、資産総額は80億円に達したとされ、１９９９年頃にはほとんど手仕舞ったが、最終持株数は１２００万株であったという。本のタイトルは『株でゼロから30億円稼いだ私の投資法――大株主への道こそ株式投資の本道』である。

ＫＣＲ総研は遠藤さんの投資手法を「達人視点Ｅ」とし、以下のような分析結果をまとめた。

・株の極意は株数を増加させること、株価ではない
・株は人気ではなく売上高や含み資産に注目する
・赤字会社株、低位株、小型株を長期投資で増やす

・発行株数が少ない低位株を狙うこと
・1株当たりの実質株主資本が時価を上回るものであること
・銘柄の金融関係・株主に不安のないものを選ぶ
・時には休み儲けることよりも損しないことを心掛ける
・世間が騒いでいる銘柄は買わない
・一般投資家は私が儲けて売却した株を買って大金を失っている
・株を怖いと思う前に勉強をしてください
・株は何年持っていてもいいが完全な余裕資金でやること
・仕手株や信用取引には手を出さない
・信念を持って魂を入れて買うこと
・出来高急増は積極的に売るべし
・発表された好材料は売り、悪材料は買い
・株式投資は究極のところ株数増加のゲームである
・株式は所有するもの、株をやるとかやらないとかいうものではない
・低位かつ潰れない会社が基本である

これらは、私の投資勉強会で研究発表したときの資料からの一部抜粋であるが、その投資手法と銘柄選択の基準が独特であることが分かるだろう。株式投資には様々な投資手法があるが、他の投資手法と比較して、特長的なものと言えるのが、銘柄選択で赤字の会社を好んでいたという点である。低位株と言い換えてもいいかもしれない。ここで低位株とは何かという定義が大切になってくる。遠藤さんによれば、単純平均株価の半値以下でかつ発行済株数5億株未満の銘柄としている。単純平均株価とは対象銘柄の株価合計から対象銘柄数を割り算したものであり、この水準のさらに半分以下の銘柄が該当するということになる。また、発行済株数に関しては、現在は投資単位が100株で統一されたので発行済株式数5000万株未満の銘柄が低位株に該当すると解することとなる。しかし、こうした低位株には、昔からボロ株といわれる類の銘柄が数多くあるので選別には十分注意しなければならならい。低位株とは、つまり値段が低いということであるが、低いなりの理由をよくよく考えて事に当たらなければ、投資している銘柄が倒産の憂き目に遭ってしまうからだ。株式投資は、倒産してしまえば元も子もなく完全な失敗である。遠藤さんの投資手法は、まさに究極のハイリスク・ハイリターンを楽しむ投資手法と言える。しかし、私はこの遠藤さんの投資手法が好きだ。3人の達人のなかでは、最もインパクトのある投資の醍醐味を味わえるからかもしれない。

2. 竹田和平氏の投資手法（達人視点T）に学ぶ

竹田和平さんは、日本一の個人投資家として雑誌などのメディアに多数取り上げられ、一世を風靡《ふうび》した方であるから、その名前を知っている方も多いのではないだろうか。竹田さんが注目された頃、竹田さんの投資手法に興味を持っていた私は、直接コンタクトを取り、お住まいの名古屋まで押し掛けてインタビューをさせていただいた。名古屋市西区のそれこそ漫画に出てくるような大豪邸にお邪魔したとき、にこにこして迎えてくれたのをよく覚えている。竹田さんは自らを花咲爺と名乗り、「ありがとう」という言葉を大切にされていた。投資に対する哲学は、徳のある投資が大切と説き「ありがとう百万遍の気持ち」を常に持つことがお金を生む秘訣と仰っていた。こう書くと竹田さんが無欲な人のように思えるが、無欲の人にはお金は貯まらない。竹田さんは、鋭い経営者の視線を持った事業家であった。お菓子の「タマゴボーロ」を知らない人はいないだろう。戦後菓子職人であった父と始めた竹田製菓株式会社（現竹田本社株式会社）は、当時は珍しかった菓子製造のオートメーション化を図り、大量生産を実現するなどの新進気鋭の中小企業だった

写真１　竹田和平氏と筆者
ピースは２本ではだめだ。３本でと竹田さん

出典：KCR総研

のである。経営者として松下幸之助など数多くの本を読み、歴史にも精通していた。竹田さんが大変な読書家であり勉強家であったことは追記しておきたい。一方、竹田製菓は上場を意識していた時期もあったというが、自由を愛し支配されることを嫌う竹田さんは、自ら上場するより稼いだ余剰資金を運用してお金を働かせることの大切さを意識されていた。そこで株式投資で運用をしていたわけだが、１９９７年に転機が訪れる。山一證券の倒産である。実は、竹田さんは山一證券の個人筆頭大株主だったのだ。このとき、株式投資の考え方がガラリと変わったという。竹田さんは、それまで自分の会社よりもはるかに大きいのだからこれは成長するだろうという大企業を中心に投資をしていた。ところが、

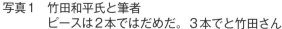

山一ショックで、保有株は紙切れ同然になった。このとき、株というものの本質を見つめ直し、小さな会社を買って応援するというスタイルの投資手法に大転換したわけである。すなわち山一證券の倒産が中小型株投資を本格的に始めるきっかけとなったわけである。中小型株は、流動性が低いので一気にたくさんは買えない。また、売るときも同じで、たくさん売ろうとすれば自分の売りで値崩れを起こしてしまう。となると必然的に中長期投資とならざるを得なくなる。仕込みに半年から1年、売却にも半年から1年程度は普通にかかる。大株主になるため、その間、投資した企業からはそこそこの配当金が出る。竹田さんの尊敬すべきところは、「配当金をありがとう」と経営者に直接お礼の手紙を書いていたことである。上位10位以内の大株主に顔を出すため、投資された上場企業の経営者自らが竹田さんに挨拶に来ることもしばしばあったという。竹田さんの豪邸内には金貨の鋳造所もあった。業績を3倍に伸ばした経営者には、感謝の印として手製の金貨を送ったりしたというが、もらった経営者は「株主さんからこんなことをしてもらったのは初めてだ」と驚いていたという。そんな奇特な人だったため、経営に関して直接介入をすることはなく、時には株主の立場として注文はするが、ただ経営者を励まして応援することが徳のある投資としていた。企業IRの世界でいえば、今でいう「ファン株主」の概念に通ずるところがあったと思う。

竹田さんは投資銘柄を選別する際、四季報以外は見ないと仰っていた。有価証券報告書すら読まないと。四季報一本とはちょっと極端ではあるが、私自身の考えでも、みんなが知っている情報はゴミ同然であるという話は先述したとおりである。つまり竹田さんいわく、既存の公になっている情報は、四季報だけで十分だというわけである。

私は、どのような方法で銘柄を選定しているのかも聞いてみた。しかし、さすがに簡単には教えてくれない。しかし、大きなヒントは与えてくれた。長期保有の場合は大株主まで買い進むことを信条とされていた竹田さんはその頃、１１２社の上場企業の大株主欄に名を連ねていた。情報源は四季報しかない。とすれば、１１２社の四季報掲載の企業データの共通点を見つければ、竹田さんがどのような視点で投資企業を選別しているか分かると考えたわけである。そこから達人視点Tは生まれたことは言うまでもない。

膨大な作業と時間はかかったが、株価に影響すると思われる１１２社のデータを数カ月間かけて調査し、延べ４回にわたる私の投資勉強会で発表した概要を次のようにまとめた。勉強会は２００７年7月から10月にかけて行われた。まず、竹田さんの投資手法における全体像であるが、

○投資対象はオーナー系企業が多い
○1社当たりの投資金額は1～3億円
○保有比率は発行済総数の5％以下（1～3％までが多い）
○配当を重視している
○低株価、低時価総額、低PER、低PBR銘柄が多い
○自己資本比率が高く無借金を好む

という特徴がある。投資パフォーマンスとしては、3年程度で倍になることを期待していたように思える。投資先企業の地域的な隔たりはなく、66％程度が関東圏本社に集中しており、続いて関西圏20％、東海地区8％と特に地元名古屋圏を意識していたわけではない。しかし、業種には隔たりが数多くあった。一番多い業種では卸売業40社で情報・通信業20社、電気機器12社、サービス業11社と続く。34業種中15業種に投資していたわけだが、中小型株重視の観点から鉄鋼・非鉄・海運・銀行・保険などの大型業種は、必然的に避ける傾向にあった。また、不動産業には1社も投資していなかったことから、景気に左右されやすく倒産しやすい業種を極力避けていたように思われる。市場は必然的に中小型株が多いジャスダック上場が62％と約6割を占め、断トツであった。当時の東証2部・大証市

場に合わせて18％投資しており、東証1部上場銘柄には16％程度と2割を切る水準である。当時はまだ新興市場が成熟していなかったせいもあるが、東証マザーズや大証ヘラクレスへの投資は３％程度であった。成長市場ではあったが、新興市場には若い会社が多い。竹田さんは、設立年数の古い会社を好んだ。また、新興株は当時はもてはやされてかなり株価が高かったせいだろう。人気株には手を出さない遠藤さんの投資手法に通じるものがある。竹田さんが、とにかく小さい会社を好んだのは資本金額にも見て取れる。全体の資本金額の平均は15億６６００万円であり、半分程が10億円以下である。全体従業員数も平均３３８人の規模であり、半数以上が３００人以下となっている。また、先述したように竹田さんは、新しい会社よりも設立年数の古いオールドエコノミーを好んで投資した。当時の分析で、設立30年以上が８割を占めており、全体の設立平均年数は44年であった。

ここで、竹田さんの投資トップの業種が卸売業であることに注目してほしい。卸売業界といえば問屋であり、一時は問屋不要論などといって我が国では成熟業界の極みのように思われている業界である。商社といえば聞こえがいいが、薄利多売の業界において竹田さんは卸売業界のどのような企業に投資していたのだろうか。下記がそのデータより導き出された特長である。市場平均との比較では当時のジャスダック市場平均を用いている。

・竹田和平氏の卸売業　投資分析まとめ

○資産規模は、市場平均よりやや大きめ

○従業員規模は平均より一回りこぶりを好み1人当たりの生産性を重視

○40社中5社が無借金、安全性高い

○8割以上がオーナー系企業

○手厚い利益剰余金を持ち自己資本比率は高いほど良い

○有利子負債依存度は2割以下

○ROEは市場平均以上だがROAはこだわらず

○営業CF、現金保有等市場平均並みでこだわりなし

○売上高ボリューム市場平均並みで増収率は市場平均以上

○利益ボリューム厚く増益率は重視

○EPS最重視で大変なこだわり

○平均PER12倍近辺、売上高経常（税前）利益率市場平均より1％上

○予想平均配当利回り2・2％、配当利回り重視、配当性向こだわらず

○BPS市場平均の約3倍、平均PBR1倍割れ

○株価水準は過去5年の安値からの乖離率約3倍で平均時価総額79億円

これらのことから考察されることは、銘柄を炙り出すスクリーニングの仕方である。一般の投資家は、すぐに話題性の高い銘柄の分析を試みようとするが、卸売業のような成熟した業界では老舗も多いが業界では名が通っていても一般には知られていない会社がたくさんある。竹田さんの投資手法をモチーフにした達人Tの視点から学べることは、まず、株価割安度→安全性→収益性→話題性と一般投資家の逆の発想でスクリーニングを実施する必要があることと言えよう。

誌面の都合上、全てを披露することはできないが、ここでは竹田さんが投資をしていた業種上位の情報・通信業20社とサービス業11社からも導き出された特長を記しておくので参考にしてほしい。

・竹田和平氏の情報・通信業　投資分析まとめ

○従業員規模は平均より一回りこぶりを好み1人当たりの生産性を重視
○20社中6社が無借金、安全性高い
○ROE、ROAとも市場平均よりかなり低く重視していない
○営業CF、現金保有等市場平均より低く重視していない

○ＥＰＳ最重視で大変なこだわり
○平均ＰＥＲ16倍近辺、配当利回り重視、平均ＰＢＲ１・０４倍

・竹田和平氏のサービス業　投資分析まとめ
○オールドエコノミーが多い
○11社中６社が学習塾
○オーナー系でないのは11社中１社のみ
○11社中３社が無借金、有利子負債依存度低い
○ＲＯＥ・ＲＯＡ市場平均並み、営業ＣＦプラスが特長
○２桁増収増益企業はない
○平均ＰＥＲ約11倍、配当性向平均31％、安定配当指向
○ＰＢＲ１倍割れ　配当利回り２・４％以上
○時価総額平均36億円

当時、こうした分析結果から、竹田さんの視点の銘柄に合致するかどうか、情報・通信業のなかから株主持分比率60％以上、予想ＰＥＲ15倍以下、配当利回り２％以上、期末Ｐ

BR1・1倍以下でスクリーニングすると366社中6社しかヒットしなかった。そのうちの4社が竹田さん保有銘柄だったのである。こうしたスクリーニング結果に自信を深めた私は、その後の達人視点レポートにさらに磨きをかけていったことはいうまでもない。ちなみに竹田氏保有の4社のその後の株価動向だが、終値ベースで、その当時の株価からは平均して約10倍のパフォーマンスを見せた。恐るべき慧眼《けいがん》である。

そんな竹田さんは、負のエネルギーを浴びることを極端に嫌っていた。株式投資でストレスを感じるなんてもっての外。「上がってよし、下がってよしの株価かな」と歌を詠んでみせてくれた。上がるのも楽しみだが下がればもっと安くたくさん買えるため、それはそれで嬉しいとの意味である。竹田さんとの出会いはその後、KCR総研提供のラジオNIKKEI番組「IRチャンネル」の番組プロデューサーが企画して、私のインタビュー形式で対談番組が作られ、カセット化されDL（ダウンロード）販売もされた。タイトル名は「巨人投資家・竹田和平～人生その哲学を語る」であったと記憶しているが、そんな巨人も2016年にお亡くなりになった。波乱万丈の人生であったと思う。ゆっくり休んでいただきたいと心から願っている。

3. ウォーレン・バフェット氏の投資手法（達人視点B）に学ぶ

ウォーレン・バフェット氏に関しては、3人の達人のうちで最も早くに研究を開始した。その成功に関する著述も豊富に存在し、研究対象として容易だったからに他ならない。バフェット研究を始めた頃、ちょうど、あるメディアからコラムの依頼があった。先述したように個人投資家向けの企業IRセミナーの本当の在り方を模索していた私は、単に個人投資家を集客してIR活動が活発な企業を紹介するマッチングビジネスに疑問を感じ、個人投資家が本当に望むものは何なのかを追求する意味からも、バフェット研究に積極的に臨んだことを覚えている。結果として当時のコラムは「本物の投資家になるために」と題され、小冊子としてまとめられ、その後の投資勉強会の基礎教本の一つとなった。ここでは、当時の著述からも抜粋しながらバフェット投資とはどのようなものかを紹介したい。

バフェット氏ほど、成功した投資家で数多くの著述がある投資家もいないだろう。すでに読者の皆さんは、バフェット氏がどういう人物かよく知っているかもしれないが、言うまでもなくビル・ゲイツ氏と並ぶ世界有数の富豪である。アメリカ大手経済誌・フォーブス発表の「世界長者番付（富豪ランキング）２０２０」によれば、その金融資産は６７５億ドルで第4位にランキングされている。ここでは、まず彼の人となりと成功までの軌跡を簡単に述べたいと思う。

ウォーレン・バフェット氏は、１９３０年に米国ネブラスカ州オマハで生まれた。バフェット氏は故郷ネブラスカ大学を卒業後、ハーバード大学のビジネス・スクールを目指すが失敗し、コロンビア大学の大学院に入学した。そこで彼は、恩師となるベンジャミン・グレアム氏のもとで投資理論を学び、投資家としての基礎を築いたのである。グレアム氏は、当時コロンビア大学で著名な証券アナリストとして活躍しており、グレアム氏との出会いがその後のバフェット氏の人生を大きく変えたと言ってもよい。

彼が初めて投資家として運用を開始したのは、弱冠25歳のときである。グレアム氏のもとで学んだ知識を基に7人の投資家から集めた総額10万５０００ドルのパートナーシップ・リミテッドを組成したのだ。このときバフェット氏自身が、ファンドに投資した額は、たった１００ドル。しかし、バフェット氏はゼネラル・パートナーとなり、パートナーシップの資金を自由に投資できる立場にあった。初期のファンドは、その後13年間のうちに年率30％弱の勢いで資産を増加させていった。彼の評価が高まるにつれ、バフェット氏に資産運用を頼む人が増えていった。そんな折、彼は誰もが知っているアメックスで大勝負に出る。あるスキャンダルで1日のうちに半値近くに下がった同社株で、パートナーシップの40％にも相当する大胆な投資を行ったのである。このとき、バフェット氏の胸のうちは、「強い会社が会社の実体価値以下であるときは断固として行動せよ」という恩師グレアム氏の言葉が焼き付いていたという。無論、彼はその勝負に勝った。その後2年間でアメックスは、3倍に上昇し、２０００万ドルの利益をパートナーシップは受け取ることができたのである。

その後、彼はバークシャー・ハサウェイ社という小さな織物会社の経営権を手に入れる。実際のところ、同社の織物事業の経営は芳しくなく、１００年続いた事業ではあったが、撤退を決意し、代わりに同社が買収した保険事業を主として経営することになった。この保険事業への進出が、世界最大級の投資会社バークシャー・ハサウェイ社の出発点であったと言っていいだろう。その後、保険事業は彼自身の才覚と買収戦略で大きく伸長し、バークシャー社の基礎をつくった。その間、彼はチョコレート会社、アイスクリームとハンバーガーのチェーン、家具屋、塗装屋、電気掃除機や電力会社、宝石店、靴製造やユニホーム製造の会社など様々な事業を次々と傘下に収め、巨大化していくのである。

と、ここまで書くと読者の皆さんは、彼は投資家ではなく事業家ではないのかという疑問も湧いてくるだろう。確かに、バークシャー社には保険会社をはじめとして様々な企業を抱えているが、結果としてそうなったと考えるべきであって、バークシャー社自体は、持株会社的な存在であり、事業の選別や展開を示唆するものは、常に投資家視点で成長してきた点に注目したい。

バフェット氏の過去を研究していると、彼自身の投資哲学が実践と弛まない研究によってつくり出されたものであることが分かる。賢明な投資家を目指すのであれば、成功者である彼の成功哲学をよく分析し、応用する必要があると思う。バフェット氏は、まず投資の基本ともいうべき証券分析の父であるグレアム氏に師事し、実によく投資の基本を勉強している。すなわち投資に対する勤勉な態度が必要だ。そして、最初は少額から始め、数年をかけてその企業を観察し、決して数カ月で投資の結論を出すという投機的な活動をしていない。また、アメックスの例に見られるように、対象となる企業の株価水準と決断後の集中投資にハイパフォーマンスの利点があることを実践している。また、投資対象が、保険会社やチョコレート会社、家具屋や宝石屋など私たちの生活に密着した分かりやすい企業に投資していることも大きな特長と言えるし、目に見える国内成長企業に投資しており、海外企業など分かりにくい企業にはほとんど投資していないことにも注目すべきである。

ウォーレン・バフェット氏の投資手法に関し、学ぶべき点は多い。ここでは、解説書によく出てくるバフェット氏の投資原則をおさらいしてみよう。彼が投資銘柄をどのように分析し選別しているかは、まずは4つのカテゴリーに分類される。すなわち、企業に関する原則、経営に関する原則、財務に関する原則、マーケットに関する原則である。銘柄選別は、この4つの側面からアプローチを行う。

・バフェット投資における銘柄選別の4つの視点

○ 企業に関する原則

その事業は簡明で分かりやすいか

安定した業績を続けているか

長期的な明るい展望があるか

○ 経営に関する原則

経営者が合理性を尊重する人物であるか

その姿勢は株主に対して公平で誠実であるか

横並びの圧力に屈しないか

○ 財務に関する原則

EPSではなくROEを重視する

オーナー収益（純利益＋減価償却費－予想設備投資－必要運転資金）を重視

売上高利益率の高い企業を探す

○マーケットに関する原則

企業の真の価値を決定すること

企業の価値に関して大幅に割安な価格で買えるか

まず企業に関する原則については、事業自体に関する3つの基本特性があるとしており、それはすなわち、「その事業は簡明で分かりやすいか、安定した業績を続けているか、長期的な明るい展望があるか」という3点であるとしている。ここで、事業が簡明で分かりやすいかという点に関して特に注目したい。バフェット氏は、分かりやすいものに投資対象を絞ることにとことんこだわった人物である。２０１１年にＩＢＭに対する投資が判明するまで、バフェット氏がＩＴ企業に対する投資をためらっていたことは有名な話だ。理由は明快。分からないものに投資をしたくないからである。しかし、この言葉には少し語弊がある。正確には、中長期投資で臨む以上10年後にどうなるか分からないものには投資をしないということであると後にバフェット氏は語ったという。

２０１６年にアップルへの投資も実施していることが判明した。ＩＢＭ以降は、バフェット氏のＩＴ業界が持つ将来性への理解も進んだのだろう。高齢でもあるし、若手のファンド・マネージャーも育ちつつある。バークシャー社でもようやくＩＴ企業が普通の投資対象になったと言える。

しかし、分からないものには投資をしないということは、極めて重要なことである。ここが株式投資の難しいところだが、実は一般に分からないものというものは、値段の査定が極めて難しいという側面がある。新しいものや先進的なものは、技術の最先端を行っている場合が多いので、まず一般投資家には分からない。したがって、内容はともかく市場の需給関係だけに任せて値付けされることが多々ある。株式市場というところは、とにかくにも新しいもの好きな市場である。分からないほど人気化され、あれよあれよという間に糸の切れた凧のように上昇していく。買いが買いを呼び、アナリストにはとても算定不能なところまで上昇する。しかしあるとき、ライバル会社の出現や、技術の将来性が難しいことなどが分かると、あっという間に現実に引き戻されてしまう。落ちない凧はないわけだ。飛び乗るのはできても飛び降りるのは難しい。バフェット氏は、こうした株の性質をよく知っていたため、なかなか自身では将来性を理解できなかったＩＴ業界に手を出さなかったと言える。しかし、よく分からなかったＩＴ業界も徐々に勝ち組や負け組がはっきりし、そのビジネスモデルや将来性も一般投資家にも理解が深まりつつある。何より私たちの生活には、もうＩＴ技術は生活インフラとなっており、ＩＴなしでは立ち行かなくなっている。バークシャー社がＩＴ業界の成長に乗り遅れまいとして投資を解禁したのも頷けるというものである。

分からないものといえば、バイオ企業もその典型かもしれない。バイオ企業は、ひとたびＩＰＯにこぎつけると高い時価総額をつける場合が多いが、こうした企業はプロの証券アナリストでさえも将来予測は難しく極めて分かりにくい企業の典型と言える。バイオ企業への評価は、将来性というよりも可能性といったアプローチで判断したほうが無難であろう。分かりにくく足元のビジネスが貧弱であることを鑑みると、本書の指摘する「中三学割投資法」の観点からも投資対象からは劣後する見方が自然であるということは覚えておきたい。

次に、経営に関する原則においては、「経営者が合理性を尊重する人物であるか」「その姿勢は株主に対して公平で誠実であるか」「横並びの圧力に屈しないか」という3点からの分析が重要であるとしている。株式投資は「株価ではなく会社を見る」それは、とどのつまりは経営者を見るということにつながるところである。

前者の2点は分かりやすいかもしれないが、最後の「横並びの圧力に屈しない」とはどういうことを指しているのだろうか。この点は多くの日本企業に見られる習性とはいえ実に興味深い。つまり他人と常に同じ事をしたがる組織の習性というか、出る杭は打たれるとの発想から、あまり目立ったことはしないでおこうという保守的な考え方の企業を指していると言える。日本企業が欧米企業に比べ発想が貧困なのは、横並びの意識が極めて強いからかもしれない。こうした企業経営者は発想が貧弱で、企業行動は常に同業他社の動きなどを見て行動する。そのテーマは、事業の拡大、役員報酬決定、企業買収など、どんなことでも無批判に模倣されるというのだ。こうした企業経営者は、将来において魅力がなく企業競争に負けやすいとの発想は、頷けるものがあると言えよう。

そして、財務に関する原則においては、「EPSではなくROEを重視する、オーナー収益を計算する、売上高利益率の高い企業を探す」としている。オーナー収益とは聞きなれない言葉だが、キャッシュフローから予想設備投資、予想運転資金を引いた金額をいう。これは、いかなる業種であれ設備投資は不可欠であり、単なるキャッシュフローだけでは企業の実体価値を見極められない考え方に拠っている。企業決算の損益計算書の利益ばかり目を奪われている投資家は少なくとも、もう一歩踏み込んで、キャッシュフロー表にも目を通さなければならない。

ここで、財務諸表の見方について、先述した遠藤四郎氏の達人視点Eと竹田和平氏の達人視点Tとウォーレン・バフェット氏の達人視点Bが違うことに気づかれた方もいらっしゃるのではないだろうか。まさに、ここが株式投資をさらに難しくさせているところと言える。特に、銘柄選択において財務的な視点は違う。しかし、共通点も多々ある。それぞれの違いはどこにあり、なぜ違うのかを把握することは自らの投資スタイルを確立することにおいて大切なことである。財務分析に関する詳細は、達人視点レポートの解説で述べたいと思うが、ここではそれぞれの達人の財務諸表に関する視線には異なったポイントがあるのだということを頭に入れておいてほしい。

最後にマーケットに関する原則であるが、「企業の真の価値を決定すること、企業の価値に関して大幅に割安な価格で買えるか」ということに注目せよとしている。少し専門的になるが現在企業価値は、当該企業が生み出す将来のキャッシュフローを予想し、それを適切な割引率で割り戻すことによって算出できる。ＤＣＦ（ディスカウント・キャッシュ・フロー）法などはその典型であるが、こうした理論株価を弾くことは、注目する企業が割安なのか割高なのか判断する際、重要な指標と言える。そして、実体価値を見極め、その価値よりも株価が安く推移しているときに買わなければならないのだ。こうした理論値は定量分析により可能となるが、実は企業価値より低い値段で推移している企業は少なくないのである。こうした企業で目立たない会社は、ある日突然、その割安さから外資系ファンドなどに買い占められて慌てふためくなどという構図を描くことも多い。

こうした実態以上に割安な株を見つけて仕込む、いわゆるバリュー投資の概念はバフェット氏の師であるグレアム氏が最も強く提唱していたことでもある。グレアム氏は言う。投資家は、エネルギーを市場全体の株価水準を気にすることなく、価値よりも低い株価がついている株式を見つける努力をすべきだと。そして、アナリストの目標は価値より低い株価の株式を推薦することができる能力を磨くことであるともしている。証券アナリストにとっては耳が痛くも心に響く言葉である。

こうしたウォーレン・バフェット氏の投資哲学に共感を覚えたのならば、次はいよいよ実践へと移る。バフェット流では、実践では「対象企業をどのように分析評価するのか」ということと、「株価水準をどのように見るのか」という2点だけに注目すればよい。これは換言すると、企業の中身をよく見て投資対象を決め、割安な株価でもって投資しなければならないということに他ならない。株式投資の普遍の定石がここにあるといっていいだろう。

また、バフェット氏は、よく知られている投資スタイルの一つとして、分散投資をするのではなく集中投資をすることを勧めている。証券理論の世界では、一般的に分散投資が最も賢明な投資手法といわれているだけに、真っ向から相反する考え方である。この考え方について私は、大きなリスクを伴うが、株式投資の目的として絶対的パフォーマンスを目指すのならば、極めて重要な考え方であると思っている。私がイメージする本物の投資家スタイルでの目指すパフォーマンスは、利回り何%の世界ではなく何倍の世界である。

数倍～10倍の投資パフォーマンスを目指す以上、集中投資は、自然の選択である。貴方が強い企業を見つけたらその株が割安の場合（投資のための全資金をつぎ込む気持ちで）、断固として行動しなければならないのだ。

しかし、こうしたバフェット氏をはじめとする達人視点Bにしても、遠藤四郎氏の達人視点Eにしても竹田和平氏の達人視点Tにしても、全ての投資手法がアクティブ投資であることは言を俟たない。アクティブ投資はインデックス投資とよく比較されるが、相場が良いときにはインデックス投資をはるかに凌駕するパフォーマンスを見せるが、悪いときには、インデックス以上に下落することを知っておいてもらわねばならない。ハイリスク・ハイリターンの原則は、どの投資手法をとっても免れようがないのが実情である。

したがって、相場環境が一旦悪化すると、こうした投資手法は間違っていたと批判されることも多い。しかし、ここで竹田和平氏の「上がってよし、下がってよしの株価かな」という歌を今一度思い出してほしい。どの達人視点にとっても下落はチャンスなのである。「中三学割投資法」においても株数を増やすことを大事としている。仮にあなたの保有株が半分以下に下落しても、それは同じコストで倍以上株数を増やすことができるチャンスと捉えなければならないのである。

バフェット氏の投資手法を称賛する声は大きいが、バフェット氏が最初にファンドを設立したときから成功し続けているのは、米国市場もずっと好調であるということも背景にある。日本の株式市場と違ってNYダウやS&P500は、戦後一貫して上昇し続けている。バフェット投資には及ばないが、インデックス投資においても高いパフォーマンスを続けていることになるのだ。上昇相場においては、インデックス投資よりアクティブ投資のほうが強いことは明らかだ。グーグルやアマゾン、フェイスブックにアップルなどGAFAとマイクロソフトを加えた巨大IT企業が占める時価総額は、東証1部上場企業全体に匹敵するところまでいっているのだから。仮にこの5社だけに上場当初から集中して投資していれば大変なパフォーマンスになっていることは想像するまでもない。

実際、バークシャー社の過去の投資パフォーマンスを検証すると、アメリカの代表的指数であるS&P500と必ずしも連動していないことが分かる。一般に、分散投資が進めば進むほど市場平均指数と連動を強めるだけに、この違いが集中投資の効果と言えるだろう。極論を言えば、中長期的に見て強い企業の株価は、市場平均とは何ら関係がないのである。我が国においても、日経平均株価は未だ高値から遠い水準であるが、その間、ファーストリテイリングやソフトバンクをはじめ、株価が数倍になった銘柄はいくつもある。したがって、こと個別銘柄に限っては先行き不透明な相場環境でも市場のチャンスは、豊富にあるということができよう。

無論、私たちはこれからの投資戦略を組むにあたってバフェット氏が生きてきた時代とは、外部環境が随分違うことに注意しなければならない。しかし、世の中には常に間違いのない定石というものがある。バフェット氏が近年に実施した投資パフォーマンスは、私たちに大きなヒントを与えてくれていると考えていいだろう。バフェット氏がバークシャー社の経営権を握ったとき、同社の純資産は2200万ドルに過ぎなかったが、それから35年で、同社は690億ドルと約3000倍もの成長を見せた。

これから30年先を見据えたとき、バフェット氏が成し遂げた投資パフォーマンスを私たちが上げるのは無理なのだろうか。そんなことはない。時代は常に変化し続けている。3人の達人が実際に見せた株の定石をよく理解し、冷静に分析し、独自の情報と信念を持って進めば資産形成は必ず成功する。

これまでの、バフェット氏の投資術である達人視点Bをもう少し簡便に整理するとバフェット流投資術は以下に要約されると言える。

○ 簡明で分かりやすいか
○ 安定した業績を続けているか
○ 長期的な明るい展望があるか

○経営者は合理的か
○横並びの圧力に屈しないか
○経営者は株主に対して公平で誠実か
○株資本利益率をオーナー収益ベースで捉えたか
○売上高利益率は高いか
○企業価値をどう決めたか

「集中×中長期×中小型×割安株」を徹底的に学べ

先述した達人の3人が、それぞれ巨万の富を得たことは間違いないが、3人の達人視点のポイントを整理してみて、それぞれの企業を見るべきポイントが異なっていることに気が付いた方もいらっしゃるのではないだろうか。ここが株式投資の難しいところだが、達人としての投資家の視点は必ずしも一致しないのである。

特に異なるのは、財務的な視点においてである。例えば遠藤四郎氏の達人視点Eは、低位株で赤字の会社を好み、目には見えない含み資産などに注目するが、竹田和平氏やウォーレン・バフェット氏は、基本的に赤字の会社には投資しないし、原価主義で含み資産を考慮に入れた投資はしない。また、竹田和平氏がＥＰＳに大変こだわっているのに対し、バフェット氏はオーナー収益ベースでのＲＯＥにこだわっている。

しかし、この３人の達人には大きな共通点がある。それが、私が提唱する「中三学割（集中×中長期×中小型×割安株）投資」の大原則である。つまり、３人の達人による企業選定の視点はそれぞれ異なるが、投資手法における視点は原則同じであるという点に注目しなければならない。

ただし、ここでウォーレン・バフェット氏のみ、現在において大型株の保有銘柄が多いことは、注記しておかなくてはならない。しかし、バフェット氏も当初から大型株を好んで投資していたわけではない。彼の投資判断基準は、あくまでも実体価値以上に下がった株価の会社を大量に保有することである。バフェット氏の投資パフォーマンスが著しく伸長したのは、米国市場の１９７０～１９９０年代前半であることを考えると、現在保有の大企業群はその頃、現在より一回り小規模だったと言えるし、何より近年バークシャー社の投資パフォーマンスはピーク時よりかなり落ちてきている。これは、バークシャー社があまりにも大規模になり過ぎて運用難に陥っている側面と、中堅企業の運用ではもはや全体パフォーマンスを上げることができなくなっているからだ。また、近年のバークシャー社は、もはや投資会社とはいえない企業となってしまっている。株式の売買に伴う投資事業の比率は小さくなり、利益のほとんどは保険、製造業やサービス・小売業など買収した傘下の事業会社が稼いでいるからだ。現在のバークシャー社は投資会社を出発点としながらも米国最強の複合企業に変貌しており、こうした企業形態を日本のソフトバンクなども参考にしているとされる。もっとも、株式市場の暴落局面においては、潤沢な資金をもとに再び投資事業を大きくする可能性はある。

バフェット氏の視点で日本株を見た場合、それが外国人投資家の視点と酷似していることに気が付いた。達人視点Bで投資対象の格付けが高い場合、投資対象となる日本株は、外国人投資家が好む財務体質を備えているのである。

数倍から10倍の利幅を目指す「集中投資」の魅力

集中投資を経験したことがない投資家は、決して株の醍醐味を味わうことはできないだろう。株式投資のリターンとリスクはトレードオフの関係にある。株式投資において、分散投資を唱える声は、株式投資経験の浅いファイナンシャル・プランナーなどの専門家に圧倒的に多い。「卵を1つのカゴに盛るな」という言葉はあまりにも有名だが、仮に落とさずに慎重に運ぶことができれば、それはそれで合理的で運ぶ回数も1回で済む。運送コストは1回のほうが安く済み、したがって1つのカゴにまとめたほうが儲かるということになる。

こんな例え話をしても仕方がないが、それくらい向ける視点によって物事の見方は大きく変わるものである。世に多くいる分散投資論者は、株式投資のリスクに目を向け過ぎているため、なるべくリスクを小さくしようとしているわけである。

しかし、リスクを極力小さくしたのがインデックスである。株式投資は分散が進めば進むほど、インデックスの動きと変わらないパフォーマンスを描く。近代ファイナンスの理論では、わずか15銘柄程度で分散の85％は達成され、30銘柄であれば95％まで引き上げられることになるという。つまり30銘柄を超えてくると、ほぼほぼインデックスと変わらない動きになってくるということだ。インデックスと変わらない動きになるのなら直接インデックスを買ったほうがいい。今はダウが買える時代だ。日経平均やＴＯＰＩＸに連動するＥＴＦ（上場投資信託）を買ったほうがはるかに楽でコストも安くなる。

そうしないのは無論、億万長者になるためである。30年前に日経平均に連動するETFはまだ開発されていなかったが、仮に買えていたとしても、今でも含み損である。日経平均に投資をするということは、日本経済に投資するようなものであるため、仮に2倍になるには、日本経済そのものが2倍の成長を成し遂げる期待値を持たなければならない。ご存じのように日本経済の成長は、この30年間、時計の針が止まったようにデフレのトンネルを抜け出すことができず、ずっと停滞したままだ。近年では、アベノミクスがその光を当てたように一瞬思えたが、マイナス金利と財政支出、強引な日銀買いで支えられていると言っても過言ではなく、目標とするインフレ率も風前の灯火で、実体経済は何ら成長できていない。したがって分散すれば安心という考え方は、とても資産運用を本気で考えているとは言い難く、勧める専門家も、その投資手法では自ら大きな成功を収めていないだろう。

しかし、一つだけここで分散しておかなければならないことを指摘しておこう。投資対象となる銘柄は集中して投資しなければならないが、買うタイミングにおいては分散させる「分散購買」をしなければならないということである。この分散購買という考え方は、「中三学割投資法」にとって極めて重要なポイントである。

集中投資は、先述の遠藤四郎氏も竹田和平氏もウォーレン・バフェット氏も、最もこだわっているいる投資手法といっていい。それだけに、慎重な姿勢で銘柄選定を誤らない眼力が必要となる。その銘柄選定の仕方は後述するが、一度、集中投資による株式投資で成功を収めたら、もう分散投資などは、バカバカしくて考えられないほど面白いことだけはいっておきたい。あなたの過去の株式投資での苦い失敗は集中投資を学ぶことで、必ず一気に取り戻せるだろう。

本物の「中長期投資」には5～10年の保有期間が必要

「本物の個人投資家になるためには少なくとも5年は保有しなさい」。私は、長らく投資勉強会で5年保有説を説いてきた。ウォーレン・バフェット氏の投資術に心酔していた私は、バフェット氏のバイ・アンド・ホールドが株式投資の王道と考えていた。バフェット氏は、本当に強い会社の株なら決して手放さないことで知られる。その企業が平均を上回るリターンを生み続け、経営者が利益を合理的に配分する限りは永久に所有し続けるというのだ。

しかし、永久というのも極端な考え方である。確かに正しい考え方ではあるが、平均的な保有期間の目安があってもいい。それは、その株式の永久のファンであっても株式投資の目的としてＲＯＩ（投資利益率）の追求を考える以上、売らなければ実現益にはならないわけであるから必然のことである。株は勝手に上がったり、下がったりする。銘柄にもよるが、やはり買い時があるように売り時もあるわけである。

私は、当初その合理的な保有期間を5～10年と定め、最低5年の保有期間の覚悟が必要と定めた。私の投資勉強会の教本ともなっている『本物の投資家になるために』もそのように記されている。それでは、なぜ5年なのか。その理由はズバリ、資産倍増を目指すからに他ならない。投資目標は、5年で最大5倍、10年で最大10倍を目指すというもので、最低でも5年で倍増を目指すというものである。

資産形成を本気で実現しようと思えば、明確な目標を立てることは大切である。その際、大切なポイントとなるのは短期的な計画は無意味ということである。ここが株式投資の難しいところの一つだが、株式投資で少しでも儲けてしまうと、あたかもずっとこの調子で儲けることができると錯覚してしまうものである。しかし、明確な投資手法も分析手法も決まっておらず、単に買った銘柄がたまたま上がったぐらいであるのなら、その偶然は当然のことながら続かない。また、明確な投資手法、分析手法を経て投資をしたとしても、短期的な株価変動においては対処できないと断言できる。どっちも儲からないのなら勉強しても意味がないと考える向きもあるだろう。しかし、前者は勘に頼っての投資であるから中長期投資においても資産形成を築けるか分からないが、後者は、その投資手法、分析手法が正しければ、中長期投資を貫く限り、資産形成を拡大し続けることができる可能性は高い。お金をどう働かせるか。あなたが考える働かせ方で随分と結果は変わってくるのだ。「時は金なり」と昔から言うが、人の一生において時間というものも決して無限ではない。時間とは大変、貴重なものである。中長期投資は、まさに時間を味方にする投資手法と言える。

中長期投資は、実は「中三学割投資法」の「集中×中長期×中小型×割安株」の4原則のなかで最も難しい投資手法である。世間一般のイメージでは、中長期投資は短期投資に比べて安全であるというイメージがあると思う。しかし、それはまったくの誤りであり、短期投資よりもはるかにリスクの高い投資手法であることをまずは知ってほしい。短期投資で、最も典型的なものはデイトレードである。日計りは、勝っても負けてもその日のうちにキャッシュに戻すので最も安全な投資手法と言える。ただし、この手法は投資といえるものではなく投機であり、投資の定石にはならないことは先述した。その点、中長期投資は投資の王道ともいえるが、バイ・アンド・ホールドを長く続けることは相当なリスクを伴う。日経平均を見てほしい。仮に日経平均をアベノミクスが始まる10年前に買った投資家は、それなりのパフォーマンスを上げているかもしれないが、バブル期の30年前に買った投資家は未だに含み損である。その理由は、なぜ30年前に日経平均を買ったのかという理由が明確化できるかにもかかっている。当時短期的な値上がりだけを考えて買ったとすれば、残念ながらその投資は失敗である。自らの勘と欲以外に理由はないのだから。中長期投資はリスクの高い投資手法であるが、銘柄さえ間違わなければ、当然その分リターンは高くなる。リスクとリターンは常にトレードオフなのである。

しかし、中長期投資は時間を味方にしているため、集中投資で述べた「分散購買」を使うことで別の観点からリスク低減策を実施することができる。分散購買とは、一般に証券投資の世界においてはドルコスト平均法に見られるように、一回で大量購入するのではなく、購入時期を分散（＝長期積立）することにより、時期による価格の変動リスクを分散でき、平均購入単価を平準化する手法の考え方に用いられるが、「中三学割投資法」においては、株価下落時において買い下がりをしていくことにのみに用いる。あくまでも時期を分散して株数を増やすことに固執し、平均コストを落とす目的で用いるのであって、買い上がりは原則しないことを覚えておいてほしい。

5～10年という期間は、あなたが保有する銘柄が間違いなければ、たとえ最高値圏で掴んだとしても必ず元に戻るポテンシャルを発揮できる十分な期間であり、また会社自体も経営者が交代したり、組織が生まれ変わったり、新しい新商品や新サービスを開発したりすることができる十分な期間なのである。「株価ではなく会社を見る」という株式投資の大原則が最大限発揮するのに必要な期間とも言える。会社が成長したり、取り巻く外部環境や内部環境が変化したりするのには、その程度の時間が最低でも必要で、投資家は常に投資銘柄に対して５〜10年先のビジョンと環境の変化を予測しながら投資を実行しなければならない。

株価というものは正直なもので、特定銘柄の企業を10年タームで見続けていると、それまで何も起きていなかった株価が突然動き出すタイミングが訪れる。５年や10年という時間は、必ず大きな材料が出るものなのである。時に悪材料により暴落もあるが、中長期投資が前提の場合、そのタイミングは逆に買い増しの大チャンスでもある。

株式投資において本物の投資家、真の資産家として求められる心構えは、企業の成長の一端を担おうとする姿勢である。中長期投資はリスクの高い投資手法であるが、リスク低減策として、分散購買の他にも株主としてその企業を常時ウォッチし続けることで心理的なリスクを軽減することもできる。一般の投資家は、上がっているうちはいいが、一旦株が下がり始めると怖くなって後先も考えずに投げてしまうことがある。株価下落による心理的恐怖心に勝てないからである。なぜ、勝てないのだろうか。これもやはり株価ばかり見て会社を見ていないからだと言える。この解決策に企業IRがあると私は考えた。企業IR活動の重要性は第3章で詳しく述べるが、投資家は株主として投資した会社と企業IRを通じて深く関わっていく必要がある。企業IRは中長期投資を貫徹する観点からも極めて大切である。株主として企業の成長にアクティブに貢献するという意味でも、中長期で保有することが必要であると言い換えてもいい。

私は長年、中長期投資の重要性を説いてきたが、とにかく一般投資家に中長期投資の本質を理解させるのは難しいと感じている。一般の方に5年、10年先を見てなどと話すと、「そんなに待てない」と答える人は実に多い。5年で倍を目指す場合、大体、複利計算では年率15％程度のパフォーマンスが必要となる。仮にこの利回りで5年間回すことができれば、5年後には運用資産は倍になる。そしてここがポイントだが、資産が来年15％増加するファンドと5年後に倍増するファンドでは、どちらが投資家に人気があるか考えてみてほしい。どちらも5年後のパフォーマンスはほぼ一緒なのだが、来年15％のほうを、ほとんどの投資家は選択するはずである。これは、多くの投資家の時間的観念が短期志向であることを示している。「5年先のことなんて誰も分からない。5年なんて待てるか」という心理状態である。ところが、短期であれば未来を見通せるかというとそうでもない。1年先の未来が分かれば、誰も暴落に巻き込まれないだろう。この世の中は、「一寸先は闇」なのである。しかし、不思議なもので冷静に考えてみると、中長期的に臨んだ場合、未来の社会はどのように変わっていくのかはある程度察しがつく。古くは産業革命に始まり、近年ではインターネットによる技術革新は、人々の生活を大きく変えた。しかし、こうした技術は突然空から降ってきたわけではない。携帯電話や薄型テレビもそうだろう。自動車電話や移動電話など様々な開発を経て今があるわけであり、なおも利便性を求めて開発が進んでいる。株式投資で成功するためにはこうした近未来思考が極めて大切である。この世の中がどのように変わっていくのか、常に勉強し想像することは、好奇心をかき立てるし、何よりもその好奇心が株式投資を通じて資産形成につながっているといってもいい。仮にあなたが投資している銘柄が正しくとも、多くの場合、企業というのは1年や2年では劇的な変化は見込めない。したがって1年後に15%の目標で株式投資をするというのは、当該企業のファンダメンタル（業績や財務状況などを踏まえた企業の本質的な価値）を無視した株価のボラティリティー（価格変動の度合い）のみに頼って投資をすることに他ならず、「株価を見て会社を見ない」投資と言え、およそ本物の投資活動と言えるものではない。

企業の成長や変革にはある程度の時間が必要である。その育つ時間を待つことができ、銘柄さえ間違わなければ、その企業は必ずや大きく開花する。

企業が育つのを待つ――中長期のスタンスは時間を味方につけ、株で大きな資産を築くにあたって必須の投資手法なのである。ある銘柄に集中して中長期的に投資対象企業を常時ウォッチしていれば、5年や10年なんていう期間はあっという間に過ぎるだろう。無論、5年、10年先が絶対的ゴールという意味ではない。5~10年というスパンで株価ではなく会社を見ていれば、価格変動にも惑わされずに首尾一貫した投資姿勢を貫くことができ、必ずあなたを株式投資の勝者へと導くことになるのだ。

中長期で成長を見込める「中小型株」に投資せよ

「集中」と「中長期」の2つの「中」の重要性を説明した。「中三学割投資法」の最後の「中」である「中小型株」について解説したい。一口に中小型株といっても、その定義は様々である。ここで、日本取引所グループが定義する用語としての大型株、中型株、小型株の違いを見てみると、大型株とは、TOPIX(東証株価指数)を補完する「規模別株価指数」の算出において、東京証券取引所市場第1部銘柄(内国普通株式)のうち、時価総額と流

図表2-2 「中小型株とは」

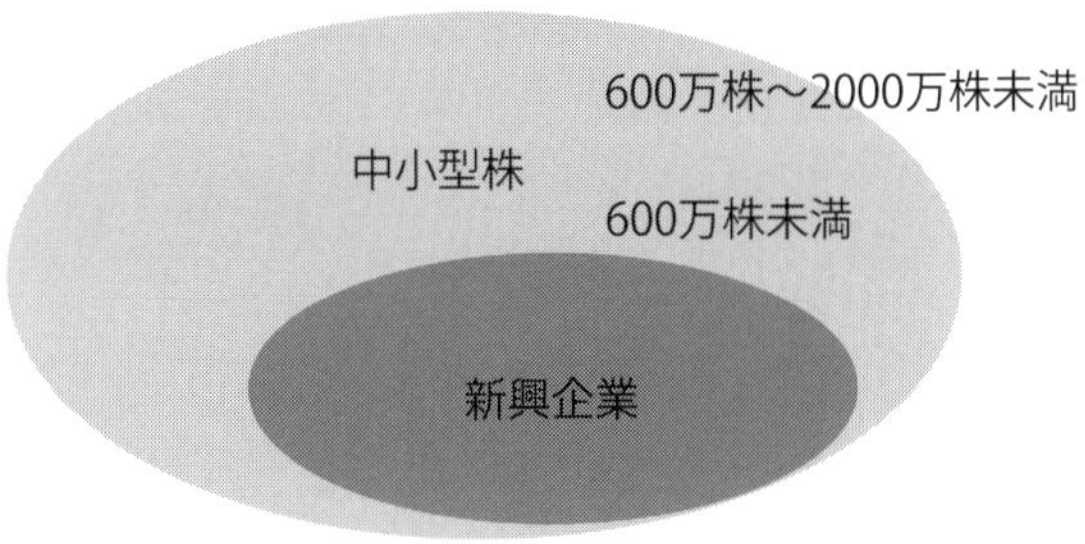

○明確な定義なし	○銘柄数多し（約3000銘柄）
○時価総額は1000億円以下	○機関投資家参入難し
○成長企業と成熟企業が混在	○情報量が少ない

出典：KCR総研

動性が高い上位100銘柄（TOPIX100の算出対象）を「大型株」といい、大型株に次いで時価総額と流動性が高い上位400銘柄（TOPIX Mid400の算出対象）を「中型株」、大型株・中型株に含まれない全銘柄（TOPIX Smallの算出対象）を「小型株」と呼び、これらの分類に基づいて株価指数を算出しているとしている。従前は、上場株式数の大きさで分類していたが、現在は時価総額（株価×発行済株式数）基準が主流となっている。KCR総研では、従前モデルにおいて、中型株を6000万〜2億株未満、小型株を6000万株未満と定義していた。従前の単位株制度である1000株をベースとしていたので、100株単位に統一された現在においては、

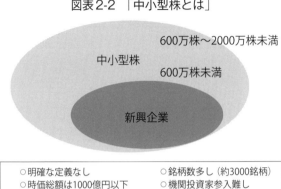

中型株を600万~2000万株未満、小型株を600万株未満と言い換えることができよう（図表2－2）。

一般に、大型株は取引所が定義するようにＴＯＰＩＸや日経平均株価に組み込まれている銘柄をイメージすればいいだろう。東証1部に上場している誰もが知っている有名企業が当てはまると考えておいてよい。大型株以外のものが中小型株ということになるのだが、大まかに以下の特徴がある。

「大型株」

時価総額が大きく流動性の高い銘柄を言う。誰もが知っている有名企業が多く、重厚長大な産業が多い。ＴＯＰＩＸや日経平均株価の構成銘柄となっているため、インデックスにも連動しやすい。売買しやすいが相当な資金量を要するため少額の売買では値動きにほとんど影響しない。外国人投資家や機関投資家の組み入れ比率が高い。

「中小型株」

時価総額が小さく流動性の低い銘柄を言う。大型株以外の銘柄と言い換えることもできる。業界で有名な企業もあるが、一般には知られていない知名度の低い企業も多い半面、新しい業態やサービスを展開している企業も多い。主要インデックスに組み入れられていないためインデックスとの連動性が低い。小規模な売買でも値動きに影響する銘柄も多く大量の売買はしづらい。そのため大規模機関投資家が参入しにくく個人投資家の比率が高い。

大型株と中小型株を比較した場合、最も大きな違いは、流動性である。とにかく、中小型株は流動性が低いために大型株よりボラティリティが大きいのが特徴である。この特徴は良くも悪くもある。良い点は、やはりパフォーマンスが上がる点であろう。大型株が2倍になるのは大変である。日経平均株価がそうであるように決してならないことはないが、よほどうまくタイミングを合わさなくてはならない。しかし、中小型株では2倍になることなど珍しくはない。相場環境さえよければ1年で倍になる銘柄はざらにあるし、5倍、10倍といったパフォーマンスを表す銘柄もある。無論、その逆もある。相場環境が悪ければあっという間に半分になる銘柄も決して珍しくはない。5分の1、10分の1になる場合もある。やはり、ここでもリスクとリターンはトレードオフなのである。

確かにボラティリティは中小型株のほうが大型株より大きい。図表2－3は、日経平均株価とジャスダック指数を2010年から2020年までを比較したものであるが、価格変動率はジャスダック指数のほうがはるかに高いことが分かる。しかし、株式投資で大切

図表2-3　日経平均株価とジャスダック指数の比較

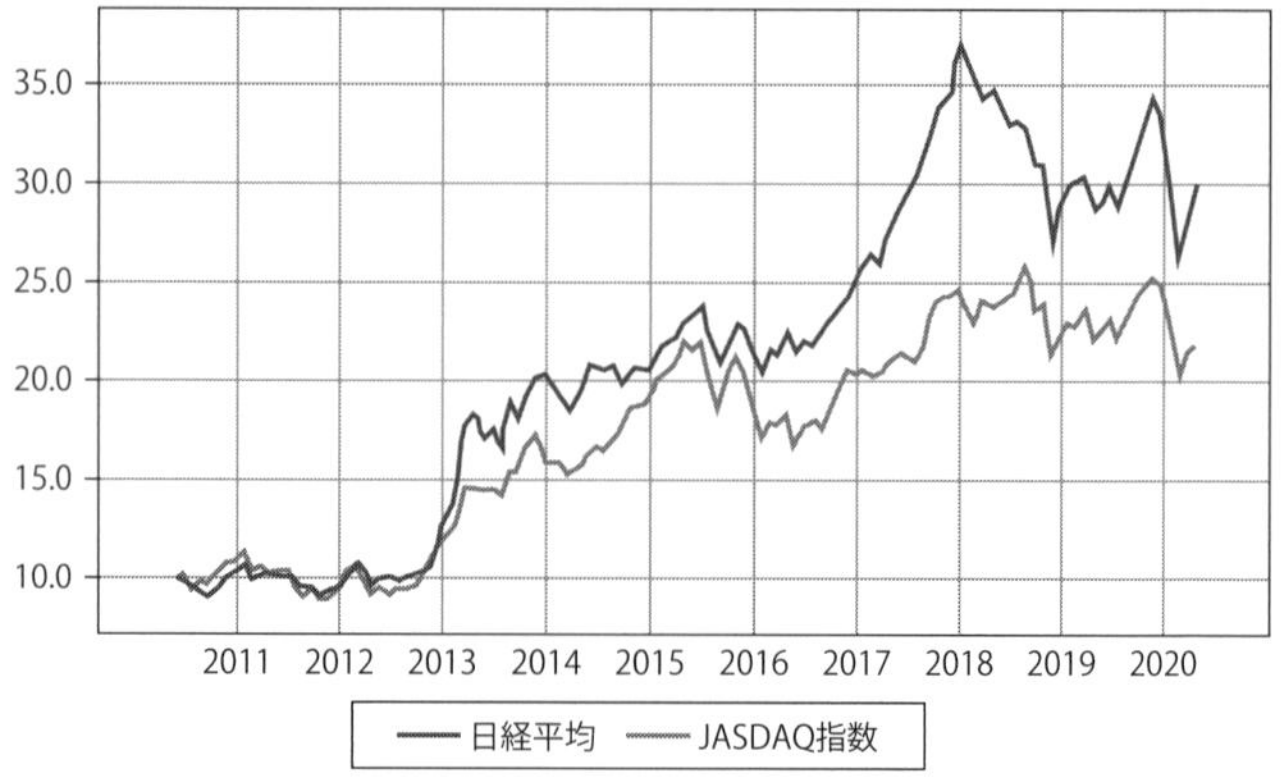

出典：Quants Research Inc.

なことは当然ながらパフォーマンスである。一目瞭然だが、日経平均株価にリスクがないわけではない。株式投資においてノーリスクはあり得ない。くどいようだが、株式投資は億万長者を目指す資産形成のために実行するものだ。どうせリスクを取るのなら、やはり高いリターンを期待すべきである。価格変動は大きいが、日経平均株価とジャスダック指数のような代表的な指数ですらこれほどの差がつくのであるから、個別銘柄に至っては驚くほどの差がつくのである。詳しくは第4章で述べるが、KCR総研がこれまで推奨したレジェンド特選60銘柄の平均パフォーマンスは、1322％で約14倍にも達するのである。

独自の分析手法で「割安株」を見極める

いよいよ「中三学割投資法」の４つ目のキーワード「割安を学べ」を考えてみよう。株式投資で成功するためには、当該銘柄が割安な時に買わなければならない。当たり前のことだが、これが実に難しい。お目当ての銘柄があって、買いたいと思ったときに買って満足できればいいのだが、消費とは違い投資は買ってからが勝負である。買って満足するには、あなたの思惑どおり値上がりしてもらわなくてはならない。株は年中、上がったり下がったりしている。同じ銘柄でも買ったタイミングによって投資家の感情は悲喜こもごもである。「中三学割投資法」を完結する以上、独自の視点での割安株の見方を身に付ける必要がある。

多くの投資家が割安株を知る手法として先に紹介したＰＥＲやＰＢＲが挙げられる。この考え方自体は間違ってはいないが、先述したようにみんなが知っている情報は、投資情報としてはゴミ同然で役には立たない。また、チャートを使って割安かどうかを調べる投資家もいるだろう。この方法もあながち間違ってはいないが、チャートで高値から随分下げているからといって、買い判断をすることは無謀である。確かに株価チャートというものは、株式投資における人間の心理を如実に表しており、まるで生き物のように見える。しかし、その軌跡はあくまでもヒストリカルなものであり、未来のことは何一つ語っていないことを知るべきである。チャートはあくまでも、「中三学割投資法」においては、中長期的な転換点を理解したり、当該銘柄のエネルギー（過去において株価的にどのような波動を持つ銘柄かなど）を知る参考情報に留めることが賢明である。こうした割安株というものの定義は実に難解で、これらの考え方は、どれが正解でどれが間違っていると一概に言えるものではない。ここで、ものをいうのが分析である。この株が割安だとの情報は、自分独自の分析によってつくらなくてはならない。要は、自分だけの物差しを持つことが投資の成功の扉を開くことになるといっても過言ではない。みんなが知っている情報も、独自の分析のフィルターを通すと、独自の情報に変換が可能である。ここで思い出してほしいのが3人の達人である。3人の達人は、企業の選択ポイントは各自違うことは先述したとおりだが、株は、「集中」投資で「中長期」で保有し、「中小型株」を選好し、「割安」時に仕込むという考え方は、徹底して共通している。何においても実績がものをいう。株式投資で成功を目指すなら、まずは3人の達人のお眼鏡に適う銘柄かどうかのフィルターを通せば、成功への第一歩を踏み出すことになる。こうした達人視点を基にKCR総研では、３人の達人の投資手法をあらゆる観点から長年分析してきた。そこで完成したのが、後述する「達人視点レポート」である。

シャープの暴落を予見した達人視点

株式投資成功の極意というべき3人の達人の定石と知見を実際の株式投資に取り込むためには、あなたが投資してみたいなと思った銘柄が、３人の達人視点の選好に合うかを調べなくてはならない。何度も言うが、あなたの知っている情報はみんなが知っている情報である可能性があり、株式投資で成功するためには勘に頼る投資は絶対に避けなければならない。ここで、当該銘柄を達人視点での分析にかける的確なメソッドがあれば、あなたの勘が正しいかどうかをスピーディーに判断し、あなたに冷静さを取り戻させてくれるきっかけともなるはずだ。株式投資は熱くなったら負けである。常に冷静に判断して挑まなければならない勝負と言える。こうした観点から開発された「達人視点レポート」は、与えられたデータを抽出し、独自の手法で分析することによって、中三学割銘柄に合致するかを教えてくれるレポートである。ＫＣＲ総研では、「達人視点レポート」完成時から、その精度を確かめるため、★付けの高い銘柄に対し、その後の株価パフォーマンスを検証してきている。その結果、★付け上位銘柄において極めて高いパフォーマンス結果が得られているのである。

ここで興味深いエピソードを紹介したい。２０１２年6月16〜18日にかけての私の投資勉強会の題材に、エレクトロニクス分野を取り上げた。リーマンショック後、少しずつ投資家心理は明るさを増していた時期ではあるが、２０１２年5月末の日経平均株価は、８５４２・７３円とリーマンショック後3年目の時点においてもパッとしない形となっていた。この背景にあるのが深刻なエレクトロニクス不況であった。もともとは日本のお家芸であったエレクトロニクス分野の株価が、日経平均上昇の重しとなっていたわけである。「株は悪いときこそ買いのチャンスがある」。３人の達人の教えから、そう確信していた私は、「達人視点レポート」の的中度を会員の方により深く分かっていただこうと、誰もが知っているパナソニック、シャープ、ソニー、富士通のエレクトロニクス4社を挙げ、もしエレクトロニクス分野で銘柄選択をしなければならないとしたら、この4銘柄のなかで今、何を買うべきかを大勢の聴衆の前で問うたのである。どれも日本を代表する大企業である。しかし、直前の２０１２年3月期の決算は減益だが黒字だった富士通を除き、他

図表2-4　シャープの株価推移（その後２カ月の株価推移）

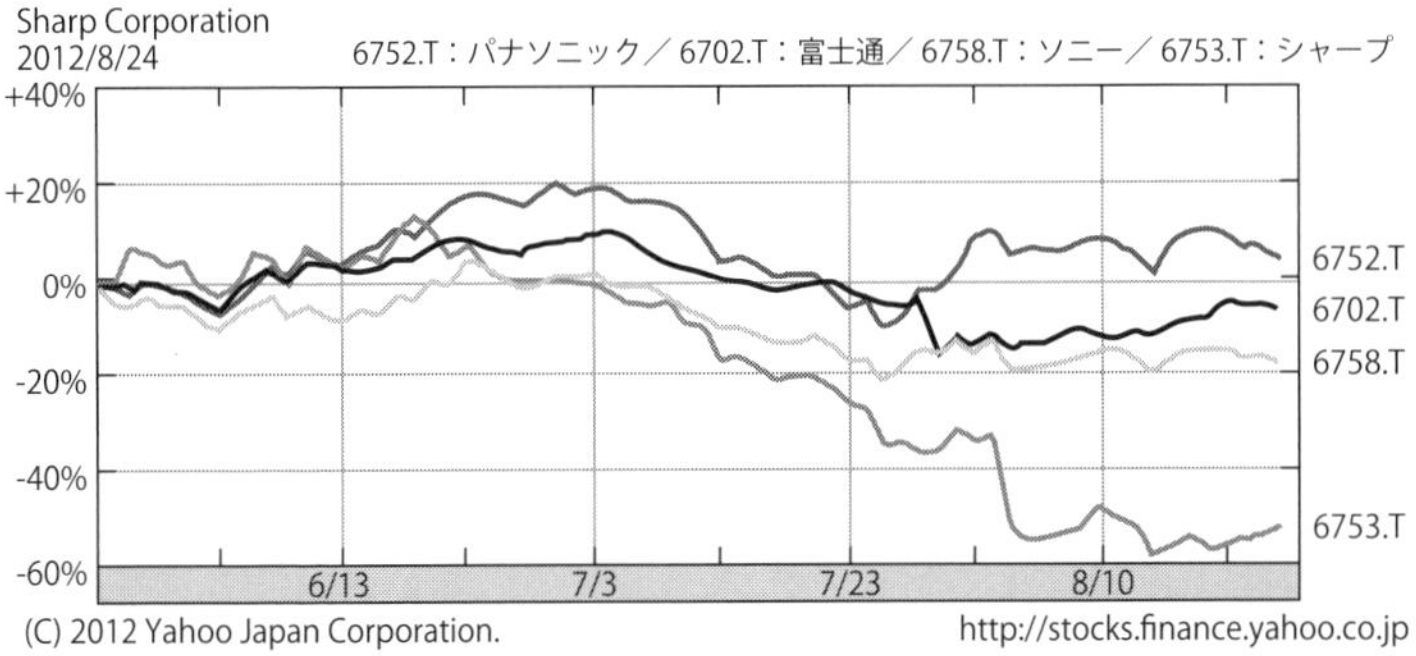

シャープを最も買っていけない銘柄と明確に申し上げた

※KBJEX12年6月号音声ファイル37分21秒参照　　出典：ＫＣＲ総研「2012年９月投資勉強会資料」

の３社はパナソニック７７００億円、ソニー４５００億円、シャープ３７００億円という巨額赤字を計上しており、ぱっと見での銘柄選択は非常に難しい状況にあった。投資勉強会は大阪、東京で原則毎月開催している。さすがに大阪ではシャープの人気が高く、シャープを買いたいとの声も上がったが、東京ではどれも今は買いたくないといった雰囲気であった。株式投資は「当てることも大切であるが外さないことはもっと大切である」。サラリーマン時代の株式投資の失敗から、そう学んだ私は、まずは絶対買ってはいけない銘柄を1つだけいうことにした。

それが、シャープである。当時のシャープは直前決算期で巨額赤字を計上したもののパナソニック、ソニーより金額的には低く、何

図表2-5　達人視点別４社銘柄比較

[買いの正解はパナソニックである]

銘柄名	達人E視点	達人T視点	達人B視点	達人総合	合計	株価（円）	現在株価	騰落率
パナソニック	2.6	3.0	3.1	3.0	11.7	572	559	▲2.2%
富士通	2.1	3.4	2.7	2.7	10.9	360	329	▲8.6%
ソニー	2.6	2.8	2.4	2.6	10.4	1029	918	▲10.7%
シャープ	2.0	2.6	2.3	2.1	9.0	412	192	▲53.3%

達人視点通りの推移となっている！

出典：ＫＣＲ総研「2012年９月投資勉強会資料」

より、３月時点で台湾の鴻海《ホンハイ》精密工業がシャープを支援する表明を出していたことが大きく、当時即座にシャープが最も危ないと答えたのは私の知る限りはいない。しかし、シャープにとっては、それが裏目に出る。８月に鴻海精密工業がシャープへの出資条件見直しを表明。資本業務提携に対する不透明感が広がったのが売り材料となり実にシャープ株は、当時１９７４年10月以来の38年ぶりの安値をつけたのである。実にエレクトロニクス分野の投資勉強会から２カ月も経たないうちのことであった（図表２-４）。

その後、２０１６年にシャープは鴻海精密工業に買収されてしまったが、ここで大事な点は、「達人視点レポート」は、ある業界で同業種、同業態などを分析した場合、明確に買ってもよい順番が指数として示され、的確な投資判断ができたことである。たった2カ月間弱のことではあるが、シャープはこの間53・3％も急落した。また、同時に最も買うべき銘柄として診断されたのはパナソニックであった。エレクトロニクス業界の株価は、全体的に不調ではあったが、パナソニックの下落率は、2・2％程度と他の3銘柄より圧倒的にパフォーマンスに開きがあった（図表2－5）。

シャープの急落までの株価はどれも横並びのパフォーマンスであった。シャープにおいては鴻海精密工業による出資条件見直し表明があったとはいえ、そのことを機会に横並びの均衡が崩れ、当時の実力に応じた市場での評価の序列となったと考えることができる。「達人視点レポート」は、近未来のエレクトロニクス業界の序列を我々に明確に提示したのである。

また、「達人視点レポート」の慧眼はこのエピソードにとどまらない。シャープの例は短期的にもこのようなパフォーマンスを発揮した良い例であると言えるが、もともとは中長期投資に見合う銘柄を探すことが「達人視点レポート」の利点である。開発当初から、「達人視点レポート」の中長期のパフォーマンス分析にこだわっていた私は、エレクトロニクス業界比較のはるか前の２０１０年4月22日に重電業界4社のレポートを発表した。日立製作所、東芝、三菱電機と富士電機である。日本を代表する有名企業であるし、証券

図表2-6　重電４社の指数化チャート（2020年5月1日時点）

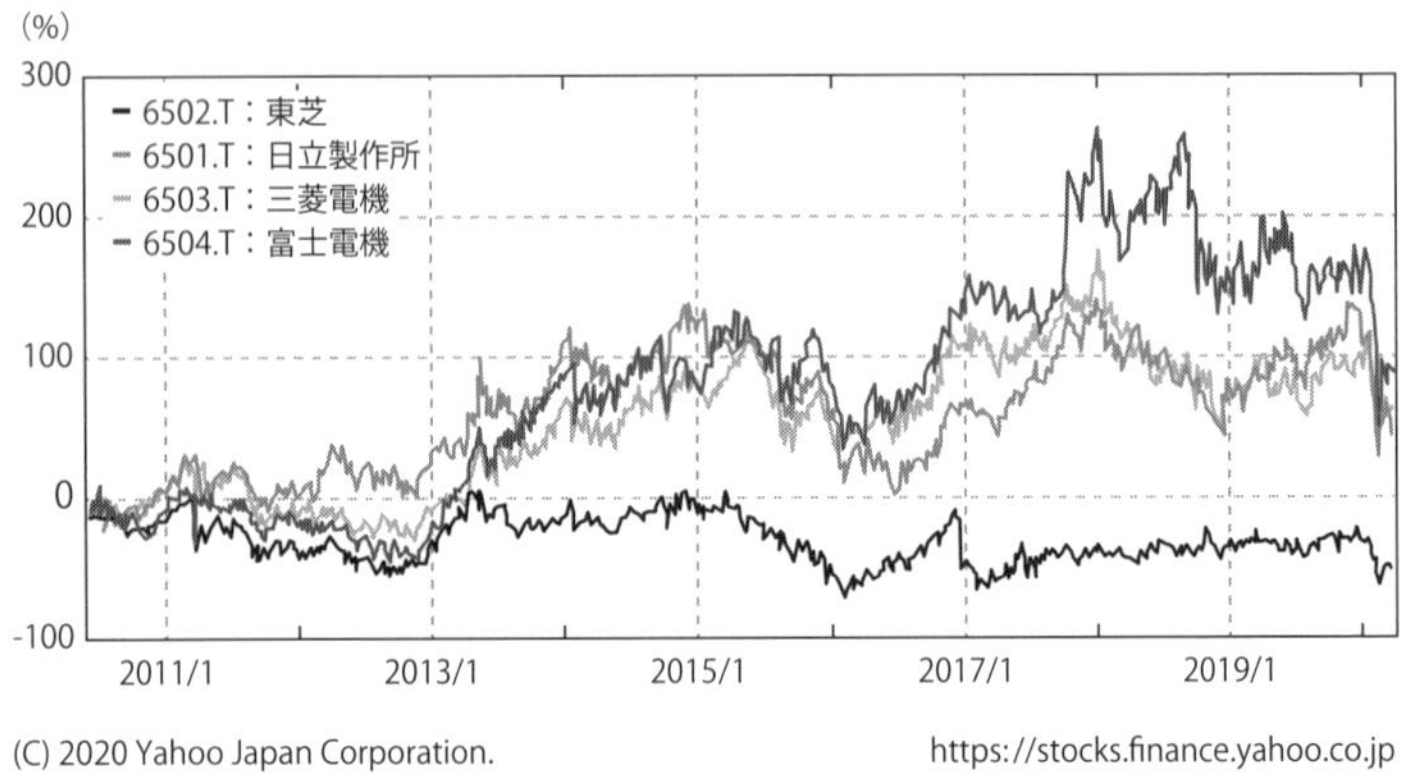

出典：Yahoo Finance

コード番号も並んでおり比較しやすいと考えたからだ。当時、重電各社もリーマンショックの後遺症を引きずっており、日立製作所と東芝は最終赤字を直前決算で計上しており、どの銘柄が達人視点から見て投資適格なのか知りたかったのである。

ちなみに結果は、当時の達人視点合計指数としての序列は、日立製作所10・6、富士電機9・2、三菱電機8・7、東芝8・1の順番になった。達人視点で平たく言えば、「日立買いの東芝売り」ということになる。その後の株価推移を10年間で追ってみると、最も買ってはならない銘柄として最下位の東芝は、やはり低パフォーマンスを演じ始め2015年に粉飾決算が発覚し、さらに大きく値を下げ、2017年東証2部へ降格することになった。

上位企業パフォーマンスを見ても２０１５年までは達人視点がつけた序列どおりの動きを見せており、10年経った今でも序列2位の富士電機と序列1位の日立製作所が入れ替わったぐらいで、「中三学割投資法」の要の1つである中長期投資において十分活用できることが証明されたのである（図表２－６）。

達人視点を活用して億万長者への突破口を開け

「達人視点レポート」は、「中三学割投資法」において株式投資で成功するための突破口となるレポートであり、第4章に述べる「ＩＲ戦略分析レポート」と相まって、あなたを億万長者に近付ける強力な味方となるだろう。ちなみに「達人視点レポート」は、私の主催する投資勉強会「達人視点の会」のメンバーであれば過去のものも含めて全て読むことができる。「達人視点の会」を主催するのはＮＰＯ法人の日本ライフプラン協会であり、非営利で本物の資産形成を目指す個人投資家育成団体が提供している。詳細は後述するが、興味のある方は是非、参加してほしいと思う。

ここでは、改めて「達人視点レポート」のポイントを整理しておきたいと思う。3人の達人の視点分析・研究が終わったところで、私は達人たちが企業の財務分析上、どこを重点的に注目し判断しているのかを整理し、最大公約数的に指標を抽出した。そして、それを達人が注目する共通指標として達人視点16項目にまとめ、それぞれがその指標をどのように評価するかを指数付けしたのである（図表2－7）。

「達人視点16項目」とは、

資利倍率、PBR、PER、有利子負債依存度、配当利回り、設立年数、安値騰落率、FCF（フリー・キャッシュフロー）、売上高経常（税前）利益率、業種、単純平均、発行済株式数、時価総額、悪材料、EPS、ROE

で示され、また、この指標を導き出すためには、

資本金、利益剰余金、株価、株主持分、発行済株式数、BPS、営業キャッシュフロー、投資キャッシュフロー、総資産、有利子負債、配当額、設立年月、直近5年の株価高値・安値、予想売上高、予想経常（税前）利益、予想純利益等

が分かれば良いことになる。

図表2-7　達人視点レポート

KCR-達人視点レポート　6775TS200716

3人の達人のスタンスを知るレポート。達人視点16項目により、株価は割安か、中長期投資できるかを判断する。

　株式会社 KCR総研

(株)TBグループ		(6775　東証2部)連結	20/07/16	達人視点指数合計	10.9
決算	3月	〒	113-0033	TEL	03-5684-2321
住所	東京都文京区本郷3-26-6	代表者	村田　三郎	KCR平均	12.8

【事業内容】	屋外型デジタルサイネージシェアトップ、POSレジ等を展開。DOOH強化、5G広告塔等注力。関連会社ホスピタルネットと協力し病院IT化を推進。

■基本主要データ　※予想は原則会社予想、アセットは直前期

資本金(百万円)	利益剰余金(百万円)	株価(円)	株主持分(百万円)	発行済株式数(千株)	BPS(円)	営業CF(百万円)	投資CF(百万円)
4,056	−4,450	209	1,284	8,776.1	137	−84	3
総資産(百万円)	**有利子負債(百万円)**	**配当(1株当り円)**	**配当性向**	**設立年月**	**5年内高値(円)**	**5年内安値(円)**	**高値騰落率(%)**
1,989	141	0	0.0%	1946年11月	1,050	106	−80.1
予想売上高(百万円)	**予想営業利益(百万円)**	**予想税前利益(百万円)**	**当期予想利益(百万円)**	**予想EPS(円)**	**予想ROE(純利益率)**	**予想ROA(経常利益率)**	**自己資本比率**
2,800	−200	−250	−300	−32.01			

達人視点16項目

資利倍率(倍)	PBR(倍)	予想PER(倍)	有利子負債依存度	配当利回り(%)	設立年数(年)	安値騰落率(%)	FCF(百万円)
−1.1	1.5	−6.5	7.1%	0.0	74	97.2	−81
1.0	2.0	1.0	4.0	1.0	5.0	3.0	0.0
売上高経常利益率	**業種**	**単純平均(円)**	**発行済株式数(換算・千株)**	**時価総額(百万円)**	**悪材料**	**EPS**	**ROE**
−8.9%	電気機器	20.9	94,191	1,969	減収減益	横這い	−23.4%
0.0	5.0	5.0	5.0	5.0	5.0	3.0	0.0

達人の視点	評点	格付	KCR平均
達人Eの視点	3.7	★★★★	2.9
達人Tの視点	2.5	★★★	3.1
達人Bの視点	1.9	★★	2.9
達人総合指数	2.8	★★★	3.2

達人視点レーダーチャート

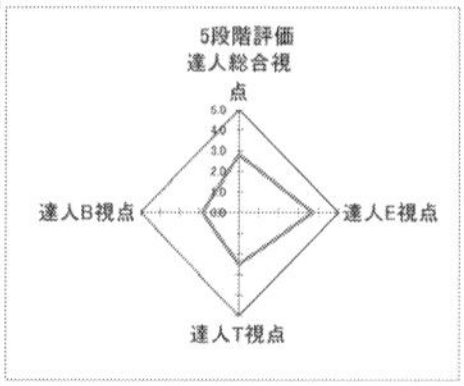

※本レポートの3人の達人は実在する投資家の視点をKCR総研が客観的に独自分析しているもので、実在の人物とは一切関係ないことにご留意ください。

レーティング	評点
★★★★★	4.5〜5.0
★★★★	3.5〜4.4
★★★	2.5〜3.4
★★	1.5〜2.4
★	0〜1〜1.4

達人E氏の視点	サラリーマンから株で資産30億円を築いた投資家の視点を分析。低位株投資・逆張り戦術などに特長がある。
達人T氏の視点	個人投資家として300億円の資産を株で築いた投資家の視点を分析。長期集中投資・配当重視などに特長がある。
達人B氏の視点	株で5兆円を築いた世界的著名投資家の視点を分析。割安株バリュー投資、ROEなど収益面の指標重視に特長がある。

このレポートは、投資の参考となる情報提供を目的としたもので、投資勧誘を意図するものではありません。このレポートに用いられた数値及び意見等は、信頼に足ると考える情報源から得たデータ等に基づいておりますが、KCR総研がその正確性を保証するものではありません。当社は、当資料の一部または全部を利用することにより生じたいかなる損失・損害についても責任を負いません。投資の決定はご自身の判断と責任でなされますようお願いします。記載された意見や予測等は作成時点のものであり、正確性、完全性を保証するものではなく、今後予告なく変更されることがあります。内容に関する一切の権利はKCR総研にあります。事前の了承なく複製または転送等を行わないようお願いします。

出典：ＫＣＲ総研

すなわち、「達人視点レポート」は、最低限、上記の数字および情報さえ掴めれば、各達人のお好みの銘柄かどうかが指数評価できることになるわけであり、簡便に中三学割（集中×中長期×中小型×割安株）に適しているかを炙り出すには最適のレポートなのである。ここで、達人視点レポートパフォーマンスの先述例がシャープなどの大型株であることに疑問を感じた方がいらっしゃるかもしれないが、「達人視点レポート」は大中小関係なく、特に割安で安全に中長期投資できるのかにフォーカスを当てて分析評価されている。そのため、大型株であっても大型株同士の比較にはもちろん使えるし、中小型株と比較した場合は、中小型株にアドバンテージがあるように工夫されているのである。本書では特別に「達人視点レポート」のエッセンスとなる16項目の分析の仕方を公開するので参考にしてほしい。

1. 資利倍率 ↓ 利益剰余金／資本金で表される。5倍以上が望ましい。
2. PBR ↓ 株価純資産倍率は1倍割れが望ましい。
3. PER ↓ 株価収益率は、相場環境にもよるが12・2倍以下が望ましい。
4. 有利子負債依存度 ↓ 有利子負債／総資産で表される。15％以下が望ましい。
5. 配当利回り ↓ 株価／1株当たり配当で表される。2％以上が望ましい。
6. 設立年 ↓ 古いほうが良い。30年以上が望ましい。

7. 安値騰落率 ↓ 株価／直近5年以内の安値で表される。50％以下が望ましい。
8. ＦＣＦ ↓ 営業ＣＦ－投資ＣＦで表される。プラスが望ましい。
9. 売上高経常（税前）利益率 ↓ 経常（税前）利益／売上高で表される。業界平均以上が望ましい。
10. 業種 ↓ 卸売・情報通信・電機・サービス・機械・化学が望ましい。
11. 単純平均 ↓ 単純平均株価の半値以下が望ましい。
12. 発行済株式数 ↓ 5億株以下（１０００株単位換算）が望ましい。
13. 時価総額 ↓ 時価総額60億円以下が望ましい。
14. 悪材料 ↓ 減収減益など悪い決算状況が望ましい。
15. ＥＰＳ ↓ 増加基調が望ましい。
16. ＲＯＥ ↓ 業界平均以上が望ましい。

これらの16項目に全て当てはまる銘柄はないだろう。しかし3人の達人は、それぞれの視点でこの16項目に特に注目し、投資判断をしているのである。

達人視点レポート開発から約1年後、その間発表した達人視点レポートから、それぞれの視点の達人視点レーティング上位5社の指数と発表後6カ月以内株価パフォーマンス実績を比較分析してみたところ、以下の結果が得られた。

達人E指数4・1以上 ↓ 31・3％～マイナス6・7％
達人T指数4・1以上 ↓ 12・4％～マイナス6・4％
達人B指数3・9以上 ↓ 37・9％～マイナス6・4％
達人総合指数4・0以上 ↓ 12・9％～マイナス6・5％

当時の分析において、「達人視点レポート」の各指数は、高いほど低位・割安を表しているため下落しにくい性質を持つとし、パフォーマンス結果の良好な順としては達人B＞達人E＞達人T＞達人総合指数の順であるとされた。もっとも、この結果は発表後6カ月間の株価推移から得たパフォーマンスであり、もともと倍増する中長期投資・集中投資に適する銘柄を炙り出すために開発したものであるが、先述したシャープの事例にも見られるように図らずも短期的にもタイミングによっては30％以上の高パフォーマンスを描くことが判明したのである。当時の投資勉強会の資料は以下の結びで締めくくられている。

1．達人視点は、中長期投資・集中投資が基本であるが、低位・割安株を選別するには有効な手法と考えられる。

2. 知名度の低い企業が多いのでＩＲに注力している企業は魅力的となる。

3. Ｅ型、Ｂ型は比較的短期においても好パフォーマンスが得られる可能性がある。

4. 分散購買による集中投資が有効であり、資金計画も投資成功の大きな要因と言える。

企業の財務分析は、やればやるほど細かくなる。細かくなり過ぎて、何が投資にとって重要なポイントなのか見失いがちである。以前、当社の若手スタッフが、「先生は四季報のどこを見ていらっしゃるのですか」と私に質問を投げかけたことがあったが、確かに漠然と四季報を眺めていただけでは、投資判断の答えを導き出すことは難しいだろう。しかし、竹田和平氏は先述したとおり、四季報のみで投資判断をしていた。お分かりだと思うが、達人視点16項目も四季報から導けるほど簡便である。

繰り返しになるが、「達人視点レポート」とは、私が実在する個人投資家のうち、独自の投資手法によって成功を収めたと考えられる3人の達人投資家の視点を分析し、研究した結果、3人各自の視点から当該銘柄に投資するかどうかを指数化し、★付で判断するレポートである。

3人の投資家に共通しているのは、中長期で保有し割安なときに集中して大量に仕込むという考え方である。まずは、この原則を頭の中に徹底的に叩き込んでほしい。株で成功する資産形成の道は、この原則に集約されると言って過言ではない。3人の達人視点の見るべきポイントはそれぞれ違うが、最終的にどの投資家も成功しているのは、「集中×中長期×中小型×割安株」の4原則で成り立つ投資手法が大原則である。

改めて整理すると、「達人視点レポート」は、各達人の視点から達人視点16項目を指数化して★付による5段階評価で「中三学割投資法」として、投資対象に適するかを判断している。したがって、「達人視点レポート」の★の高い会社は、少なからず「中三学割投資法」に必須となる「集中×中長期×中小型×割安株」に向いているとまずは見ることができるのである。

「達人視点レポート」に出てくる3人の投資家の特徴は以下のとおりである。

達人E氏：遠藤四郎氏をモチーフ、サラリーマンから株で資産30億円を築いた投資家の視点を分析。低位株投資・逆張り戦術などに特徴がある。

達人T氏：竹田和平氏をモチーフ、個人投資家として300億円の資産を株で築いた投資家の視点を分析。長期集中投資・配当重視などに特徴がある。

達人B氏：ウォーレン・バフェット氏をモチーフ、株で5兆円を築いた世界的著名投資家の視点を分析。割安株バリュー投資、ROEなど収益面の指標重視に特徴がある。

ここで留意してほしいのは、「達人視点レポート」の3人の達人は実在する投資家の視点をKCR総研が客観的に独自分析しているもので、実在の人物とは一切関係ないという点である。「達人視点レポート」は、様々な分析を経て2010年に完成した。本レポートの完成によって、簡便に「中三学割投資法」に適する銘柄かどうかの分析が飛躍的に発展した一方で、「達人視点レポート」の問題点も明らかになった。

それは、予想業績において、会社発表の数字は鵜呑みにはできないということである。「達人視点レポート」においては、会社予想、四季報予想、コンセンサス予想などを含めた様々な予想を使うことができるが、そもそもその予想が的確でない場合、導き出された答えは正確ではないということになる。そのため、KCR総研では、達人視点分析をさらに補強する各種レポートの作成によって、最終的な投資判断を導いているわけだが、他のレポートの詳細に関しては後述したい。

ただ、ここでは「達人視点レポート」は、予想数字において当たらずとも遠からず、的確であれば本レポートのみで「中三学割投資法」に適する銘柄を炙り出すことができる優れものである。また、開発から10年かけて、「達人視点レポート」の高格付け銘柄を毎年ランキングしてパフォーマンス分析を続けているが、その結果は極めて満足度の高いものであったことを追記しておく。

何回も言うが、「中三学割投資法」とは、株式投資で成功した実在の達人の研究をベースとして、私が20年かけて確立した独自の投資手法である。中三学割とは「集中×中長期×中小型×割安株を学ぶ」という4原則で成り立つ投資手法であり、これらの原則を理解し、正しく実践に取り組めば、普通の人でも億万長者の仲間入りを目指すことは十分可能である。

IPO企業は宝の山、達人視点で割安な成長株を発掘せよ

ウォーレン・バフェット氏の達人視点Bは日本から見た場合、外国人投資家の目線とも言え、その選択眼は極めて有望であることは間違いないが、日本市場にそのまま当てはめることはできないだろう。ご存じのようにNYダウの軌跡と日経平均の軌跡は、まったく

違うし、背景とする実体経済の推移も規模も違う。バフェット氏がそうであるように日本人である以上、分かりやすいものに投資するということになると、やはり国内株式市場から銘柄選択をすることになる。

「中三学割投資法」を実践するにあたり、今後の日本市場を展望した場合、新興企業の台頭に目を向けるべきであろう。時代背景の違いから、達人視点Tである竹田和平氏は、ポートフォリオにおける新興企業の組み入れが低かったが、その頃は東証マザーズ市場などの創生期に当たっていたため、未だ市場そのものが成熟していなかったのも一因にあろう。近年においては、銘柄数も増えＩＰＯをしてくる企業数も増加してきたことで、投資家の選択肢もかなり広がったと考えることができる。

私は、独立した当初である１９９９年における直前職は証券系ＶＣ（ベンチャー・キャピタル）であったため、職務を通じてこれからはＶＢ（ベンチャー・ビジネス）の時代が来ると予感していた。その予感は的中し、独立後まもなくＩＴバブルがピークを迎え、新しい時代の到来を予感させるに十分であった。その後ＩＴバブルは、例外なくバブルとして弾けるわけであるが、ＩＴバブルが完全に弾ける直前のＩＰＯ滑り込み組が、楽天であり、サイバーエージェントに代表されるＩＴ系新興企業群なわけである。これまでの成長を見る限り、楽天やヤフーに見られるように、現在の新興企業の躍進は目覚ましいものがある。投資サイドから見た場合、比較的短期間で大きなパフォーマンスをもたらす新興企業の動きは、バフェット氏が積極的に投資していた1970〜1990年代前半頃までとはまったく違った企業群である。我が国においては、特に1997年の橋本政権に始まる日本版ビッグバンの動きによって、証券市場における様々な規制緩和が実施された。この様々な市場育成策が、これまでの新興企業を陰で支えていると言っても過言ではない。株式交換制度による企業買収などはその最たるものである。これにより時価総額が高い企業ほど、他企業をM&Aする力をつけることができるようになった。これまで中小型企業の位置づけは、取引や資本など大企業に対する何らかの系列化に置かれているのが大半であったが、市場の信頼を味方につけることにより、大企業と対等かそれ以上の力をつけることが早期に可能になったのである。

KCR総研では、ITバブルが弾け、市場が再び落ち着きを取り戻し始めた2003年頃から、それまでのメインターゲット顧客であったVBから視点を変え、すでに公開したIPO企業に着目し、積極的にIR支援を実施するビジネスへの転換を図った。そのとき、開発に着手したのが2003年から継続発表している「IPOレポート」である。IPO市場は、そのときの旬なビジネスが新規公開してくるケースが多い。無論、オールドエコノミーが新規公開するケースもあるが、特に新興市場においてのIPO企業ビジネスは、世相を色濃く反映していると言える。こうした銘柄群は、旬のビジネスが多いため成長著しい企業が多い反面、競争の激化から業績のブレが大きいのも特徴である。特に東証マザーズなどは、赤字企業でも上場の門戸を開いているため、実体価値を算定することは困難を伴う。ＩＰＯ時の株価というものは、その期待値の高さから行き過ぎるのが常であり、「市場は市場に聞け」と格言にもあるとおり、最初は素直に相場の成り行きを見るのがよい。よくＩＰＯ銘柄に関しては、新規公開株の公募を受けて初値で売るという黄金則があった。今なお、相場状況さえ良ければＩＰＯ銘柄が初値天井をつけることは珍しくなく、本法則は、現在でも正しい投資手法の一つと言える。しかし、新規公開株を販売する証券会社もこのあたりはよく理解していて、値上がり確実な新規公開株は、支店長の裁量で上客に割り当てられるのが常であり、一般投資家にはなかなか入手しにくいものである。ネット証券の台頭により、一般投資家も新規公開株の割り当てに参加できるようにはなっているが、抽選であり、自分がお目当ての銘柄にありつくのは至難の業である。また、運良く割り当てられたとしても、一部の大型公募を除き最小単位株の割り当てがほとんどであることから、小遣い稼ぎにはいいかもしれないが、この手法で資産形成を目指すのは無理があるというものである。

ＫＣＲ総研の「ＩＰＯレポート」は、こうしたＩＰＯにまつわる投資環境を理解しながらも、当初は「定量分析レポート」を応用する形で作成された。ＩＰＯ時における企業は、ある程度企業ＩＲ活動も制約されるため、一般投資家が新規公開企業を知る手掛かりは、上場時の有価証券届出書（目論見書）と会社発表資料のみとなる。そのため、定量分析による財務分析に力点が置かれ、収益性、効率性、安全性、成長性、生産性の５つの指標から企業の財務的強み、弱みを分析し、時系列分析で企業が安定的に成長しているかどうか、そしてＩＰＯ企業が所属する業界の平均値との比較を実施し、乖離率によって当該分析企業が平均値より強い会社かを見分けることにしたのである。こうした財務分析の結果を踏まえ、前年実績とＩＰＯ企業が所属する業界等のデータとの指数分析から独自のレーティングを実施し、「定量分析レポート」と同様に★付により視覚的にも一目で企業の優劣を判断することができるものに完成させた。ＩＰＯ総合評価が最も高い企業がバランスに優れていると言えるが、５つの指標も分析して、対象企業が財務的に何を強みとしているのかを見極めるために活用され、一般的に収益性や成長性が高い銘柄は初値が高くつきやすいし、効率性、生産性が高い企業は、後で再評価される場合も多い。無論、長持合いできるかは安全性のチェックで行うというものであった。主として、公募取りを狙うために作成したレポートであったため、原則ブックビルディング前に配信するように心掛けた。本形式のレポートは、特に年間の公開企業数が２００社にも迫る勢いであった２００４年か

図表2-8　IPO企業の公募価格からの初値当落率推移

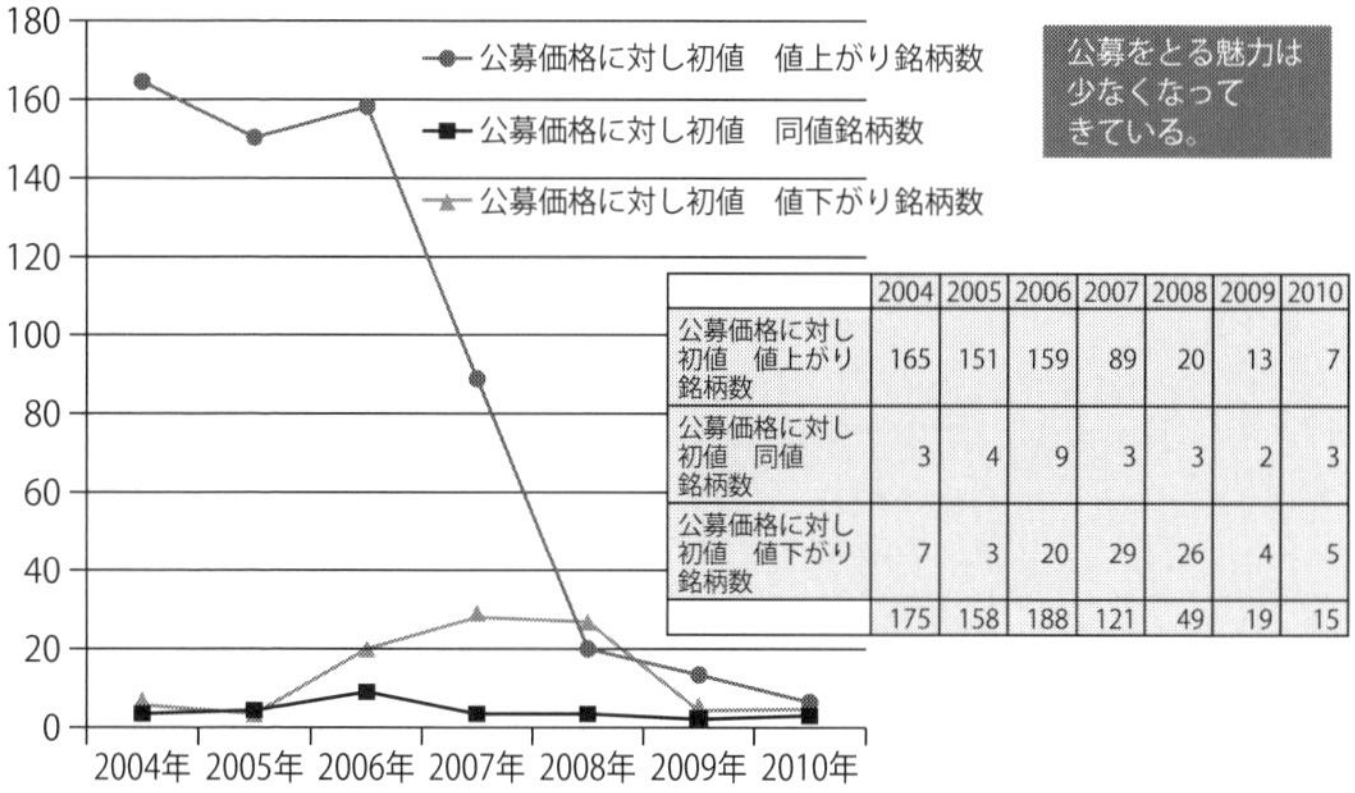

	2004	2005	2006	2007	2008	2009	2010
公募価格に対し初値　値上がり銘柄数	165	151	159	89	20	13	7
公募価格に対し初値　同値銘柄数	3	4	9	3	3	2	3
公募価格に対し初値　値下がり銘柄数	7	3	20	29	26	4	5
	175	158	188	121	49	19	15

出典：ＫＣＲ総研

ら２００６年にかけて一定の人気を博し、特定非営利活動法人日本ライフプラン協会が運営する「達人視点の会」の会員になれば、わずかな会費で読み放題であったことから会員数も急激に増加したが、ライブドアショックを境に新興企業株人気に陰りが出始め、ＩＰＯ企業数は、２００８年のリーマンショックで激減し、２００９年、２０１０年には20社を割る水準にまで落ち込んでしまった（図表２－８）。

こうした経緯を踏まえ、私はＩＰＯレポートの抜本的見直しに入った。以前のＩＰＯレポートは、定量分析による詳細な分析から財務的な優劣の判断がつきやすく公募を狙うには一定の効果はあったが、もともと公募株を取るのが難しいうえ、取れても小額投資で資産形成には向かない問題があったことは先述したとおりである。しかし、従前の利点を活かしながらも、IPO後のセカンダリー市場で活躍できるレポートがあれば、それに越したことはないと考えたわけである。ちょうどその頃、「達人視点レポート」のロジックが完成し、IPO企業にも達人視点を取り入れることができれば、玉石混合のIPOマーケットにおいて、「中三学割投資法」の一助となる分析レポートをいち早く用いて投資判断することが可能となる。そう考えて開発されたのが新しい「IPOレポート」である（図表2-9）。

この新「IPOレポート」の威力をまざまざと感じたのは、gumi（3903）の東証1部新規公開時であろう。gumiは、スマートフォンゲーム大手企業。2014年12月18日にいきなり東証1部に上場し、話題性も高かった企業である。また、上場時の公開株数も1300万株以上とこの手の新興クラスでは大型上場であり、いかに期待の星だったかが分かる。しかし、そんな期待の星が開いた翌年の投資家説明会では、社長のお詫びから始まった。「この度の上場後間もない下方修正を行ったことにつきまして、心よりお詫びを申し上げます」――。2015年3月10日の投資家説明会は、緊張の場となった。gumiは4月決算だが、3月5日に業績を大幅に下方修正した。その後、株価は急落。上場初値は公募価格と同様の3300円だったが、その日の終値は2581円と公募値から22%の

図表2-9　gumi（3903　東証1部）IPOレポート

KCR-IPOレポート　　＊＊＊＊＊＊ 6030IP141206　　株式会社KCR総研

(株)gumi				(3903 東証1部)連結	14/12/06	総合判断	
決算	4月	〒	160-0023	TEL	03-5358-5322	★★	
住所	東京都新宿区西新宿4-34-7			代表者	國光宏尚	公開日	2014/12/18

【事業内容】	モバイルオンラインゲームの開発・運営に特化して事業を展開。Google Play等の配信プラットフォームの他、GREE等にゲームコンテンツを提供。

予想株価収益率(JQ)	16.98	倍
株価純資産倍率(JQ)	1.37	倍
EPS×市場平均	479	円
PBR×市場平均	820	円

■基本主要データ　　※予想は原則会社予想、アセットは直前期

資本金（百万円）	利益剰余金（百万円）	届出時想定発行価格（円）	株主持分（含調達想定額:百万円）	発行済株式数（上場時:千株）	BPS（含調達想定額:円）	営業CF（百万円）	投資CF（百万円）
6,481	−840	3,300	17,165	28,664.5	582	1,237	−545
総資産（百万円）	**有利子負債（百万円）**	**予想配当（1株当り円）**	**予想配当性向**	**設立年月**	**EPS×JQ平均PER（円）**	**EPS×JQ平均PBR（円）**	**JQPER平均からの高値騰落率（%）**
21,847	2,500	0	0.0%	2007年6月	479	820	589.5
予想売上高（百万円）	**予想営業利益（百万円）**	**予想税前利益（百万円）**	**当期予想利益（百万円）**	**予想EPS（円）**	**予想ROE（純利益率）**	**予想ROA（経常利益率）**	**想定株主持分比率**
30,972	1,329	1,277	808	31.30	4.7%	5.8%	78.6%

■達人視点16項目

資利倍率（倍）	PBR（倍）	予想PER（倍）	有利子負債依存度	配当利回り（%）	設立年数（年）	JQPBR平均からの安値騰落率（%）	FCF（百万円）
−0.1	5.7	105.4	11.4%	0.0	7	302.2	692
1.0	1.0	1.0	4.0	2.0	1.0	1.0	5.0
売上高経常利益率	**業種**	**単純平均（円）**	**発行済株式数（換算・千株）**	**時価総額（百万円）**	**悪材料**	**EPS**	**ROE**
4.1%	情報・通信業	330.0	286,645	94,593	増収増益	増加	4.7%
0.0	5.0	0.0	5.0	1.0	5.0	5.0	0.0

達人の視点	評点	格付
IPO割安度	1.5	★★
IPO安全度	2.3	★★
IPO収益度	2.1	★★
IPO総合指数	2.3	★★

達人視点レーダーチャート

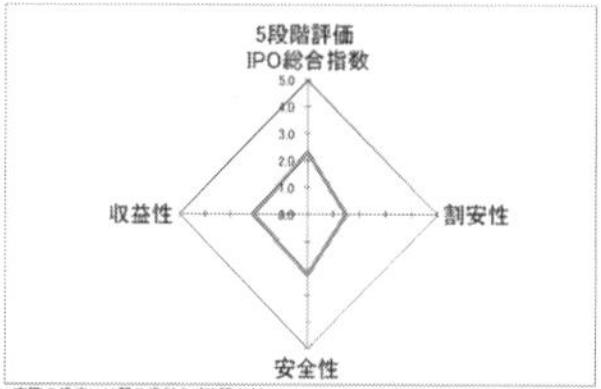

※本レポートの数値は、KCR総研独自の判断に基づき抽出あるいは予想して分析しています。実際の投資には開示資料をご確認ください。

レーティング	評点
★★★★★	4.5〜5.0
★★★★	3.4〜4.4
★★★	2.5〜3.4
★★	1.5〜2.4
★	0〜1〜1.4

IPO割安度	低PER、PBRの指標に加え、低位株分析の視点から現在のIPO提示価格の割安度を格付けしている。
IPO安全度	事業の継続性、有利子負債の多寡、業種、配当水準など中長期保有に向いているか、企業の安定性を格付している。
IPO収益度	ROE、ROAの高さやEPSの伸び率など主としてP/Lの視点から収益性を分析している。

このレポートは、投資の参考となる情報提供を目的としたもので、投資勧誘を意図するものではありません。このレポートに用いられた数値及び意見等は、信頼に足ると考える情報源から得たデータ等に基づいておりますが、KCR総研がその正確性を保証するものではありません。当社は、当資料の一部または全部を利用することにより生じたいかなる損失・損害についても責任を負いません。投資の決定はご自身の判断と責任でなされますようお願いします。記載された意見や予測等は作成時点のものであり、正確性、完全性を保証するものではなく、今後予告なく変更されることがあります。内容に関する一切の権利はKCR総研にあります。事前の了承なく複製または転送等を行わないようお願いします。

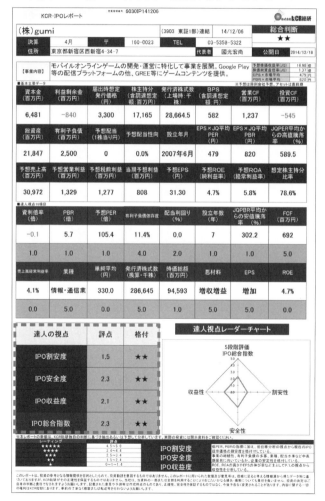

下落水準であった。しかし、本当の下落はここから始まる。それから約1年後の2016年2月12日は上場来安値の427円を付けてしまう。実に初値からの下落率87%。約9割に迫る下落率である。下方修正直後には「最悪のIPOだ」――。など大手のオンラインメディアではgumiショックの記事のオンパレード。確かに、公開時の黒字予想からの一転赤字予想は、インパクトも大きいかもしれない。大手メディアが、経営陣の計画の甘さを指摘するのはよく分かる。しかし、予想どおりぴったり着地する会社なんてない。仮に意図的に知っていて無理な予想数字を出していたとしても、そこを見極めるのは投資家自身である。

今回のケースで、実質的に憤懣《ふんまん》しているのは、業績修正前に保有しているホルダーであろう。公募であれ市場買い付けであれ、株価の急落は見ていて面白いわけがない。なんか一言、言いたくなるわけだ。その気持ちを察してか、話題の会社だけにメディアも次々とgumiの記事を書く。挙句の果ては、やれ主幹事証券会社も悪い、儲かったのはVCだけだとか。しかし、こうした話題を見るにつけ、いかに不毛の議論を展開しているのかといつも思ってしまう。批判や疑問も結構だが、全て結果が出てしまってからのことである。少なくとも投資家の立場から考えて、話題のある会社だからといってgumiを買わなければ良かっただけの話ではないのか。いや、投資家としては、そこが一番重要であろう。I

ＰＯ市場は、必ず儲かる場所ではない。ＩＰＯ企業も上場してしまえば、他の上場企業と何ら変わらない。市場のルールに則って評価されるだけである。当社において gumi の「ＩＰＯレポート」が発表されたのは、２０１４年12月6日のことである。「ＩＰＯレポート」は公募を取る狙いもあるので原則ブックビルディング前に発表することにしているが、gumi に関する評価は、格付けはどれも★★で割安度に至っては指数分析で1・5ポイント（満点は5点）と極めて低い。達人視点を交えて強化された新「ＩＰＯレポート」は、ＩＰＯ企業の割安度、安全度、収益度から5段階評価で格付けしている。ＩＰＯ時に一番注視しなければならないのは割安度であり、新「ＩＰＯレポート」は、gumi に対してＩＰＯ時には参加してはいけない銘柄ということをはっきり示している。話題で人気の会社だからといって、全てが上がるわけではない。むしろその分すでに織り込まれている場合も多いので、下がるリスクのほうが大きいのだ。また、新「ＩＰＯレポート」はセカンダリーで活躍できるように工夫もされている。「ＩＰＯレポート」での格付けが高いにもかかわらず、地味な業種・業態の会社は人気化せず、公募価格近辺で公開することもしばしばある。また、初値天井の習性から、公募価格を割って下がる会社もある。こうした銘柄は、後に見直されて大きく上昇することが多い。公募では、まとまった資金の投入に限界もあるが、公開後しばらくは出来高も多いので、狙った銘柄が値下がりしたときは、仕込みもしやすく資産形成にはチャンスである。ＩＰＯ企業は新進気鋭の旬な会社も多く、ＩＰＯ時の企業経営者は、ＩＰＯを機に会社をさらに成長させようと意気込んでいることも多い。ＩＰＯ企業の成長性に達人視点を織り込んでいけば、かなりの確率で資産形成を成功させることができる。「達人視点レポート」も「ＩＰＯレポート」も「達人視点の会」の会員ならすべて読むことができる。これまでの実績から、これからもあなたの資産形成の強力な味方になると確信している。

本物の投資を実践するための年代別心構え

「ここへ来て初めて株というものを勉強するようになりました」。株式投資歴20年以上のベテランで60代後半の会員男性の言葉だ。人生の先輩に、そう言ってもらえて素直に嬉しい。また、何よりも「達人視点の会」からこの10年で何人もの億万長者や資産形成に成功できた人が増えたことが誇りである。本書を執筆するきっかけとなったのも、さらに多くの人に達人視点を身に付けてほしいからに他ならない。

特に若い人は、投資の勉強は早くからしたほうがいい。私は達人視点の会と並行して、KCR総研が推奨する企業をゲストとして招いてプレゼンをする企業IRセミナーも主催しているが、当セミナーは企業のスポンサードで行うので、主要告知サイトである「IRチャンネル」の無料メルマガ会員も参加することができる。「IRチャンネル」サイトには、KCR総研が「IR戦略分析レポート」を提供しており、メルマガ会員になれば無料で読むことができる。「IR戦略分析レポート」の重要性は次章で述べるが、まずは無料会員からでもKCR総研のセミナーに参加してほしいと思う。たまに、20代の若者がセミナーに参加してくるが、ゲスト企業だけがお目当てで、私の講演はろくすっぽ聞かずに帰ってしまう光景を目にする。かと思えば、つかつかと私の前に歩み寄ってきて、唐突に名刺を差し出すのだが、その若者の名刺には個人投資家と大きく書いてある。名刺交換の目的も意味不明だが、個人投資家という職業はない。おそらく、仮想通貨ブームのときであったので、東京では何人もの億り人が誕生したと聞くが、その一人だったのかもしれない。しかし、仮に20代で仮想通貨で一儲けし（仮に本書目標の1億円としよう）、それを機会に仕事を辞め個人投資家という名刺を持って、後の人生に臨むとすれば、気の毒な話である。なぜならば1億円という金額は、確かに貯めるのは夢の目標額ではあるが、使えばあっという間になくなるからだ。その1億円を土台に、投資でさらに増やそうという心掛けはいいかもしれないが、仕事は絶対に辞めてはいけない。普通のサラリーマンでも生涯年収は2億や3億円は稼ぐ。1億円という金額は、人の一生においては決して大金ではないのである。しかし、目の前に1億円というお金を若くして持ってしまったら、勘違いをしてしまう若者は多いかもしれない。したがって、若者はお金に対する心構えから勉強をしてほしい。

20～30代の資産形成

「達人視点の会」では、投資の方法論だけでなく心構えも含めて投資を勉強している。「中三学割投資法」において時間がたっぷりとある若者には是非、参加してほしい。また、当社の会員構成は3層構造になっていて、一番上位がVIP資格である「KCAMレポート会員」で系列の投資顧問会社北浜キャピタル・アセット・マネジメント株式会社で運営されている。次章で述べる投資判断も含め全てのレポートを読むことができる。この投資判断に基づき運用している、10年来VIP会員であり続けているとある会員は、24歳のときに株を初めて買ってコツコツ資産を増加させてきたという。初回投資額は、10万円程である。当社を知ったきっかけは、検索サイトでたまたま調査レポートを見たことからだという。当時は中国赴任中で、セミナーなどには参加できなかったが、現在は仕事の合間に熱心に参加してくれている。VIP会員になってからは、資産も順調に増加し、夢の1億円に手が届くところまであと一歩といったところだ。ここまでにかかった時間は23年ほどだが、その間、家族揃って海外旅行へ年に1回は出かけるし、車もポルシェに乗っている。

無論、自宅も購入し、子どもたちは私立に通う。普通の会社員だが、株式投資による資産形成がなければ、こうした生活は難しいだろう。20~30代の若者には是非、理想にしてほしい資産形成の在り方である。20~30代の資産形成は、仕事を辞めず、インカムゲインを絶やさずお金を貯めることである。貯めたお金の一部は積極的に運用に回す。株は上がったり下がったりする。だから、仕事は絶対に辞めないこと。仕事による一定収入の安心感が株式投資のリスクを低減してくれる。先述したようにお金で買えないものはたくさんある。そのことを肝に銘じ、普通に結婚して家族を持ち、借金をして家を買うことを強く勧める。無論、家のローンは「中三学割投資法」によって返済する予定だ。老後のために年金は必ず加入し払っておく。この年代の資産形成目標は5000万円である。この年代の運用銘柄は、遠藤四郎氏をモチーフにした達人視点Eが面白いかもしれない。ダイナミックな動きをするし、リスクに十分耐えられる年代だからだ。

40～50代の資産形成

この年代は、最もリスクを取れる年代で「中三学割投資法」によって、資産形成に最も勤しんでもらいたい。株式投資は、リスクよりリターンに注目し、財産三分法を忘れずに、老後の退職金も自ら積み立てておくべきである。また、サラリーマンであれば出世を目指し、自営業者であれば売上を増やす努力をしなければならない。ビジネスにおいても最も脂が乗っているのがこの年代であり、馬力のあるときである。しかし、仕事やお金を増やすのに熱心な余り、人生における大切なものを見失いがちなのもこの年代であり、注意が必要である。資産形成は1億円を目指すが、住宅ローンはできるだけ繰り上げ返済をしていくのが望ましい。無論、原資は、「中三学割投資法」による株で得た資金である。この住宅ローンの返済は極めて重要で、そのタイミングが株で儲かっているときなのである。株式投資というものは、終わりがあるようで終わりがなく、5000万円、1億円と儲かっていくとさらに金額的に上を目指したくなるものである。しかし、何度も言うが、株というのは上がったり下がったりする金融商品である。ローンを返せるぐらい、手持ちの株が上がっているのであれば、そこが売り時である。一旦利を食って、ローンを一掃するのがよい。この年代で住宅ローンがなくなると、気持ちが軽くなり、さらに落ち着いて株式投資ができるようになる。株式投資には常に冷静さが求められる。また、ローンがなければ集中投資により、チャンスとあらば信用取引なども活用して、より大きな勝負に出ることもできる。「中三学割投資法」をもってすれば、この年代で住宅ローンを返済し、さらに金融資産1億円を達成することは十分可能である。「達人視点の会」でも最もアグレッシブに資産形成に成功している年代と言える。この年代は、ウォーレン・バフェット氏をモチーフにした達人視点Bを主力にしたい。後述するが持続的配当成長と業績向上銘柄は、5～10年の期間で驚くほどの値上がりを見せるからである。

60～70代の資産形成

「多分、同年輩で私が一番金融資産を持っているんじゃないでしょうか」。こう話すのは、元大手電鉄会社の上席だった方である。現在は、系列の大手旅行代理店の監査役を務めている。私のことは、以前私がセミナーをある証券会社と共催した折、たまたま参加して知ったという。達人視点会員となった彼は、当社の推奨銘柄を売買し、「中三学割投資法」を実践することによって、10年ほどで数億円単位の資産を築き上げた。現在は高台の億ションに住み、悠々自適の生活。資産管理会社を設立し、投資を心から楽しんでいる。その資産額から四季報の大株主欄にも名前が出ている。この方は完全な勝ち組だが、我が国の場合、この年代はまとまった資金を持っている場合が多いので、まずは株式投資を楽しむことを心掛けてほしい。お金のない老後ほど、みじめなものはない。そういった観点から現金による蓄えも重要である。投資の失敗例として先述したが、退職金は株式投資に向かない。今後の生活に十分な蓄えを残しながら、あくまでも余裕資金で運用を心掛けなければならない。もし、この年代で住宅ローンがあるのであれば、退職金などで必ず返しておかねばならない。年齢を重ねても人間の欲というものは同じだと思うが、自分の寿命は誰にも分からないからやっかいである。人生１００年時代とはいうが、元気な年齢でお金の付き合い方を考える必要がある。この年代は、お金の怖さも知っているはずだ。運用資金は各自の資産状況によって違うだろうが、目標とする金融資産は、倍増を目指していくのがよい。政府は、年金を後ろへ後ろへとずらしているが、早めにもらうほうがいいだろう。

この年代は、株式投資も含めて日々の生活を豊かに過ごさなくてはならない。消費を楽しみ、趣味や旅行に十分な時間をかけて人生を謳歌してほしい。「中三学割投資法」の活用も十分にできるが、株式投資の保有銘柄は、なるべく配当が多いものがいいだろう。達人視点であれば達人視点Eの竹田和平氏をモデルにするのが良いと思う。現代は、銀行利子は雀の涙ほどしかない。その点、株式投資では配当利回りが高い銘柄も数多くあり、それこそ5年、10年単位で見れば決して馬鹿にならない。配当をもらいながら5年、10年先を見て確実に資産を倍増していく。株の勉強は、認知症防止にもなる。また、「達人視点の会」で株仲間もでき、情報交換もできる。

この情報交換であるが、株式市場では情報が最も価値のあるものだけに実に重要である。次章に述べる当社が推奨する銘柄なども、きっかけは会員の依頼を受けて調査しているものも多い。「達人視点の会」では、会員はいつでも当社にリクエストでき、レポートを読むことができる。また、勉強会ではマクロ経済動向に加え注目銘柄を検証しており、投資のタイミングなど具体的個別銘柄を取り上げて研究している。まさに会員しか知らないこだけの独自情報が溢れているのである。当社が主催する企業ゲスト参加の無料企業ＩＲセミナーの参加も良いが、当社の企業ＩＲセミナーに参加している企業は、買い推奨の調査レポートがすでに会員に発表された後の参加である。当社の企業ＩＲセミナーは、買い推奨の企業しか参加できない仕組みになっている。有料会員は、レポート発表時点ですでに当該企業を買い付けている場合も多い。情報はタダではない。いち早く「中三学割投資法」に適う銘柄に出会うためには、勉強会に参加し、達人視点を身に付け、一般投資家より先に本物の情報を掴むことである。達人視点の会ではそれを実現し、億万長者の会員が現に生まれている。本書をきっかけに興味のある方は是非、「達人視点の会」のホームページをのぞいてほしい。

第3章

伸びる会社の見抜き方！
中三学割投資法で10倍を目指せ！

事業リスクを知り経営者を見極める目を持とう

「株価ではなく会社を見る」。この言葉の本質は、経営者を見るということである。「株価ではなく経営者を見る」と置き換えてもいい。達人視点の考え方を一通りマスターしたら、さらに精度を上げて当該企業が「中三学割投資法」に適う銘柄か調査を進めることが肝要である。

どのような業種・業態であれ事業というものは、税のコストも含めてかなりのリスクがあることを先述したが、私自身34歳のときに起業した。少々長くなるが、事業リスクをどのように見極めるかの話に入る前に、私がどのように事業リスクというものを体感し、経営者を見極める目を培ってきたかを話しておきたい。

もともとジャーナリスト志望だった私は、新聞記者になりたかったのだが、如何せん大学で遊び過ぎてしまった。大学もジャーナリズムに関するゼミを専攻できる学部を選び、高校生のときからジャーナリズムの世界に入ることを夢見ていたのだが、受験勉強からの反動もあって、大学キャンパス近くの西宮市上ヶ原での下宿暮らしのなか、友達づくりが先行して、連日麻雀ばかりしていた。そのため大学の一般教養課程の成績は散々であった。3年生の専門課程になって、ようやく本格的に勉強を始めた。勉強の大切さというものは、後々分かるものであるが、私が本格的に勉強というものを始めたのは、大学3年生からとはっきり言える。それまでの勉強は受験勉強も含めて、やらされていた感満載で、暗記中心の勉強スタイルにほとほと嫌気がさしていた。

もともと、幼少の頃の私は、手塚治虫先生のファンであり漫画家になりたくて、漫画家の夢を諦める中学3年生まで漫画ばかり書いていた。その夢を阻んだのもやはり受験勉強である。中学時代の美術の評価は満点であったが、他はこれといって得意科目もなかった。当時の金沢市は、高校の選択肢が限られていて、高校受験である程度ふるいにかけられてしまう。私は、設立間もない石川県立金沢西高等学校に進学した。自由闊達《かったつ》な校風でスポーツに強く、何でも自由にやらせてくれる生徒の自主性を尊重する学校だったと思う。高校3年生のときは、生徒会副会長に立候補し、最後の文化祭に全力を注いだ。しかし受験に関する実績にはまだ乏しく、一流大学を目指す仲間の情報が頼りであった。その頃に自身の夢であった漫画家のつながりから編集者やマスコミの世界に興味をもち、そして新聞記者へと変わっていったのである。

私の場合、一浪の挙句何とか第一志望の関西学院大学に入れたのだが、大学同級生のなかには、上の偏差値の国立大学に落ちて渋々入学してきた者もいた。そやつの負のオーラは大変なもので、まるで希望の大学に入れなければ全てが終わったかのように自虐していたのを思い出す。「こいつ何しにここに入ってきたんだろうか?」。こうした素朴な疑問を心の中で抱くと同時に、自身も受験勉強で抱いた思いから、基礎学力の大切さは認めつつも、学校のブランドで人生の全てが決まるかのような生き方には、大いに疑問を感じたものである。私は大学専門課程をほぼ全て優で卒業したが、一般教養課程で遊んだ分、就職活動において希望の新聞社に入るには、もう1年留年し、世界一周でもして自己PRポイントを増やさなければ難しいと感じていた。しかし、そんな金は当然ない。

そんな折、一緒に就職活動をしていた友人が、「キンタ(私の学生時代のニックネーム)証券会社に行こうや」と誘ってくれたのである。当時の証券会社は金融自由化を見据えて大量採用の時代であり、銀行に追いつき追い越せで鼻息も荒かった。だが、一方で昔の株屋のイメージが未だ色濃く残っており、仕事はきつく学生には敬遠される職種の一つであったと思う。当初は、あまり興味を示さなかった証券業界であったが、業界を調べていくうちに証券アナリストという職種があることが分かった。もともと私は大学時代、国際ジャーナリストである落合信彦氏のファンで、卒業論文も氏の著書を引用し、国際社会とジャーナリズムに関してまとめた。国際政治や国際金融分野の新聞記者に興味があっただけに、証券アナリストという耳慣れない仕事は、実に魅力的に見えた。証券アナリストになるには証券会社に入らなければならない。証券会社に入社することにもう迷いはなかった。

そんな思いで入社したものだから、証券アナリストになるための勉強にも力が入った。ところで、就職活動の際、証券界に入ると決めた以上、業界トップの企業を希望するものであるが、私は当時、花形であった野村、大和、日興、山一の4社は、受けに行かなかった。唯一、野村だけはのぞこうと、誘ってくれた友人とOB訪問をした。大阪北浜にある野村本社で開催されたOB面接では、野村のモーレツ営業に負けじと頑張っている先輩が対応してくれた。夏の暑い日だった。友人と帰り道に「噂には聞いていたが……」と話し合った。友人が面談したOBは、「野村のライバルはやっぱりゴールドマン・サックスでしょうか」と尋ねると、「いや、違う。難波支店や」と間髪入れず答え、手元のアイスコーヒーを一気に飲み干し、中の氷までガリガリ食べながら言い放ったという。私に対応してくれたOBはそこまでギラギラしていなかったが、内に秘める闘志は、それなりの迫力を感じさせた。大量採用の時代である。四大証券の門戸も開いていた。しかし、野村しか見ていないが、野村に入れたとしても、学生レベルが高過ぎて、学歴などを考慮されると一生支店回りかもしれない。証券アナリストになりたくて証券会社に入るのに、アナリストになれなければ意味がない。そう考えた私は、当時準大手証券だった第一勧業銀行（現みずほ銀行）系列の日本勧業角丸証券に入社を決めた。友人も同じく準大手の日本興業銀行系列の新日本証券に入った。今は、バブル崩壊後、紆余曲折を経て大統合され、どちらもみずほ証券となっている。

証券会社に入って良かったことは、様々な経営者にお会いすることができたことである。特に銀行マンでは、なかなか担当者レベルでは上場企業のトップに会うことはできないが、証券マンではそれができた。私の経営者を見る目は、証券マンになったお陰で育まれたと言える。当時、新入社員はほぼ全員現場（支店営業）に配属され、そのなかの上位の成績優秀者が半年後に特別の夏合宿に呼ばれ、表彰される仕組みとなっていた。証券アナリストになるには、とにもかくにも本社に行かなければならない。そう考えていた私は、何とか好成績を上げて上位表彰者に食い込むことができた。新聞記者希望だった私は、顧客獲得のために「かねだ新聞」を手作りし、配布した。現在は、KCRビジネスジャーナル（略称KBJ）として、会員向けにメルマガ配信されている前身の情報誌であり、したがってKBJの創刊は1988年（昭和63年）7月ということになる。入社早々、早速自分なりの新聞を創刊したというわけだ。努力の甲斐あって、東京丸の内本社の第三事業法人部に異動命令が出た。当時の事業法人部は花形であった。上場大企業の営業が主たる業務なのだが、ちょうどバブル経済真っ盛りのときであり、会社全体の利益の8割を叩き出すほど兵《つわもの》が揃う部署であった。しかし、その巨額の手数料収益には利回り保証という裏取引があった。この利回り保証による運用がうまくいかず、いわゆる「飛ばし」をするようになっていった。言うまでもないが、バブル崩壊後、「飛ばし」は証券界を揺るがす大問題に発展し、四大証券の一角であった山一證券は倒産し、巨額の損失補填・利益供与問題と相次いで不祥事が発覚。証券界は揺れに揺れた。

そんななかではあったが、私は証券会社で、大阪営業部の配属を皮切りに第三事業法人部、法人企画部、系列シンクタンクの勧角総合研究所、公開引受部、資本市場部、大阪公開引受部、系列ベンチャーキャピタルの勧角インベストメントと8つの部署を渡り歩き、サラリーマン生活11年の間に実に数多くの企業経営者と接する機会を得たのである。第三事業法人部では、三井グループが主要顧客であったため三越や三井建設、学習研究社、東食などに頻繁に出入りしたのを覚えている。

証券会社では、企業の資金調達から資金運用に関わる実に多くの部署を経験させてもらい、大企業から上場を目指すベンチャー企業まで、あらゆる規模・業種・業態の経営者にお会いする機会に恵まれたが、肝心の証券アナリストとして調査レポートを書くという部署（勧角総合研究所産業調査部）には行けなかった。３つ目の異動部署である法人企画部で企業ＩＲに出会ったからである。このＩＲとの出会いがその後の私の運命を大きく変えることになった。

当時、企業ＩＲはまだ黎明期で、私が企業のＩＲ支援担当者になったときは、現在の一般社団法人日本ＩＲ協議会も設立前だった。１９９２年4月頃のことである。バブル崩壊の余韻がまだ痛々しく残る、この時期にＩＲと出会えたことは実に幸運だった。企業ＩＲの重要性は後述するが、企業のＩＲ活動は企業価値創造の醸成に大きな影響を与える。無論、個人投資家にとっても企業ＩＲの巧拙は、株価にも大きな影響を与えるため、必ずチェックしなければならない。私は、証券会社で仕事として企業ＩＲを研究して実践する任務を与えられ、水を得た魚のように活動し出した。何かアイディアがあれば全て企画書にまとめ、企業に提案して実践して検証するようになっていった。こうした企画提案力は、法人企画部に異動しＩＲ担当となって、全て証券会社時代に培ったものである。ＩＲが十分に事業になると考えた私は、会社に明確に事業化してＩＲ事業部にすることを提案した。しかし、証券会社本体ではＩＲによるフィービジネスは、定款に記載されていないし、本業とは異なるためそう簡単な話ではなかった。大企業において組織を動かすということは大変な労力と根回しが必要である。直属の上長では時間がかかるので、すっとばして社長に直接提案しにいった。ちょうどその頃、社長直轄の社内改革ＰＴ（プロジェクト・チーム）のメンバーに選抜されていたので、こうした機会を使って直接進言したのである。当時の上司には申し訳なかったが、企業ＩＲを事業化したい一心でやりたい放題であった。気の毒なのは、暴走する私と上長との間に入る中間管理職のグループ長である。「金田、いい加減にしろ」。会議室で机を手で大きく叩いて諫められたこともあったが、最終的にはそのグループ長も応援してくれた。いろんな人の力も借りて、勧角総合研究所内にＩＲ事業部が新設されることになった。入社当時アナリストとして目指していたシンクタンクに所属はできたものの、産業調査アナリストではなく自身が提案したＩＲコンサルタントという立場になった。しかし、私は満足していた。ＩＲコンサルタントという立場からもアナリストの視点で企業の分析ができるからだ。これからが本番だと思った。

勧角総合研究所勤務では、ＩＲコンサルタントとして、あらゆる企画・提案を実施した。また、事業化も明確化できたため、フィービジネスとして企業経営者に提案することができた。そのため、証券手数料以外の商取引としてビジネス感覚も養われていったように思える。証券会社が行うＩＲ支援サービスは、顧客として機関投資家も個人投資家も抱えているため、ラージの企業説明会やスモール・グループミーティング、工場見学会などをセットするだけでもフィービジネスになる。しかしこうしたサービスは、これまで企業側に無償で提供されてきたものである。時代の流れとはいえ、これまで無償で提供していたものを有償化するということに社内の反発は決して小さくなかったと思う。当時、IPO時には、企業紹介ビデオや会社案内を新調する企業も多かったため、こうした受注を受けて制作業者に発注して鞘を抜くことなどもできたが、単に鞘を抜くだけではブローカーと変わらない。私は、IRコンサルタントと書かれた自分の名刺をまじまじと見つめながら、コンサルタントとは何だろうかと考えた。コンサルタントとしてコンサルティングフィーをもらうのだから、コンサルテーションとは何かということも学ぶ必要がある。そう考えた私は、コンサルタントの基礎を学ぶべく中小企業診断士資格に挑戦することにした。現在は経営コンサルタントの唯一の国家資格となっているが、当時はまだ民間資格であった。しかし、発足時から中小企業庁がバックアップをしており、国が後押しするビジネスマン人気の資格であったことは間違いない。当時の診断士試験は、商業部門と鉱工業部門そして情報部門と3部門に分かれており、専門分野を一つ選んで受験する形を取っていた。私は商売人の息子ということもあり、迷わず商業を選んだが、診断士試験の特徴は何せ科目が多いことである。私の時代は、「経営基本管理」「財務管理」「労務管理」「販売管理」の4科目が共通科目としてあげられ、専門科目として、「仕入管理」「店舗施設管理」「商品知識」「商業に関する経済的知識」と合計8科目を勉強しなければならなかった。診断士試験も1次、2次試験があるため、合格率は、それぞれ30%程度と高めではあったが、1

年で突破するためには９％の合格率という狭き門となる。最初は、通信教育で勉強したが、あえなく撃沈し、２年目からは水道橋の大原簿記学校に通って学んだ。仕事をしながら夜学で学び、帰りが遅くなるなど大変ではあったが、何とか２年で合格することができた。１９９７年（平成９年）のことであった。私は、診断士試験で学んだことを仕事では提案書に落とし込んで実践で使っていった。そのなかでも役に立ったのが、経営戦略である。診断士試験における「経営基本管理」という科目においては、経営戦略の考え方が体系的に網羅されていた。マズローの欲求５段階説にはじまり、アンゾフの成長ベクトル、ＰＰＭ（プロダクト・ポートフォリオ・マネジメント）理論やＳＷＯＴ分析などは、現代でも役立つ不変の分析手法であり戦略理論である。診断士試験で経営戦略に興味を持った私は、その後、戦略に関する専門書を読み漁るようになった。ランチェスターやドラッカーなどを勉強していくうちにマイケル・Ｅ・ポーター教授の『競争の戦略』に衝撃を受ける。この競争の戦略理論を応用して、ＫＣＲ総研の「定性分析レポート」が完成した。「定性分析レポート」については、この後で詳しく解説しているので参考にしてもらいたい。

こうして、サラリーマン時代においての勉強と経験のお陰で、企業ＩＲの重要性、経営者を見る目が培われてきたわけだが、事業リスクというものをまざまざと感じたのは、やはり独立創業してからである。私の最後のサラリーマン時代の仕事が、ＶＣであったことは先述した。このVC時代でのわずか2年ほどの経験は、企業というものがいかに人でできているか。まさに玉石混合で、経営者の器量で、いかに将来が変わるかを肌で感じたものである。私は、独立してからの2年ほどは、IPOを目指す未公開企業にターゲットを絞り、IPOコンサルティングと直接金融による資金調達支援に勤しんだ。大企業に長くいると、にわかには信じ難いが、中小企業というものは本当に大企業に匹敵する人材がいないものである。学歴だけではない、経営者と一緒になって戦略レベルでものを考えることができる人材が本当にいないのである。IPOを目指す場合、VCからのファイナンスなどでは事業計画と資本政策を作らねばならない。私は経営企画のアウトソーシングを標榜し、一時期には20社以上の経営企画室長となって、顧問先企業を支援した。サラリーマン時代のVCネットワークを活用して総額23億円程の資金調達に成功したが、資金調達に成功しても企業側に資金をマネジメントするCFO（最高財務責任者）がいない。本当にIPO前の企業というものはトップの裁量一つで切り盛りされているものなのである。そのトップも善人ばかりではない。事業というのはリスクの塊であって、その分花開けばリターンも大きいわけであるが、一度事業を始めれば、外部環境の変化に加え、内部環境においても大変なリスクをしょいこむことになる。ライバル会社の出現に加え、取引先、仕入先の管理、従業員の教育、特許紛争、訴訟リスクなど、枚挙にいとまがない。創業は一人でできるが、組織化するには優秀な人材の確保が絶対なのである。

ちなみに私の記念すべき1社目の顧問先は独自の型枠販売の会社で、顧問契約は北新地のスナックに契約書の印鑑をもらいに行ったことを覚えている。当時、付き合いのあった第一勧業銀行の融資担当者からの紹介であったが、こんな場所で調印をと思いつつも、最初の顧客であるからそそくさと出掛けて行った。しかし、無論ビジネスを語るような場所ではない。その後、その会社は大企業を巻き込んでの巨額手形詐欺事件を引き起こし、社長は大金を持って消えてしまった。最初から詐欺目的であったのかは分からないが、この企業を紹介してくれた銀行の融資担当者だけでも、手形を担保に20億円も融資していたのである。その手形が不渡りになったことは言うまでもない。私の顧問先で社長が金を持ち逃げしたのは、この1社に留まらない。ある水素開発ベンチャー企業は、これからというときに、技術のトップと社長が大喧嘩し、夜通し私の事務所で言い争った。この企業も先見の明はあった。今はいよいよ水素時代も本格化しようとしているが、とにかくベンチャー・ビジネスを昇華させるということは想像を絶する舞台裏がある。この社長もある日突然、従業員を残し、お金を持って消えてしまった。お金に関しては様々なドラマがあった。企業経営者の野望と負の側面をまざまざと見せつけられたが、経営とはいかに厳しいかを感じたものである。

投資に勝つためには企業ＩＲを活用せよ

事業のリスクというものがとてつもなく大きいことは前述した。投資で勝つためにはこうしたリスクを経営者と一緒になって同じ目線で考える社長目線が必要である。こうした目線を持って投資に臨めば、1年や2年程度では企業が飛躍的に成長することは難しいと分かるし、「中三学割投資法」でいう中長期のスタンスで投資企業と対峙して投資戦略をじっくり考え、リスクを低減させることができる。この考え方を可能にするのが企業ＩＲと言える。したがって、企業ＩＲを実施しない経営者は、それだけで投資家目線でないと考えることができる。企業ＩＲ活動は企業業績が好調な場合、実施しない企業に比較して倍以上の差がつくことはしばしばあることである。ＥＰＳが2倍になれば株価が2倍になるのは当たり前だが、企業ＩＲ活動を戦略的に実施している企業の場合、ＥＰＳが2倍でも株価は4倍、それよりも上がる傾向にある。いや、それ以上に企業自体の将来をも変えてしまうのが企業ＩＲの戦略性だと言える。勧角総合研究所時代にシチズン電子という企業のＩＲコンサルティングを手掛けたが、同時期に上場をしていた双子のような会社を大きく引き離し、最終的に親会社のシチズン時計の完全子会社化されるまでに親会社と同規模の時価総額（２０００億円以上）にまで成長した。どちらもシチズン時計の子会社でおよそヒト、モノ、カネと同じ企業であったが、唯一違ったのは、企業ＩＲ戦略への取り組みであった。詳しくは、「達人視点の会」の教本である小冊子「本物の企業ＩＲを考える」に著述しているので、ここでは割愛するが、シチズン電子が明確な企業ビジョンをあらゆる媒体を通じ、積極的に発信してＩＲ活動していたことは間違いない。

企業ＩＲにとって最も大切なことは、経営戦略を語ることである。企業が生む市場シェアや将来収益は、経営者が考える経営戦略如何によって大きく変わっていく。すなわち、経営者によって企業の将来は大きく変わる。当たり前のように聞こえるが、これを見極めるのは実に難しい。また、アナリストの多くが短期的視点で足元の業績を追いかけている状況を鑑みて、いかに中長期的に企業の成長を評価するかという視点を取り入れることができるかが、正確な企業評価に必要である。企業の成長を予測するには、足元の業績ばかり見ていては予測できない。株価は、企業の将来性を映す鏡とも言えるが、戦略を練り込んだ企業ＩＲがうまく浸透しなければ、株価には反映されないし、将来戦略そのものに疑問符が付けば、株価は低迷するだろう。ましてや経営者がアナリストや投資家に対して経営戦略を語らなければ、分析も評価もできないのだから、その企業は経営戦略を持たない

図表3-1　IR戦略分析レポート

KCR-IR戦略分析レポート　　売買管理番号　6727IR190121　　19/01/21　　株式会社KCR総研

(株)ワコム　　(6727 東証1部)連結　　**IR総合判断**　★★★★★

【コード】	【業種】	【市場】	【決算】	【〒】	【電話】
6727	電気機器	東証1部	3月	349-1148	0480-78-1211

【住所】埼玉県加須市豊野台2-510-1　　【設立年月】1983/07
【代表者】井出 信孝　　【開示責任者】取締役 兼 CFO 町田 洋一
【事業内容】　　【直近株価】459 円
デジタルペンの技術の世界的リーディング・カンパニー。ビッグデータとなるデジタルインクの開発に注力し将来的にAIやVRとの連携に意欲。

IR活動評価	参考データ	点数	(株)ワコム
1、IR活動実施状況（10点）			
実施している	89.3%	10	10
2、IRの組織（10点）			
専任部署		10	10
総務部	24.0%	4	
企画部	23.0%	[illegible]	
広報部	17.0%	[illegible]	
財務部		[illegible]	
経理部		[illegible]	
社長室		6	
その他		2	
3、経営トップの姿勢（50点）			
経営トップによるIR活動をしているか	83.6%	50	[illegible]
実施している		10	10
その形態は			
トップが投資家向け説明会に参加	81.8%	10	10
トップがアナリストの個別取材を受ける	67.6%	[illegible]	15
4、IRコミュニケーション（80点）			[illegible]
決算説明会	77.7%	[illegible]	10
個別面談	32.6%	10	10
海外説明会	15.9%	10	10
誰に対して実施するのか			
アナリスト・機関投資家	37.7%	[illegible]	10
個人投資家	13.4%	[illegible]	10
開示姿勢はフェアに行われているか	重点項目	20	20
取材を受けるだけでなく投資家を訪問	50.0%	10	10
5、IRツール（20点）			[illegible]
株主通信	89.6%	[illegible]	10
英文資料（アニュアルレポート等）	42.8%	[illegible]	20
6、IRサイト（100点）	97.5%	100	[illegible]
IRと明示されたサイトをもっているか	79.4%	10	10
トップメッセージ	45.9%	10	10
有価証券報告書	42.0%	10	10
決算短信	41.5%	[illegible]	10
月次報告・中計・説明資料等	36.2%	[illegible]	6
説明会情報	28.5%	[illegible]	10
動画	23.8%	[illegible]	10
メールマガジン	19.5%	10	10
FAQ（よくある質問への回答）	14.6%	10	10
英文版IRサイト	19.4%	10	10
7、IR効果測定（10点）			
している	84.3%	10	10
8、IR年間費用（10点）			
500万円以上～	24.0%	10	10
合計		300	281

IR経営戦略度　**IRオフライン充実度**　**IRフェアディスクロ度**　**IRツール充実度**　**IRオンライン充実度**

※採点判断については、フェアディスクロージャーに重点を置きヒアリング及び客観的評価に[illegible]

		[illegible]平均	203.7	★の見方
総合評点	93.7%	66.4%	非常に良い270～	★★★★★
IR経営戦略度	70.0%	63.9%	良い230～	★★★★
IRオフライン充実度	87.5%	66.9%	普通180～	★★★
IRオンライン充実度	96.0%	67.8%	やや劣る130～	★★
IRツール充実度	100.0%	45.5%	非常に劣る80～	★
IRフェアディスクロ度	100.0%	64.7%	問題あり0～	—

IR戦略分析レポートとは、当該企業のIRオンライン活動、オフライン活動、I[illegible]ト充実度、IR経営戦略レベルの5つの視点か[illegible]れたレポートであり、KCR総研では企業のIR[illegible]価パフォーマンスに大きな影響を与えることから格付している。

総合評点

このレポートは、投資の参考となる情報提供を目的としたもので、投資勧誘を意図するものではありません。このレポートに用いられた数値及び意見等は、信頼に足ると考える情報源から得たデータ等に基づいておりますが、KCR総研がその正確性を保証するものではありません。使用するデータ・表現等の欠落・誤謬等については責任をおいかねますのでご了承下さい。当社は、当資料の一部または全部を利用することにより生じたいかなる損失損害についても責任を負いません。投資の決定はご自身の判断と責任でなされますようお願いします。記載された意見や予測等は作成時点のものであり、正確性、完全性を保証するものではなく、今後予告なく変更されることがあります。本資料の金融商品について当社や関連会社、及びその役職員が自己売買または委託売買取引等を行う場合があります。内容に関する一切の権利はKCR総研にあります。事前の了承なく複製または転送等を行わないようお願いします。

出典：ＫＣＲ総研

企業とみなされても仕方がないのである。企業ＩＲにおいて大切なことは、企業のトップが経営戦略・ビジョンを語っているかどうかを見極めることである。アナリストもそうだが、投資家としてその経営戦略・ビジョンに共感できるかは「中三学割投資法」の実践にとって重要なポイントとなる。

そのために投資家は、企業ＩＲの優劣を見極める必要がある。「ＩＲ戦略分析レポート」は、このような観点から開発された（図表３－１）。当社投資情報サイト「ＩＲチャンネル」で無償提供されている「ＩＲ戦略分析レポート」は、企業のＩＲ活動の戦略度を指数化して★で５段階評価している。企業のＩＲ活動の戦略性をＩＲオフライン活動、ＩＲオンライン活動、ＩＲツール充実度、ＩＲフェアディスクロ度、ＩＲ経営戦略度の５つの観点から分析してＩＲ総合判断指数を導き出している。相場環境の良いときはＩＲの優劣だけでも株価的には大きな差がつくことが多い。当社が行った研究によれば、単年度のＩＲ戦略総合指数の上位ランキング10社と下位ランキング10社のポートフォリオにおける株価パフォーマンス比較をレポート発表時の株価を出発点に、各１カ月後・３カ月後・６カ月後の高値騰落率を比較したところ、ＩＲ戦略上位10社と下位10社の株価パフォーマンスの違いは明らかで、特に６カ月内で見た場合の高値騰落率は、上位10社と下位10社では50％以上のパフォーマンスの差がついたのである。「ＩＲ戦略分析レポート」は、「ＩＲチャンネル」サイトで無料メルマガ登録することで誰でも閲覧することができるので、あなたの投資戦略の一助として是非、活用してほしい。

アナリストの取材拒否という重要情報

アナリスト活動を長く続けていると様々な企業と出会う機会を頂くが、こちらが興味を持っても、タイミングが悪いせいか取材を断ってくる会社がある。サイレント期間や決算・重要事実発表のタイミング、海外出張等でトップのスケジュールが合わないなどの理由なら理解できるのだが、新聞記者と同様で、アナリストが直接企業に取材できなければ、情報は企業が公に発信しているものや法定開示されたものからのみで分析して判断しなければならないため、その確かさはかなり不安定になる。しかし、アナリストが取材できない会社は、そもそも企業ＩＲ体制が貧弱であり、トップにおける企業ＩＲの理解が進んでいないことも多いことから「中三学割投資法」にとって除外すべき企業群とも言える。

ここでちょっとしたエピソードを話そう。かつて巷を騒がせたプロデュースという上場会社があった。監査法人の公認会計士まで加担して粉飾決算をし、2008年9月に突然破綻し上場廃止となった会社だ。プロデュースは新潟の工作機械メーカーで、太陽電池関連ということもあって、当時の市場では結構な人気を誇った。その人気のさなかにKCR総研にプロデュースの企業IR支援を提案してくれないかと、証券会社を通じて話が来たのである。当社は、確かにIR支援を業としているが、推奨できる株価水準の企業に限っており、初めての会社は必ずアナリストレポートを作って、企業IRを推進できるか適正価値を定めてから提案することにしている。そこで、まずはアナリストとして取材をさせてほしいと依頼すると、プロデュースサイドが激高してしまったのだ。先方が言うには、IR支援のお願いをしているわけであって、アナリスト調査をお願いしたわけではない。お角違いだというものであった。企業IRとは究極のところ、企業のファンづくりであり、その媒介をなすアナリストは最重視すべきものである。であるからアナリストの目線での調査は必須であり、調査費用は当社の持ち出しであって、コストがかかるわけではないのだから、まったく矛盾していないと思うのだが、とにかくプロデュースは、アナリスト取材はNOで、この話はおじゃんになった。しかし、その後プロデュースは、IR活動を活発に行っていた模様で、その証拠に2008年8月にジャスダックから優良IR賞を受賞している。証券取引等監視委員会から金融商品取引法違反等（虚偽有価証券報告書提出罪等）の嫌疑で強制調査を受けたのが受賞の翌月であるから皮肉なものである。

このような企業でなくともアナリストの取材を拒否する会社は、ＩＲに関して何ら準備できていないか、胸に一物を持っている場合もあるので注意が必要である。逆にアナリストに察知されてはまずい重要事実等の発表を控え、発表後、株価が急騰することもあるが、いずれにせよアナリストの取材を理由もなく常に拒否する会社は「中三学割投資法」にはそぐわない銘柄と言え、これ自体が重要情報と言える。当社が、アナリスト取材にこだわるのは、経営者の人となりがその企業の将来を決めるからに他ならない。会って直接、ビジョンや強みを聞く。それをもって分析のフィルターにかけ、投資家に企業の適正価値を正しく示すのがアナリストの役割だ。５～10年の中長期で集中投資できる銘柄を見極めるためには、その企業と経営者がよく見えないといけない。顔の見えない企業に10年も集中投資することなんて怖くてできないからである。

大型株が安全と考えるのは幻想

株式投資においては、あなたがある銘柄を買った時点から上がるか下がるかの二択なのだから、買った銘柄がその日から絶対上がるなどということはあり得ない。したがって、神様ではないのだから、時には長期間塩漬けになるなど、ある程度の失敗は避けられない。しかし、こうした小さな失敗はいい経験になるが、大きな失敗には気を付けなければならない。株式投資の最大のリスクは倒産である。倒産さえしなければ現物で持っている以上、必ずその株券には価値があるが、倒産してしまえば紙屑となる。そのため、特に「中三学割投資法」のようなハイリスク・ハイリターンの投資においては、当該銘柄が安全に中長期保有できるかどうかを入念に調べる必要がある。

ところで倒産リスクというと大型株に比して中小型株が危ないように思えるが、一概にそうとも言えない。景気に好不況があるように、経済は循環している。不況の程度こそあれ、景気には必ず山、谷があり、不況になれば、大型株であれ中小型株であれ倒産リスクは一気に加速する。しかし、個人投資家は、圧倒的に大型株投資を好む。特に名の知れた東証1部の有名企業が多い。この理由の一つに、有名企業の株は身近に感じ、分かりやすいからと、昨今は大企業も個人投資家向けＩＲに力を入れているせいもあろう。逆に考えれば名も知れない中小企業は、大企業に負けないだけの戦略的企業ＩＲが求められているとも言える。しかし、こと倒産リスクに至っては、大型株が安全というのは幻想に過ぎない。

ちなみに私が、1999年に独立創業したことは先述した。1997年の山一倒産に伴う深刻な証券不況からITバブルへと抜け出していく過程であり、スタート地点においては、比較的恵まれていたと言えるが、その後すぐにITバブルが崩壊した。KCR総研の設立が翌年の2000年であるので、まさに2000年からの証券史は、KCR総研設立と軌を一にしてきたわけであるが、ここで注目したいのはリーマンショック時だけではなく、それ以前の10年史においても大型株の代表的インデックスである日経平均株価でさえ、約2万～7000円というレンジを上下しているという事実である。つまり日経平均株価であっても買いのタイミングが悪ければ3分の1に下落するリスクがあるわけであり、少なくとも大型株が安全というのは10年タームで見たとしても神話に過ぎない。ここで、大型株も十分危険である証左として、代表的な倒産企業の名を示しておきたい。大型株も十分に危険であることを認識する備忘録として役に立つと思うからである。

バブル時の象徴的高値である日経平均株価は1989（平成元）年12月29日大納会で最高ザラ場値の3万8957円44銭を付けた（私は、この年の最高値を「八苦騒《はっく》ぐことなし」（89年38957・44）と語呂で覚えている）。旧大蔵省銀行局による「総量規制」に端を発するバブル崩壊は、未だ出口の見えない日本の長く暗いデフレ経済の開始のゴングであった。東京商工リサーチの調べでは、1989年1月から2019年4月26日（16時時点）までの、平成の上場企業倒産は累計２３４件（負債合計21兆９１０６億６４００万円）に達したと発表している。上場企業の年次（1～12月）倒産の最多は、リーマンショックがあった２００８年（平成20年）の33件。次いで、不良債権処理が加速した２００２年（平成14年）の29件、リーマンショック翌年の２００９年（平成21年）の20件、イラク戦争開戦の２００３年（平成15年）の19件の順となっている。産業別では、最多が製造業の67件で、建設業39件、不動産業33件、金融・保険業25件、サービス業他21件、小売業18件、卸売業16件、情報通信業9件、運輸業5件、農・林・漁・鉱業1件の順となっている。製造業が最も多いが、建設・不動産・金融が上位であることに着目してほしい。これらの業種は不況には極めて弱い業種と言え、達人視点の一人である竹田和平氏の保有銘柄には少なく、中長期保有に向かない劣後する業種であることを記憶しておいてほしい。また、市場別では、最多は東証1部の81件、次にジャスダックが47件、東証2部が31件、店頭上場が22件、大証2部が21件と続く。東証1部に次いで新興企業を多く抱えるジャスダックが目立つとしているが、東証1部がトップの倒産件数であることに改めて気づいてほしい。東証1部はいうまでもなく大型株が多いが、東証1部上場企業だからといって倒産しないわけではなく、むしろ数が多い分、倒産危険度数では市場別でもトップを走っているのである。

山一證券破綻時からの主たる倒産上場企業

1997〜1999年

東海興業、三洋証券、山一證券、徳陽シティ銀行、北海道拓殖銀行、東食、三井埠頭、大倉商事、日本長期信用銀行、日本債券信用銀行、東京相和銀行など

2000〜2008年

長崎屋、ライフ、第一ホテル、そごう、赤井電機、マイカル、大成火災海上保険、青木建設、殖産住宅相互、佐藤工業、雪印食品、第一家庭電器、大日本土木、ニッセキハウス工業、神戸生絲、セザール、福助、足利銀行など

2009〜2020年

SFCG、ロプロ、日本航空、武富士、エルピーダメモリ、NISグループ、インデックス、スカイマーク、第一中央汽船、タカタ、日本海洋掘削、レナウンなど

この他にも粉飾決算などで退場を余儀なくされた有名な会社もある。2005年に上場廃止となったカネボウや2006年のライブドアなどが挙げられるが、あくまでも有名企業や大企業などに絞って並べてみたが、こうしてみると企業経営というものがいかに厳しいかということが分かるというものだ。経営は大企業であれ中小企業であれ、一寸先は闇

である。大企業のこうした破綻は、タイタニックのようにゆっくり沈むだけで経営の舵取りを一歩誤れば潰れるのは中小企業と一緒である。潰れてしまえば株券は紙屑同然となる。株価の実態価値の裏付けが企業業績である以上、経営実態に当てはめた場合、大企業が抱えるリスクと中小企業が抱えるリスクはさして変わらない。変わらないのに株式投資においては、両者のリターンは大きく違う。数千億円、数兆円規模の資金を運用するのであれば、こうした実態が分かっていても中小型株は流動性が低過ぎて買えないということなら分かるが、個人投資家の場合、わずか数百万〜数億円程度の資金を運用するのに中小型株を選ばない手はないわけである。また、先述したように中小型株市場は、市場規模が小さいため機関投資家の参入は少ないのが特徴だ。これは極めて大切なポイントで、株式投資が基本的にゼロサムゲームである以上、ライバルは少ないほうがいいに決まっている。銘柄さえ間違わなければ、中小型株を中長期で集中してバイ・アンド・ホールドするだけで、あなたの資産は倍増し、夢の億万長者になることができるのである。

投資対象銘柄をどう分析し、絞り込むのか？

「中三学割投資法」において投資対象をどのように絞り込むかは、科学的に行わなければならない。企業分析の調査のアプローチは、定量分析と定性分析に分けられる。定量分析においては、企業の財務諸表の点検が重要となる。そこで威力を発揮するのが、当社の作成している「定量分析レポート」である。

株価の裏付けは基本的に業績である。「中長期で株価が伸びる会社を見つけるには、業績が伸びる会社を探せばよい」。この論理は間違いなく正しい。しかし、事はそう単純ではない。業績の予測は1年先でも正確に当てるのは難しい。また当てたところで、人気株の場合、すでに株価に織り込まれている場合も多い。よく決算発表時に好決算を発表したとたんに株価が下がり出すというのはよくあるケースで、株式投資を難しくしている原因の一つといってもいい。当該企業の経営者でさえ、自社の株価の動きが分からないこともままあるのである。株価というものがどういう理由で上がったり下がったりするのか分からないという声は多い。しかし、株価というものは勝手に上がったり下がったりするもの

図表3-2　株価を取り巻く主要因

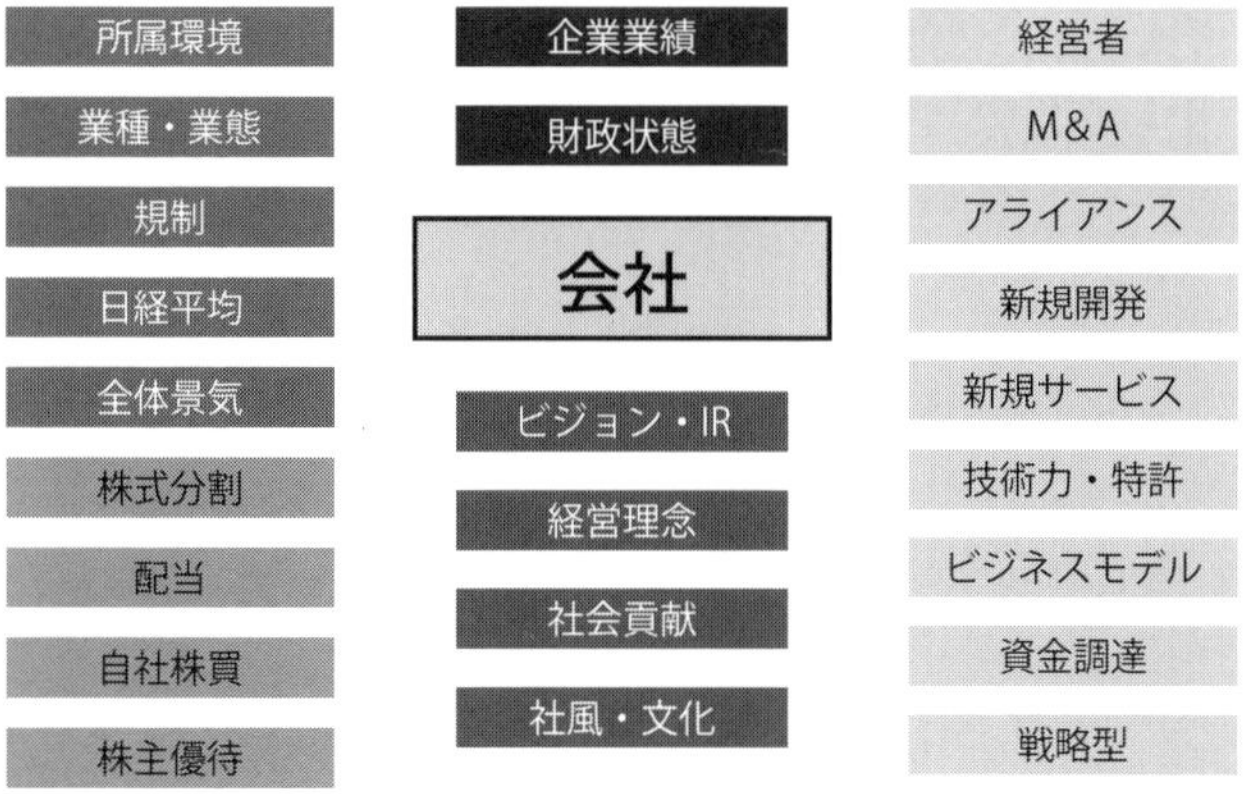

出典：ＫＣＲ総研

ではなく、上がるとき下がるときには、それはそれで必ず理由があるものなのである。株価はいろんな材料で動く。それこそ森羅万象を織り込んで成り立っている。単に需給関係（大口の買いや売りなど、それはそれで株の材料である）だけで動く場合もあるし、業績とは関係なく定性情報で動く場合もある。

図表３－２は株価を取り巻く主要因をまとめたものであるが、損益計算書に表される企業業績やその見通し、貸借対照表に表される企業の財政状態などは、株価を取り巻くほんの一部の要因であることが分かるだろう。大きくはマクロ経済にも影響を受けるし、会社は経営者の考え方一つで大きく変わるから、経営にまつわる要因も大きい。社風や企業文化も中長期的には企業の存続に欠かせないも

のである。無論、株主還元策も株価を大きく動かす要因の一つである。しかし、こうした様々な要因があるものの、こうした要因が複雑に絡み合って、最終的には全て何らかの形で企業業績として、財務諸表に反映されていくことは間違いない。そのため、将来の数字を正確に予測することは困難でも、現状を正しく分析することは極めて大切である。

定量評価からのアプローチ

「定量分析レポート」は、当該企業の業績からアプローチする分析レポートである（図表3－3）。格付にあたっては、当社が選定した当該分析対象企業の収益性・効率性・安全性・成長性・生産性の5つの分析項目を、上場企業のなかから類似もしくは同業種・同業態・同モデルと思われる任意の3社を抽出し、各指標につき比較分析する。比較数値は、直前期末の決算数字を用いており、あくまでも実績値で比較し格付している。実績値で比較するのは、将来予測値で比較すると誤差が大きくなるのを避けるためである。予想数字は会社発表のものを使うことが多いが、予測はあくまでも予測であり、外れればその分析はほ

図表3-3　定量分析レポート

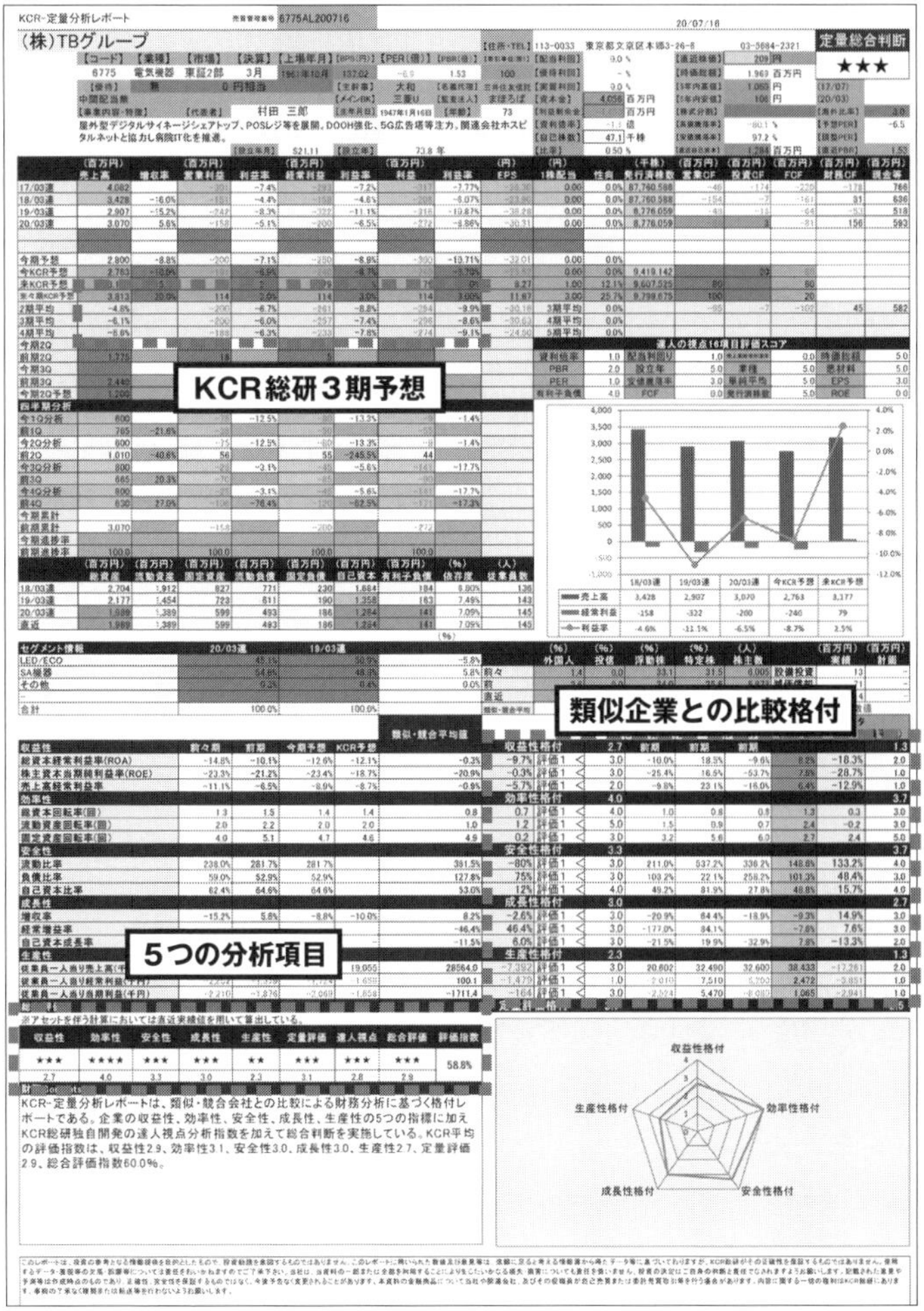

出典：ＫＣＲ総研

とんど意味がない。ここでは、むしろ当該分析企業がいかに強い財務体質を持っているか、財務内容の比較をすることによって他社との違いを炙り出すことに力点が置かれている。収益性・効率性・安全性・成長性・生産性の5つの分析項目から投資判断において有力と思われる3指標を抽出し、以下の算式により導いて格付している。

■収益性

総資本経常（税前）利益率（ROA）＝経常（税前）利益÷期末総資本
株主資本当期利益率（ROE）＝当期利益÷期末株主資本
売上高経常（税前）利益率＝経常（税前）利益÷売上高

■効率性

総資本回転率＝売上高÷期末総資本
流動資産回転率＝売上高÷期末流動資産
固定資産回転率＝売上高÷期末固定資産

■安全性

流動比率＝流動資産÷流動負債

負債比率　＝負債　÷株主資本

株主資本比率＝株主資本÷総資本

■成長性

増収率　＝（当期売上高－前期売上高）÷前期売上高

経常（税前）増益率＝（当期経常（税前）利益－前期経常（税前）利益）÷前期経常（税前）利益

株主資本成長率　＝（当期株主資本－前期株主資本）÷前期株主資本

■生産性

従業員１人当たり売上高　＝売上高　÷期末従業員数

従業員１人当たり経常（税前）利益＝経常（税前）利益÷期末従業員数

従業員１人当たり当期利益＝当期利益　÷期末従業員数

これらの５つの分析項目に加え、先述した達人視点分析指数を加えて定量的な総合判断を実施している。ＫＣＲ総研ではこれまで数千社のレポートを作成し、データベースを整えている。そこで独自の平均値を算出し、比較することによって当該分析対象企業の優劣を判定することができるシステムを作り上げた。格付にあたっては、数値的な算出の他に一目で優劣が分かるように★付を活用している。★付の目安は以下のとおりである。

レポート格付の目安

★★★★★　平均より非常に優れている
★★★★　平均よりやや優れている
★★★　ほぼ平均の範囲内
★★　平均よりやや劣っている
★　平均より非常に劣っている

「定量分析レポート」はデータの塊のようなもので、極めて詳細に当該分析対象企業の財務体質を炙り出すが、これだけでは株価の将来予測にはほとんど役に立たないと考えてもらっていい。株価との関係においては財務諸表の分析だけでは限界があるのである。

ＫＣＲ総研は、２０１０年からレポート的中精度を上げるためにレポート発表後の株価推移について研究してきている。アナリストとして、的中率を上げていくことは至上命題と言える。そのため、オリジナルの投資判断レポートが完成した２０１０年から、その後原則1年間という期間を区切りながら、当社格付と株価の関係をリサーチしてきているのである。当社は、先述した達人視点分析に加え、定量分析（達人視点分析を含む）、定性分析、株価分析、ＩＲ戦略分析を経て、総合判断へと最終的な投資判断をするわけであるが、「定量分析レポート」の格付は、これまでの検証では、最も劣後するものとなっていることが分かってきている。

ＫＣＲ総研が「中三学割投資法」による銘柄の炙り出し方として独自の分析手法によるアナリストレポート制作手法をほぼ完成できたのは、２００９年頃である。唯一、達人視点レポートだけは、定量分析のみで「中三学割投資法」に適う割安株を炙り出すとともに「定量分析レポート」の弱点を補うものとして２０１０年に完成した。

個人投資家が億の資産を築くことができる投資手法である「中三学割投資法」において、どのような企業に投資を実施するかは、すなわちアナリストレポートの的中率を高めることに他ならない。そのため、私はレポート的中率の検証が必要と考えた。最初の検証発表時期は、２０１０年8月16日で研究資料として報道関係者にも大々的にリリースした。当時の「ＫＣＲ総研アナリストレポート格付ランキング２０１０年度版発表と個人投資家向けＩＲ活動普及に対するアナリスト取材協力の企業表彰について」と題するレポートでは、

2010年度版として2009年1～12月に最終的な投資判断を行う総合判断レーティングを発表した96社、のべ114銘柄に対し格付ランキングを発表した。また、格付パフォーマンスの検証として、レポート発表後の1カ月後、3カ月後、6カ月後の高値・安値騰落率を分析し、株価パフォーマンス分析を実施したとしている。

2009～2010年の株式市場は、未だリーマンショックが冷めやらぬときであり、決して市場環境が良いわけではなかったが、「中三学割投資法」においては、このような環境下こそ威力を発揮すると確信しており、満を持して第1回目の研究成果発表に至ったわけである。また、株価パフォーマンス分析においては、先述したように分析手順であるIR戦略分析、定量分析、定性分析、株価分析、総合判断分析の5つの分析レポートにおいて各ランキングを実施し、各分析レーティングと株価パフォーマンスの検証を行うことによって、各レポートレーティングの正確性・有効性を分析した。

その際の定量分析における検証結果であるが、上位10社、下位10社のポートフォリオを分析したところ、株価上昇局面においては、上位・下位とも大きなパフォーマンス差はなくほぼ同率のパフォーマンス（やや下位10社が上回る傾向）を見せたのに対し、下落局面においては、上位10社に対し、下位10社は大きく値を下げていることが見て取れた。特に6カ月以内のパフォーマンスでは、下落率において倍以上の差がついていることが見て取れ、このことから定量分析の格付は高格付銘柄であっても、低格付銘柄と比較して株価上昇効果はさほど期待できないが、下落局面においては、高格付銘柄のほうが一定の株価下支え効果を持っていることが分かったのである。

つまり、先述したように定量分析において用いられる財務数値の比較は、あくまでも過去の情報であり、すでに株価に織り込まれていると予想できることから、定量高格付とその後の株価上昇とはほとんど関係がないが、下落局面においては、各指標における財務内容の良さから売られにくいということが言える。最も高格付銘柄の場合は、低格付銘柄に比し、その後の発表数字において市場が期待しているコンセンサスより低い場合（例えば会社予想数字を下回る場合など）、大きく下落するリスクがあるという仮説が成り立ったのである。

分析結果をもう少し分かりやすく言えば、「定量分析レポート」による高格付銘柄は、低格付銘柄に比較してハイ・パフォーマンスを約束するものではないが、低格付銘柄より高格付銘柄は下がりにくい体質を持っていると言える。これは、「中三学割投資法」にとっては、大切なポイントである。なぜなら「中三学割投資法」は潰れない会社を探しているからである。「定量分析レポート」の高格付銘柄が低格付銘柄より下がりにくいのは財務体質が良好であるからに他ならない。そのため、安全性が高い銘柄群が炙り出されていると言える。しかし、その判断が、収益性・効率性・安全性・成長性・生産性の5つの分析項目のうち、収益性や成長性部分の寄与度が高い場合、それは必ずしも次期以降の好業績を保証するものではないから、注意を必要とするわけである。「定量分析レポート」の活用においては、収益性や成長性といった特に株価にインパクトがある指標ばかりに目を奪われるのではなく、むしろ地味に見える安全性や効率性、生産性といった指標に目を向けたほうが安心して中長期投資できる。強い財務体質の会社を知ることができるし、下落リスクを極力抑えることができると言える。

定性評価からのアプローチ

企業の正確な評価に欠かせないのが定性分析である。アナリストが行う将来の業績に影響を与える可能性のある無形の要因を査定する分析である。財務諸表に数字として、載らない企業が持つ無形の強みを炙り出し査定する分析と言える。この定性分析は、当該企業への取材が絶対であり、また現地に赴く必要がある。会社へ行けば、従業員の雰囲気、教育姿勢、経営理念や社是、本社や社長室の豪華さ等が自ずと分かるものである。メーカーであれば工場見学も必要である。無論、経営者のビジョンは最も重要な要素である。ＫＣＲ総研が企業のトップへの直接取材にとことんこだわるのも、正確な定性評価をするために他ならない。上場企業は東京や大阪ばかりではない。地方を含め、現地に直接赴くのは大変な労力とコストがかかるが、「百聞は一見に如かず」で、現地に赴くメリットは大きい。その手間暇が定量分析では分からない、企業の将来に大きな影響を与えるであろう、まだ広く知られていない情報を入手することにつながるわけである。

昨今話題のＥＳＧ「Environment（環境）、Social（社会）、Governance（企業統治）」やＳＤＧｓ「Sustainable Development Goals（持続可能な開発目標）」への分析も重要な評価項目となるが、グリーンウォッシュ「Greenwashing」という言葉をご存じだろうか。地球環境問題や新型コロナウィルスによる感染症リスク、さらなる企業ガバナンスの強化など複雑化する外部環境を背景に、いかにも「我が社は、ＥＳＧ経営に取り組んでいます」とリップサービスやジェスチャーをすることを言う。要は上辺だけＥＳＧ経営を取り繕っていると言え、ＥＳＧ経営の先進国である欧米市場で問題となっているのである。こうした問題を回避するためにも直接取材は重要である。ビデオや会社案内、統合報告書などツールでは何とでも誤魔化せる。しかし、経営トップによるＥＳＧへの取り組みの熱心さを直接聞くと、こうしたリスクも大きく低減できる。アナリストは投資家への媒介役である。アナリストに直接ESGの取り組みを話しながらも、それがグリーンウォッシュであるとすれば嘘をつくことになる。誰でも嘘を直接つくのは嫌なものである。だから直接会うと、意外とESGについては詳しく話さない。逆に我が社のESGへの取り組みを是非聞いてほしいと熱心に具体的に話をする経営者は、当然のことだが信頼できる。無論、会って直接取材できない企業は「中三学割投資法」から除外すべきなのは言うまでもない。定性評価の難しいところは、得られる情報が数値ではないため、それをどう分析し、投資に役立てるかということである。

資本市場は常に競争で動いている。よくある文章だけのアナリストレポートでは、定量分析と違い、他社との横の比較ができないことが大きなネックとなる。そこで、私は定性情報も取材内容を踏まえて、あるロジックに基づいて指数化することを考えた。そこで完成したのが「定性分析レポート」である（図表3－4）。

「定性分析レポート」は、企業業績の数字では表せられない経営戦略面からアプローチして分析する。私は、以前感銘を受けたポーターの『競争の戦略』理論を応用して、132項目のマトリックスから当該企業の競争力を格付することにより、経営戦略度を指数化することにしたのである。方法としては、当該企業の所属セクターの参入障壁に代表される

図表3-4　定性分析レポート

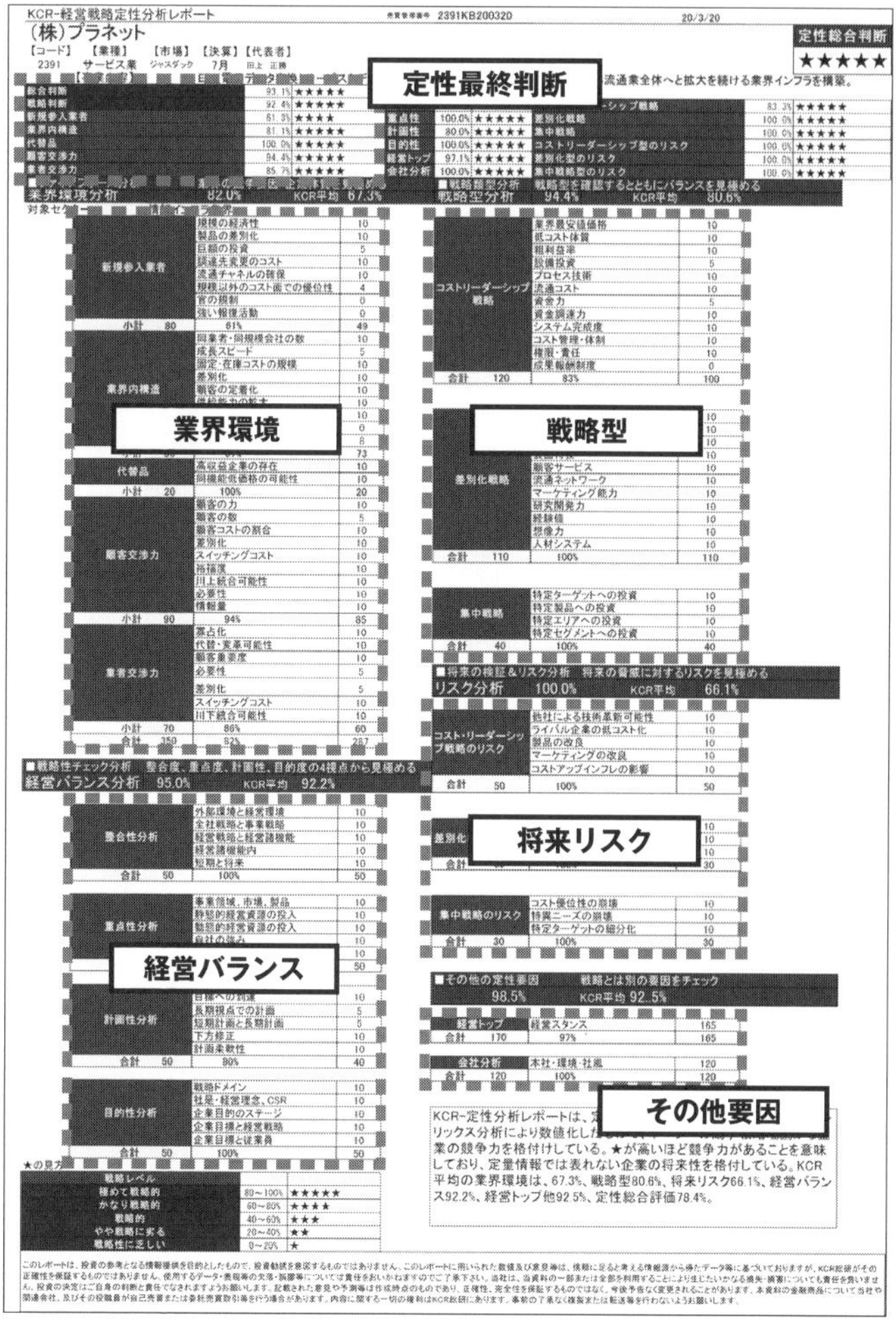

出典：ＫＣＲ総研

5フォース分析（新規参入業者・業界内構造・代替品・顧客交渉力・業者交渉力）により業界環境を分析して格付することから始める。どのような企業においても所属するセクターは必ずある。一般に、株式市場では成長業界がもてはやされるが、ポーターの競争戦略によれば、成長市場は参入する企業が多いため競争が激しく、撤退する企業も多い。逆に成熟業界は、すでにある程度業界地図が出来上がっているため競争もさほど過酷ではなく安定的に収益を残せるという利点がある。こうした業界の見方は、先述したウォーレン・バフェット氏の銘柄選択にも表れているし、遠藤四郎氏や竹田和平氏にも共通する点なのである。

当該個別企業の分析においては、企業の戦略度を3つの側面（コスト・リーダーシップ戦略・差別化戦略・集中戦略）から分析する。企業が競争業界においてどのようなポジショニングを取っているか見極める評価をしている。また、こうした企業戦略度が高い企業においても、将来にわたってそのポジションが維持できるかという評価も必要となる。高収益企業のビジネスモデルが容易に模倣されれば、たちまち競争が激化し、企業収益は低下してしまう。こうした概ね5年以内のリスクチェックをする将来リスク分析を実施し、経営バランスが取れているかどうかを整合性、重点性、計画性、目的性の4視点から見極める。戦略性チェック分析を経て、本社環境や社風といった戦略とは別の要因であるその他の定性要因を分析評価して、最終的な定性分析に基づく経営戦略を最終格付しているのである。ちなみにその他要因分析のなかには、「スリッパの法則」なども入っている。玄関でスリッパに履き替える会社の株は不思議と上がらないという証券界のジンクスのようなものであるが、大きく上昇している企業も何社も知っているので、全体に与える指数に対する影響は微々たるものにしている。しかし、こうした細かいチェックはとにかく企業訪問もしなければ分からない。最近は、コロナ禍でオンライン取材も増えているとは思うが、継続取材ならともかく、初回取材においては直接訪問してこそ分かることはオンラインの比ではない。定性分析における正確な評価は、直接取材が絶対なのである。

定性分析格付による株価パフォーマンスは、中長期になればなるほど有効である。定性情報は、とにかく経営者が企業ＩＲを責任持って推進し、自己のビジョンと会社の将来像、そこへ到達する具体的方法論を投資家に向けて広く語らなければならない。こうした観点からも定性情報は、企業ＩＲの戦略性と密接な関わりを持つことが想定できると言えよう。

ＫＣＲ総研の長年の研究結果では、定性分析の高格付企業は株価上昇局面においては、定性分析低格付企業と比較して、高い株価パフォーマンスを見せ、株価下落局面においては大きな株価下支え効果があることが分かっている。先の調査結果においても、６カ月以内の株価パフォーマンスは上位10社のポートフォリオが下位10社を凌駕して推移しており、下落局面において、上位10社は下位10社に比較して、明らかに下がりにくいことが鮮明になっているのである。

株は売りのほうが難しい。割安を知り売り場がどこかを見極める

株式投資を始めると、売り場が分からなくなることがままある。そう、株は絶対に売りのほうが難しいのだ。株は上がるか下がるかの2つしかない。だから、買った株が上がり出し、喜んでいるうちはいいが、ある程度含み益を抱えてくると、売ったほうがいいのか迷ってしまう。迷っているうちにするすると下がり出し、元の木阿弥なんてこともある。株式投資は、人間の欲との戦いである。「もうはまだなり　まだはもうなり」はあまりにも有名な格言だが、揺れ動く人間の心理をズバリ言い当てているといえるだろう。

まず、売りで失敗（後悔）しないためには、その銘柄を買った理由とともに、ある程度のルールを決めておくことである。株価は生き物なので、上がり出すととことん上がる半面、下がれば地の底まで下がる習性がある。そこをうまく掴むには、「頭と尻尾はくれて

やれ」の格言よろしく、欲張らないことがまずは肝要であるが、明確な基準があるに越したことはない。「中三学割投資法」の謳う中長期保有は、必ずしも絶対に手放さないという意味ではない。銘柄にもよるが、株には波がある。中長期的に上昇トレンドであっても、一直線で上昇していくわけではない。投資のテクニックとしては、買いコストを下げることが重要である。つまり、ある一定程度値上がりしたら一旦売却して、下落をしたところで買い戻すことによって保有株式数を増やしていく。もしくは買いコストを下げていくことが必要である。銘柄にもよるが、「中三学割投資法」においては、急激に倍以上値上がりした場合は、持ち株数を一旦売却か、半分売却してポジション調整を行うのが良い。これを10年間の視点で自身が注目している銘柄で行っていくのである。無論、銘柄に絶対の自信があれば、ずっと保有し続けておいてもいい。しかし、後述するが、ＫＣＲ総研の研究では、日本の株式市場の場合、12年以上持ち続けてもパフォーマンスは上がりにくいという研究結果が出てきているのである。

これは、どのような企業であっても内国企業においては日本の景気循環の影響を受ける部分と、十年一昔といわれるように、世の中が大きく変わってしまうからと推察される。したがって、買うときにこの株は、この値段になったら、一旦売ると明確に決めておけば、迷いは生じない。また、こうした売値のルール以上に大切なのは、日々の出来高に目を配ることである。特に、出来高急増局面は積極的に売らなければならない。目安は、通常平均出来高の10倍である。「中三学割投資法」は、中小型株に集中投資するため、ある程度の株数を保有するのにも長い年月が必要であるが、売却するときは出来高急増局面が良い。この出来高急増であるが、株は、何らかのきっかけで思惑が入り、急騰することが多いため、そこを狙うわけである。企業自身が発表する重要ニュースをはじめ、TVや新聞等のマスコミ報道がきっかけになることも多い。こうした急騰局面は、自身の平均買いコストを大きく下げるチャンスとなるだけでなく、資産形成を現実のものとするうえでも大切なことなので覚えておいてほしい。しかし、一概に売値と買値を決めるといっても、なかなか自分自身で目安を持つことは難しい。無論、銘柄によっても違ってくるからである。自身が納得できる割安とされる買値や目標とする売値が分かれば、それに越したことはない。ここで威力を発揮するのが株価分析である。

株価分析からのアプローチ

繰り返しになるが、みんなが知っている情報は情報ではない。だから、これからの投資のためには何の役にも立たない。厳しい言い方になるかもしれないが、これが現実である。特に投資の世界では、みんなが知っている情報だけで株式投資を始めるとあなたの大切なお金を失ってしまう可能性は高いと断言できる。みんなが知っている情報は、投資の世界ではゴミ同然なのである。では、みんなが知っている情報とはどういうものをいうのだろうか。低ＰＥＲや低ＰＢＲは、割安株を探す際の代表的指標と言える。低ＰＥＲランキングや低ＰＢＲランキングは、どこの証券会社でも検索できるし、無料で見ることができる。ＰＥＲ（株価収益率）は言うまでもなく、株価÷ＥＰＳ（1株当たり利益）で表される。1株当たり利益は、年間の企業が稼いだ最終利益から算出されるから、ＰＥＲで示される倍数は、株価が現在利益から何年先まで買われているかを指し示しており、現在利益を何年積み重ねれば元が取れるかを示しているということもできる。つまりＰＥＲ10倍なら10年で元が取れるが、ＰＥＲ１００倍なら１００年かかるということである。この論理だけ使えば、ＰＥＲ10倍のほうを買わない手はない。しかし、お分かりのようにことはそう単純ではない。ＰＥＲには、将来数字の積み重ねはいっさい考慮されていない。あくまでも現状の財務数字もしくは企業予想見通しから算出するだけで、そこには企業収益の成長性や安定性の連続の保証などは一切なく、無視をしていると言える。ＰＢＲ（株価純資産倍率）も然り。ＰＢＲは、株価÷ＢＰＳ（1株当たり純資産）で表され、算出される数字が1倍を割っていれば株価が純資産価値を下回っているとされ、割安とされているが、長引くデフレ経済のもと、万年ＰＢＲ1倍割れ銘柄も決して珍しくない現状においては、ほとんど役に立たない指標とも言われている。

しかし、まったく役に立たないかというとそうでもない。ＰＥＲ、ＰＢＲのみで将来株価が上昇するかどうかを判別するのは難しくとも、現在の業績と照らし合わせて銘柄を瞬時に割安かどうか選別するには便利であるし、何より分析の一手間を入れるだけで、有用な情報へと変化していく。先述した達人視点Ｅである遠藤四郎氏が、割安株判別の一つとして低位株に注目し、通常誰もが目にする指標である、単純平均株価の半分で推移している銘柄に目星を付けたように、ＰＥＲやＰＢＲも平均から照らして半分以下の銘柄に絞り込んで内容の分析を進めるだけでも、銘柄選びの手助けとなることは間違いない。多くの投資家がそうであるように、達人視点Tの竹田和平氏や達人視点Bのウォーレン・バフェット氏もＰＥＲ、ＰＢＲの有用性については認めるだろう。そのため、先述した「達人視点レポート」の16項目にＰＥＲ、ＰＢＲも有力項目として入れているわけであるが、「達人視点レポート」の問題点として、予想される業績数字が大きく変われば、その格付は正確性を欠くことは述べたとおりである。また、「達人視点レポート」における格付は、投資の有力指標となる16項目を複雑に絡み合わせることで各達人の視点から投資選好度を表す有力な分析手法となる。独自の視点で割安銘柄を炙り出すので、低ＰＥＲや低ＰＢＲといった誰もが知っている単純な情報ではなく、これまでの実証実績からも極めて有力と言えるが、「当該調査対象銘柄の企業価値は一体どのくらいのものなのか」ということにはまったく答えてくれない。そこで、もう一手駒を進めて理論的な株価を導き出す分析作業が必要になる。ここから生まれたのが「株価分析レポート」である（図表３－５）。

株式投資とは割安株を探すゲームとも言える。しかし、何をもって割安というか、そこが難しいわけである。多くの個人投資家は、この割安かどうかの分析をすっ飛ばして勘で株式売買をする。だから株で勝ったときも負けたときも、その要因が分からない。そのような投資手法では、たとえ勝ったとしても、次は負けるかもしれない。いつまで経っても、丁半博打の繰り返しとなる。どんな企業にでも本当の企業価値がある。債務超過でも株価は付いている。ＰＢＲすら割り出せないのになぜ、株価が付いているのか。何年も赤字なのになぜ株が下がりっぱなしにならないのか。こうした企業の本当の企業価値は一体いくらなのだろうか。

例えば、達人視点Ｅである遠藤四郎氏は、赤字会社の株を好んで買ったが、その際に重視した指標は、１株当たりの実質株主資本が時価を上回るものであった。低位株のなかで

図表3-5　株価分析レポート

KCR-株価分析レポート

（株）TBグループ　（6775　東証2部）連結　売買管理番号 6775SB200716

理論株価基準	業界株価売上高基準	業界PER&PBR基準	市場PER&PBR基準	株価総合判断
[illegible]	★★★★★	★★★★★	★★★	★★★★★

算定結果		乖離率
類似会社比準方式	- 円	-
簿価純資産価額方式	136 円	53.3%
収益還元方式	798 円	-73.8%
売上高倍率方式	2,036 円	-89.7%
DCF方式	50 円	317.7%
全理論株価平均	604 円	-65.4%

KCR平均 2.00%

直近株価　20/07/16	209	円
株価収益率		倍
株価純資産倍率	1.53	倍
予想株価収益率(JQ)	28.86	倍
類似企業平均株価収益率	197.89	倍
株価純資産倍率(JQ)	1.32	倍
類似企業平均株価純資産倍率	12.43	倍
予想株式益利回り	4.83	%
予想平均配当利回り(JQ)	1.51	%

プロの理論値

前提条件（単位：百万円）			前期 実績	今期KCR 予想	来期KCR 予想	来々期KCR 予想
売上高			3,070	2,763	3,177	3,813
経常利益	[illegible]	[illegible]	-200	-240	79	114
当期純利益	-208	-316	-272	-240	79	114
営業活動によるCF	-154	-48	-84	-100	80	100
投資活動によるCF	-7	-16	3	20	-20	-80

（株）TBグループ			
売上高	2,800	百万円	今期予想
経常利益	[illegible]	百万円	今期予想
当期純利益	[illegible]	百万円	今期予想
自己資本	1,284	百万円	直近値
発行済株式数	9,419,142	株	直近値
株価	209	円	直近値
時価総額	1,969	百万円	直近値
1株当売上高	297	円	
1株当当期純利益	-32	円	
1株当純資産	136	円	
株価売上高倍率	0.70	倍	
株価収益率		倍	
株価純資産倍率	1.53	倍	
株価益利回り	-15.24%		

類似競合3社	
サインポスト（株）	（3996　東証1部）単独
（株）スマレジ	（4431　東証マザーズ）単独
アビックス（株）	（7836　ジャスダック）連結

			乖離率
類似企業平均時価総額	17,265	百万円	-88.6%
類似企業株価売上高倍率	6.85	倍	-89.7%
算定値（※KCR平均-4.0%）	2,036	円	-89.7%
EPS×類似企業平均		円	
PBR×類似企業平均	1,695	円	-87.7%
類似企業全平均（※KCR平均7.7%）	848	円	-75.3%
EPS×市場平均		円	
PBR×市場平均	180	円	16.1%
市場全平均（※KCR平均40.0%）	90	円	132.3%
4平均（※KCR平均-9.0%）	894	円	-76.6%

一般投資家の理論値

サインポスト（株） A			
売上高	2,305	百万円	今期予想
経常利益	-375	百万円	今期予想
当期純利益	-376	百万円	今期予想
自己資本	838	百万円	今期予想
発行済株式数	10,942,000	株	直近値
株価	1,429	円	直近値
時価総額	15,636	百万円	直近値
1株当売上高	211	円	
1株当当期純利益	-35	円	
1株当純資産	77	円	
株価売上高倍率	6.76	倍	
株価収益率		倍	
株価純資産倍率	18.66	倍	
株価益利回り	-2.42%		

（株）スマレジ B			
			今期予想
			今期予想
			今期予想
			今期予想
発行済株式数	9,500,400	株	直近値
株価	3,460	円	直近値
時価総額	32,871	百万円	直近値
1株当売上高	342	円	
1株当当期純利益	52	円	
1株当純資産	350	円	
株価売上高倍率	10.11	倍	
株価収益率	66.95	倍	
株価純資産倍率	9.90	倍	
株価益利回り	1.49%		

アビックス（株） C			
売上高	900	百万円	今期予想
経常利益	20	百万円	今期予想
当期純利益	10	百万円	今期予想
自己資本	376	百万円	今期予想
発行済株式数	24,724,500	株	直近値
株価	133	円	直近値
時価総額	3,288	百万円	
1株当売上高	36	円	
1株当当期純利益	0	円	
1株当純資産	15	円	
株価売上高倍率	3.65	倍	
株価収益率	328.84	倍	
株価純資産倍率	8.75	倍	
株価益利回り	0.30%		

KCR-株価分析レポートは、KCR業績予想に基づく類似会社比準方式、簿価純資産方式、収益還元方式、売上高倍率方式、ディスカウントキャッシュフロー方式の5つの理論株価総合平均に加え市場及び業界のPER、PBRを加味した理論値からのかい離率……割安度を格付するレポー……業であることを示している

類似会社比準方式

類似会社比準方式	
平均	-1,521.02
最大	1,888.41
最小	-3,783.67

			平均株価	平均EPS	平均BPS	算定価格
A	B	C	1,674	5.8	147	-3,784
A	B		2,445	8.6	213	-3,761
A		C	781	-17.1	46	1,888
	B	C	1,797	26	182	-427

このレポートは、投資の参考となる情報提供を目的としたもので、投資勧誘を意図するものではありません。このレポートに用いられた数値及び意見等は、信頼に足ると考える情報源から得たデータ等に基づいておりますが、KCR総研がその正確性を保証するものではありません。使用するデータ・表現等の欠落・誤謬等については責任をおいかねますのでご了承下さい。当社は、当資料の一部または全部を利用することにより生じたいかなる損失・損害についても責任を負いません。投資の決定はご自身の判断と責任でなされますようお願いします。記載された意見や予測等は作成時点のものであり、正確性、完全性を保証するものではなく、今後予告なく変更されることがあります。本資料の金融商品について当社や関連会社、及びその役職員が自己売買または委託売買取引等を行う場合があります。内容に関する一切の権利はKCR総研にあります。事前の了承なく複製または転送等を行わないようお願いします。

★の見方	
★★★★★	かなり割安
★★★★	割安
★★★	標準
★★	割高
★	かなり割高

出典：ＫＣＲ総研

その会社が持っている実質的な資本である有価証券などの流動資産に加え、工場などの土地建物などのあらゆる動産・不動産の固定資産の価値を有価証券報告書から丹念に拾って含み益を調べたわけである。こうした含み益を加えた1株当たりの実質株主資本が、時価を上回っていればバーゲンセールと考え、投資を実行した。遠藤氏は独自の視点で誰にも知られていない情報を入手して成功を収めたのである。

達人視点Bのウォーレン・バフェット氏は、証券分析を大学で学んだ。バフェット氏が投資判断を決める際、より深い視点から独自の分析で誰にも知られていない情報を得ていることは想像に難くない。バフェット氏の師であるベンジャミン・グレアム氏は、株式を選ぶための「安全余裕度」という手法を考案した。そのテクニックの一つに、狙った企業の株価が実体価値よりも低い場合は、市場全体の相場が安くなくとも買うというものがある。株価が実体価値よりも低い場合は、安全余裕度は自動的に存在しており、その安全余裕度を知るうえでも、証券アナリストには企業の実体価値を算定する技量が求められるとしている。ここでグレアム氏がいう実体価値とは、グレアム氏の不朽の傑作である『証券分析』に書かれているとおり、企業の資産、利益、配当、将来の明確な見通しなど「事実によって決定される価値」であるとしている。グレアム氏は、企業の価値を判断するために特に重要な要素を一つ挙げるとすれば、それは将来の収益力だという。つまり、企業の実体価値とは、企業の利益を推測し、その利益に適切なファクターを掛け合わせたものであり、このファクターは企業の収益力、資産、配当政策、財務的健全性の安定度によって異なるとしている。KCR総研が開発した「株価分析レポート」は、こうしたグレアム氏の見解を踏まえて、企業の将来業績を正確に計算できない制約を承知で、当該調査対象銘柄の安全余裕度を独自の視点から分析したものなのである。

「株価分析レポート」は、当社が独自開発した理論株価算定システムにより、当社が予想する当該分析対象企業の将来3期の数字データを用いて理論値を算出し、現在株価との乖離率から企業の安全余裕度とも言える株価割安度・割高度を分析する格付レポートである。理論株価は、類似会社比準方式、簿価純資産方式、収益還元方式、売上高倍率方式、DCF方式の5方式の他、一般個人投資家の目線に立って、単純に時価総額、業界や市場のPSR、PER、PBRの観点からも理論値を算定し、総合理論株価を算出している。算出される指数はマイナス乖離ほど株価割安度が高く、プラス乖離ほど株価は割高に推移していることを示している。

株価分析においては、バリュー投資の開祖とも言えるグレアム氏の視点に加え、多くの理論家に影響を与えたジョン・バー・ウィリアムズ氏の『投資価値理論』に基づく投資の価値は将来のキャッシュフローを織り込んだ現在価値であるという、いわゆる配当割引モデルの考え方も応用している。また、理論値の一つとして導き出される類似会社比準方式は、株式公開を予定している未公開企業が資金調達をする際に用いられる他、ＩＰＯ時にブックビルディング株価の仮条件を求める際も活用されており、より実践に近い理論株価が導き出されていると言える。類似会社の選定においては、通常、業種・業態が類似した会社を選定することになるが、選定にあたっては、当該類似会社の株価形成、流通面に留意する必要がある他、一般的な事項と照らして、次のように総合的に勘案し、算定している。

①主要事業部門又は主要製品
②部門別又は製品別の売上高・利益構成
③業績及び成長性（１株当たりの純利益額及び純資産額、売上高及び純利益等の伸び率等）
④企業規模（売上高、純利益額、総資産額、純利益額、発行済株式総数等）
⑤その他（ビジネスモデル、地域性、販売形態、販売系列等）

「株価分析レポート」を使えば、株価の割安度が具体的に分かるし、逆に理論上の株価が算出されるので、買値、売値の具体的目標値が明確に分かることになる。「株価分析レポート」は、ＫＣＲ総研のレポートでも最重要の役割を果たしており、高格付銘柄のパフォーマンス精度も高い。投資家の視点に立てば株価が割安なほど、リスクが低いと考えられるため、マイナス乖離が高い企業ほど高格付となる。株価分析においても先述した定量分析と同様の観点から上位格付企業10社と下位10社の株価パフォーマンス比較を実施したところ、株価上昇局面において上位10社が下位10社を圧倒するパフォーマンス（6カ月以内の高値騰落率は上位企業53・9％）を出している。また、株価下落局面においても上位10社は、下位10社に比較して下がりにくいパフォーマンスとなった。このことから、理論値の算定から導かれる現在株価との乖離率による格付は、割安株を見出すのに有効であるばかりか、同様に算定される割高株よりも高いパフォーマンスが期待でき、同時に割高株よりも半分程度のリスク低減効果があることが分かったのである。

また、先述したように、当時のサーベイにおいてKCR総研が分析対象とした取材訪問した企業および関連銘柄企業で総合判断レーティングを発表した企業数は96社で、レーティング銘柄数114社である。これらを株価分析においてマイナス乖離企業群とプラス乖離企業群に分けて同様の分析を試みたところ、6カ月以内の高値騰落率において、マイナス乖離群60・2％、プラス乖離群19％とさらに大きな差がついたことから、マイナス乖離群は総じて、特に株価上昇過程局面で大きなパフォーマンスが期待できることがさらに検証できたのである。

　このように「株価分析レポート」を活用すれば、市場間では誰も知り得ない独自情報を入手できるだけでなく、具体的な理論値が分かるので、具体的にどの程度割安なのかを知ることができ、株式投資において重要となる、目標とする売却価格の株価水準はどの程度なのかを知ることができる。また、ＫＣＲ総研は年間１００社ほどの総合判断レーティングを行っているが、発表されるレポートの数値上でのヒストリカルな比較が可能なため、「株価分析レポート」において最終的に上位企業の乖離データがどのくらい割安で、どの程度のパフォーマンスを期待できるかを推測することができるのである。

　理論値が正しければ、株価は必ず是正される。銘柄によっては、是正に時間がかかるかもしれないが、株式投資は失敗をしないことが重要である。先のグレアム氏は、投資には２つの法則があると言っている。第１の法則は、「損をするな」ということであり、第２の法則は、「第１の法則を忘れるな」ということである。バリュー投資の大家が笑い話のようなジョークだが、それほど、株式投資は「損をしない」ことが大切である。「株価分析レポート」は、必ずその一助としてあなたの投資活動に役立つことができるだろう。

最終的には経営者の人となりが信用できるか!?

企業を経営するのが人である限り、優秀な経営者が経営する会社の株は必ず上がる。これは絶対である。業種や業態は、あまり関係ない。世の中は新しいビジネスモデルや、新しい製品・サービスを展開する企業に飛びつきがちであるが、株式市場が新物好きである以上、脚光を浴びやすいことは確かであるが、注目される業界ほど参入業者が多く出現するため、競争が激化し、思った以上に収益を残せないこともしばしばある。それでも経営者が優秀であれば、業界の勝者には、相応の果実をもたらすものである。この世の中に不必要と思える仕事は、そもそも需要がないからそうなるだけで、オールドエコノミーであろうが、経営者が優秀であれば、必ず何らかの突破口を開き、企業経営を向上させていくものなのである。要は、経営者を見極める目を持つことが、最終的な投資判断に必要と言える。

「中三学割投資法」においては、本命とされる企業には中長期において集中投資をするわけであるから、経営者の顔が見えることは絶対である。今塩漬けになっている会社の経営者の顔はちゃんと見えているだろうか。見えなければ残念ながら、その株の将来は運に頼るしかない。そのために、企業ＩＲ活動は存在している。年に1回の定時株主総会で、遠くからでしかその経営者の顔を見ることができなければ、その会社の将来はまったく分からない。したがって、中長期投資を実施するには企業ＩＲに前向きな会社が絶対なのである。

そもそも企業ＩＲを経営者側から見た場合、その究極の目標は企業価値の向上に他ならない。企業ＩＲの展開にも相応のコストはかかる。また、経営者自身の貴重な時間も使う。それを押してまで、積極的に実施する企業があるとすれば、現状の企業価値に不満な経営者の決意の表れとも言え、自らのビジネスにおいて、市場に何らかのメッセージを伝えたいからに他ならない。厳しい企業間競争において、企業価値の向上を図らない経営者は、それだけで投資する価値のない企業と言ってもよい。投資家の方にもちゃんと目線を向けて経営しているか。バフェット氏も、経営者を見極める際、最も重視している点である。投資家が社長目線を持たなければならないように、経営者も投資家目線を持ち、企業経営のリスクとリターンを一緒に共有できるよう努めなければならないのである。

私は、こうした目指すべき理想の適正企業価値の共有が、企業経営者と投資家との結び付きをより強くすると考え、「達人視点の会」を組成し、会員には積極的に企業ＩＲ活動に参加するよう呼び掛けている。無論、ＫＣＲ総研の格付上位企業で、推奨できる企業には、極力、私の勉強会にゲストとして参加していただき、成長戦略を直接会員に向けて披露してもらっている。当社がお招きする企業は、後述する最終投資判断のための「総合判断レーティングレポート」で、買い推奨が発表された企業だけである。

達人視点からのアプローチから始まり、様々な経営者を取材して数千のレポートから格付上位企業だけが参加するKCR総研主催の企業IRセミナーは、2003年の開始から350回以上を数え、現在も継続中である。当社の企業IRセミナーは会員制なので、参加会員が参加企業の株主になったかどうかも分かるようになっており、おおよそ継続参加者のほとんどがKCR総研の推奨企業の株式を購入している。これまで、どのような企業が推奨されゲスト参加してきたのか、具体的には次章で経営者の素顔に触れる意味から、特にKCR総研においてレジェンドともいうべき企業を60社厳選公開したので参考にしてほしいが、次章で述べる企業群のKCR推奨時点からの株価パフォーマンスは平均で約14倍を超える。会員は、こうした推奨企業を「中三学割投資法」で忠実に実行したからこそ、多くの会員が資産形成に成功しているのである。

私は、「中三学割投資法」の有効性をさらに証明すべく、系列の投資顧問会社である北浜キャピタル・アセット・マネジメント株式会社（近畿財務局長〈金商〉第66号）で2007年に北浜IRファンド第1号投資事業有限責任組合も組成し、会員に参加を呼び掛けた。北浜ＩＲファンド設立の目的は「中三学割投資法」の投資理論を証明するためと成功を共感するために組成したファンドである。途中リーマンショックもあり、紆余曲折もあったが、現在、第5期までに出資参加した組合員の方は、分配金が１００％を超え、つまり元金は全てお返しし、余資だけで運用されている。この間、アベノミクス以降は日経平均も上昇しているが、２００８年を１００ポイントとして指数比較したところ、設立11年目で日経平均が１７１ポイントだったのに対し、1号ファンドは５０１ポイントと比較にならないほどのパフォーマンス差を出していることが証明されたのである。

私が、10年で10倍を目指せという意味の実感が湧いてきただろうか。投資家サイドが、中長期投資を貫徹するためには、企業を継続ウォッチする必要がある。その媒介役をなすのはアナリストに他ならない。私は、個人投資家のためのアナリストとして何ができるだろうかと考え、推奨企業を効率良くＩＲするために「ＩＲチャンネル」というラジオ番組のパーソナリティーを務めることにした。ＫＣＲ総研が推奨する企業の経営者と対談し、その経営者の人となりを素直に伝えれば、なぜ、ＫＣＲ総研がこの企業を推奨し、選んだのかを投資家にダイレクトに伝えることができると考えたからだ。

番組をプロデュースするラジオたんぱ（現ラジオＮＩＫＫＥＩ）の役員と番組名を決める際、少しでも親しみを感じて覚えてもらうために、ビジネスネームを本名に「一」をつけて金田一洋次郎とした。番組名は、「ＩＲチャンネル　金田一洋次郎のズバッと分析！　注目企業」と決まった。２００５年10月のことである。横溝正史氏作品の有名探偵、金田一耕助は私もファンであったし、その後、株探偵などと新聞の連載依頼などもあったので金田一洋次郎のネーミングは完全に定着してしまい、元に戻せなくなってしまった。「ＩＲチャンネル　金田一洋次郎のズバッと分析！　注目企業」は、７年間にわたるラジオ番組終了後、２０１２年７月からはYouTubeへと移行し、現在に至っている。

YouTubeのいいところは、過去のアーカイブが残るところである。今でも「中三学割投資法」が確立してから、ＫＣＲ総研がどのような企業を推奨し、また注目し、解説してきたかがすぐに分かる。百聞は一見に如かず。YouTubeで、「ＩＲチャンネル金田一」と検索してもらえれば、過去に遡って、見ることができる。何度も言うが、出演企業は全てアナリストレポートの推奨でふるいにかけられている。上場企業にあちこち電話をかけまくって、出演依頼しているわけではないのだ。次章で紹介するＫＣＲ総研推奨のレジェンド企業の多くが「ＩＲチャンネル」にご出演いただいたが、一度、放送されたその後の株価の軌跡も追っかけてみてほしいと思う。「中三学割投資法」におけるＫＣＲ総研の銘柄選択の確証が得られるはずである。

最終投資判断と継続アプローチの重要性

「君子豹変す」という言葉がある。人の気質というものは基本的に変わらないものだが、何かのきっかけで大きく変わるときもある。特に10年という長い年月においては、何が起こるか分からない。そのため、「中三学割投資法」においては、当該投資銘柄において継続してアプローチを続けなければならない。

君子が豹変した印象的な企業を1社挙げておきたい。かつて一世を風靡した企業にグッドウィル・グループがあった。和訳では善意の意味なのだが、最終的に廃業となり、期待する投資家の善意を裏切る形となってしまった企業である。この会社をワンマン経営していたのが折口雅博氏である。私は一時、折口氏の経営手腕に傾倒していた。何せたった10年で売上高を1000億円にした経営者である。期待のＶＢともいえ、当時の私の事務所会議室には、尊敬する経営者として折口氏と握手する写真が掲げられていたほどである。グッドウィル・グループを初めて訪れたのは2003年の夏の頃である。当時、介護関係の企業を調査していた私は、業界トップのコムスンを運営する同社に注目した。当時の前期売上高は500億円弱であり、本社は六本木4丁目の雑居ビルであった。急成長する同社にとって、手狭感はあったが、社内は活気で溢れていた。これは、まだまだ成長するな、そんな予感がまざまざと感じられた。当時市場は店頭銘柄（のちにジャスダック）で軽作業請負と介護と比較的地味な業種ではあったが、まだまだ成長するという並々ならぬ野心を感じたものである。私はすっかり同社のファンになった。案の定、株価も急騰し出し、私が訪問してからあっという間に4倍になった。翌年には東証1部に上場し、本社も六本木ヒルズに移転した。しかし、東証1部上場を機に株価の勢いはぷっつりと止まってしまった。2004年6月期の売上高は、930億円とあっという間に倍増したにもかかわらずである。もはや1000億円達成も間違いない成長企業であるが、株価はさえない。私はこの年の秋に、再び折口氏を訪ねた。

成長著しい同社であったが、この年から良からぬ評価も立ち始めていた。その一つが、プライベートジェット機購入問題であった。同社の両輪は人材・介護ビジネスである。国内産業が主軸の会社なのになぜ、航空機を買う必要があるのか。介護ビジネスは、介護保険料で賄われている。介護保険を利用するトップの企業が、儲けた金で余計なものに金を使っていると監督機関から問題視されたのである。

「航空機を買ったことをマスコミに叩かれているが……」私の質問に対し、折口氏はにべもなく「時間を買っている。多くの人は時間がいかに高いものかということが分かっていないのではないか。成長している企業とそうでない企業は時間に対する価値観が違うということだ。欧米では、企業所有のジェット機保有が1万5000台を超えているのが現状だ。大企業にありがちな無駄な交際費を膨らませるくらいなら、償却もでき、レンタルもできる機能的で効率的な発想が必要だ。日本人にむしろこうした発想がないのが残念だ」とあっさり語った。しかし内需企業だし、飛行機は普段、ロサンゼルスの空港に停めているという。やはり、必要ないのではないかと食い下がったが、海外ＩＲ用でもあり、アメリカでフードビジネスも始めているということから言いくるめられてしまった。

企業が急成長するといろいろな人間が出入りをするようになる。銀行もそうだ。当時のメインバンクはみずほ銀行で、同社の投融資を様々な形でバックアップしていた。青年実業家として経団連理事の名刺も頂いた。とにかく、政財界も注目する有力経営者の一人にのし上がったことは間違いない。

しかし、ここがグッドウィル・グループの頂点であった。人材派遣大手のクリスタルグループの買収で、2007年6月期の決算は売上高5000億円を超えるが、その後の数々の違法派遣問題、コムスンの介護報酬の不正請求事件に端を発し、厚生労働省から業界退場処分とも言える、介護サービス事業所の新規および更新指定不許可処分など、不祥事が相次ぎ、グッドウィル・グループと折口帝国は崩壊したのである。熱心な事業経営者と感じていたのに、一体何が彼を狂わせていったのか。

彼が明確に人間として変わったと感じたのは、やはり六本木ヒルズに移ってからである。六本木ヒルズでは、VIP専用のプラチナルームに通され、折口氏を待った。待つ間、高級チョコレート菓子にコーヒーが出されたが、1年前と比べてあまりの変貌ぶりに面食らったものである。しかし、この時点では変化を感じ取ったものの、勢いに乗る同社にまだまだ魅力を感じていた。どんな噂が囁かれようとも、トップに会えるうちは、信じることができる。しかし、その後不祥事が相次ぎ、折口氏とは連絡が取れなくなってしまった。継続取材で会えなければ、もう推奨はできない。その後の転落は先述したとおりである。懇意にしていたみずほ銀行も手のひらを返すように最後は切り捨てたと聞く。急成長企業にありがちな話のようにも思えるが、こうした経営者の豹変は、継続したアプローチでこそ見破ることができると悟ったものである。

このように最終の投資判断までの道のりは、達人視点分析に始まり、定量分析、定性分析、株価分析を経て、総合判断に至るわけであるが、カバーリングを続ける以上は継続してレポートを発表し続けることが必要である。10年という時間の流れのなかには、どんな企業においても様々なドラマが起こる。それを注視することによって、大きなリスクを低

写真２　グッドウィル・グループ
六本木ヒルズ本社VIP専用のプラチナルーム

出典：ＫＣＲ総研

減することができる。「中三学割投資法」は基本的にバイ・アンド・ホールドであるが、ただ単に保有して傍観していてはいけないということである。中長期で集中投資する企業に対しては、投資家もファン株主として向き合い、経営者を注視し、毅然とした態度で応援する姿勢が必要といえる。

最後に、最終投資判断となる「総合判断レーティングレポート」（図表３−６）について説明したい。「総合判断レーティングレポート」とは、これまで見てきたＩＲ戦略分析、定量分析、定性分析、株価分析の4分析に市場のテーマ性を加味し、総合判断分析としてレーティングを実施するものである。このテーマ性の見方であるが、私の造語格言に「旬の銘柄を買うな」というものがある。しかし、

「テーマ株を買え」というものもある。この一見、相反する格言は、これからテーマに乗るであろう銘柄を探しなさいということである。すでにテーマ株として認知され、旬として注目されている銘柄は極力避け、先回りしてこれから旬を迎えるであろう銘柄を仕込みなさいということになる。株式市場において、すでに旬を迎えてる銘柄は高い場合が多い。株式市場では旬は毒なのである。しかし、これから旬を迎える銘柄は、勢いに乗れば勝手に投資家が値を実体以上に釣り上げていくため、大変おいしいのである。最終判断においては、こうした市場のテーマ性に合致するかを指数化して加点し、総合判断指数を算出することにより、5段階で＋1（STRONG BUY）、＋2（BUY）、＋3（HOLD）、＋4（SELL）、＋5（STRONG SELL）と最終的レーティングを付与する。IR戦略分析、定量分析、定性分析、株価分析の4分析の視点をバランス良くミックスすることにより、各分析による特長を取り込む他、各分析から算出された誤謬を修正する役割も担っている。「投資判断レポート」においては、総合判断指数に基づき目標株価の設定も行う。この目標株価設定において先述した株価分析が大きな役割を果たしていることは言うまでもない。

総合判断分析において、これまでと同様に上位10社、下位10社のパフォーマンスを比較したところ、上昇局面において高値騰落率が1カ月以内、3カ月以内、6カ月以内のどの

図表3-6　総合判断レーティングレポート

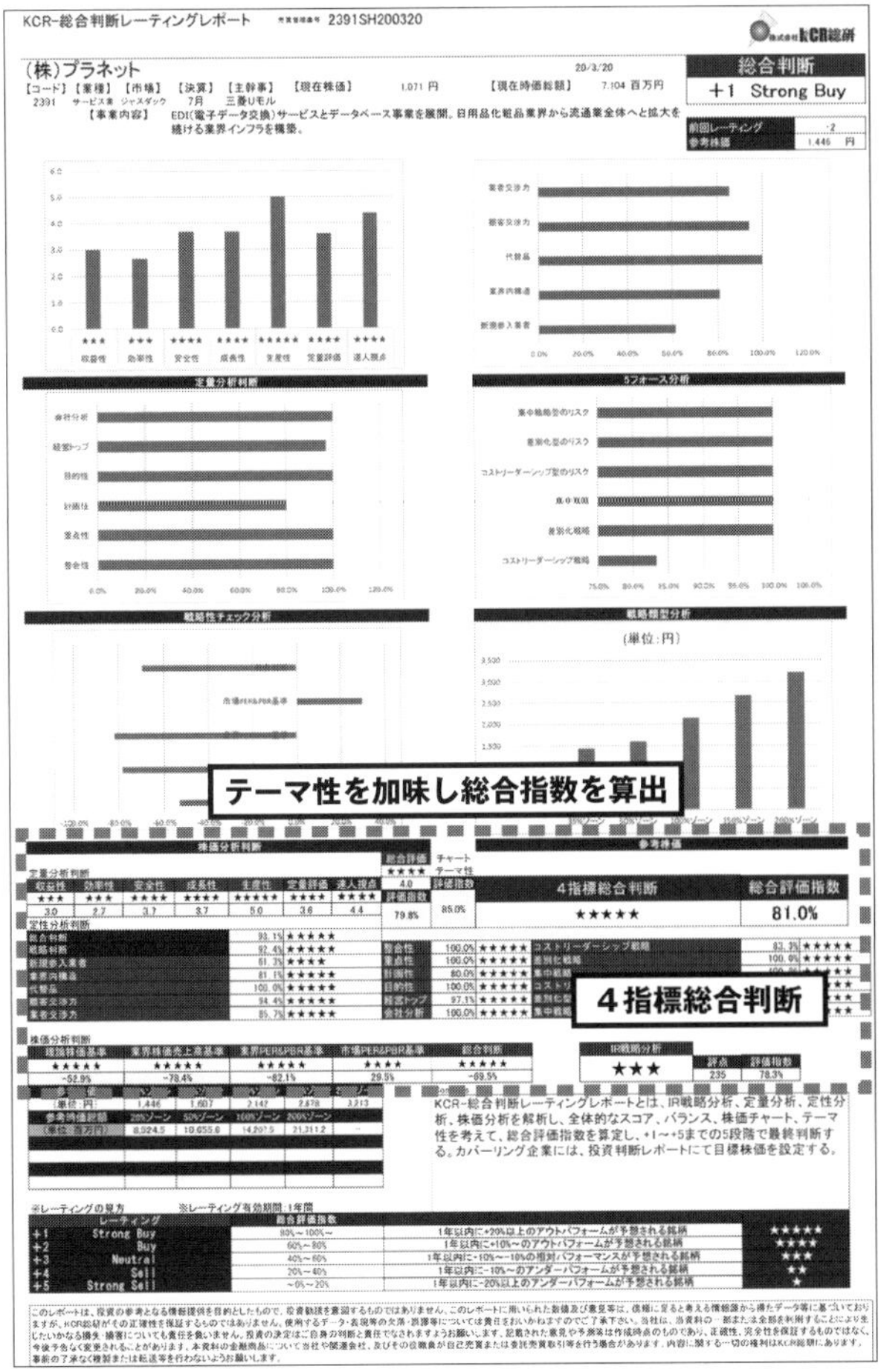

出典：ＫＣＲ総研

時点においても安定した高いパフォーマンスを見せている他、下落局面において、どの時点においても下位10社よりリスクが低いという結果になっている。中長期における具体的なパフォーマンスは、次章に述べるレジェンド企業群で明らかであるが、上位の高格付銘柄は、下位の低格付銘柄より上昇しやすく値下がりにくい傾向があると推察することができる。また、短期的にも先のサーベイにおける総合判断パフォーマンス上位＋2（34銘柄）と下位＋4、＋5（23銘柄）を比較した場合、上昇過程においての株価上昇パフォーマンスは、6カ月以内に上位群が73・4％、下位群が21・7％と50％以上もパフォーマンスが開いていることを追記しておきたい。

「投資判断レポート」（図表3－7）を読むためには、KCR総研のVIP会員資格である北浜キャピタル・アセット・マネジメントが運営する「KCAMレポート会員」の資格が必要である。達人視点会員の上位に位置する資格であり、KCR総研の全ての情報をリアルタイムで読むことができる。「株は生き物」であり、「独自のモノサシ」を持つことが大切である。KCR総研は、これまでの研究結果を基に、これからも良質な情報を提供し続けることを使命としている。興味があれば是非、投資顧問会社である北浜キャピタル・アセット・マネジメント（略称：KCAM）のサイトを訪ねてほしい。あなたの「中三学割投資法」に適う銘柄情報に必ず出会うことができるだろう。

図表3-7 投資判断レポート

KCR-投資判断レポート　売買管理番号　2391TH200320

（株）プラネット

（2391 ジャスダック）単独

発行元：株式会社KCR総研 電話06-6965-6100　　監修アナリスト 金田一 洋次郎

基本情報

発表日	郵便番号	住所	電話番号
20/3/20	105-0013	東京都港区浜松町1-31	03-5962-0811

【設立年月】	1985/08	【業種】	サービス業	【決算期】	7月		
【代表者】	田上 正勝	【生年月日】	1964年3月9日	【開示責任者】	執行役員経営担当役員 川村 渉		
【優待】	無		- 円相当	【取引単位(株)】	100	【時価総額(百万円)】	7,104
【配当利回】	3.8％			【優待内容・中間配】	中間配有		
【優待利回】	0.0％			【高値騰落率】	-56.3	【予想PER】	16.5
【実質利回】	3.8％			【安値騰落率】	6.6	【PBR(倍)】	1.60

事業内容

EDI（電子データ交換）サービスとデータベース事業を展開。日用品化粧品業界から流通業全体へと拡大を続ける業界インフラを構築。

決算情報

決算期	売上高（伸び率）（百万円）		経常利益（伸び率）（百万円）		1株当たり利益（円）	1株当たり配当金（円）	売上高経常利益率
16/07単	2,902		700		67.5	38.0	24.1%
17/07単	2,974	2.5%	705	0.7%	72.2	39.0	23.7%
18/07単	2,998	0.8%	718	1.8%	81.0	40.0	23.9%
19/07単	3,026	0.9%	722	0.6%	74.1	40.5	23.9%
今KCR予想	3,026	0.0%	605	-16.2%	63.9	40.6	20.0%
来KCR予想	3,056	1.0%	672	11.1%	74.5	41.0	22.0%

投資判断

総合判断レーティング

+1 Strong Buy

★★★★★

目標株価

1,300 円

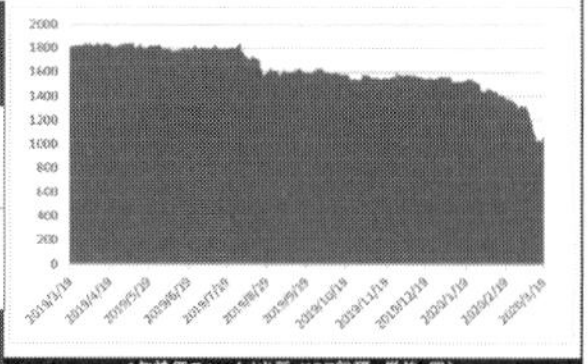

1年株価チャート（出所：KCR総研 単位：円）

現在株価　1,071 円

KCR総研はプラネット（2391 ジャスダック）の総合判断レーティングを＋1（Strong Buy★★★★★）とし投資判断を買い推奨（1年以内に+20%～のアウトパフォームが予想される銘柄）と発表する。総合判断レーティングの根拠として定量分析指数においては平均値を19.8%上回っており、定性分析指数において平均値を14.7%上回っている。株価は平均値より71.5%程度割安に推移しており、IR戦略は平均値を11.9%上回っている。またテーマ性においては平均値を5.9%上回っている。総合判断指数は平均を21.8%上回っていることから目標株価を1,300円とする。

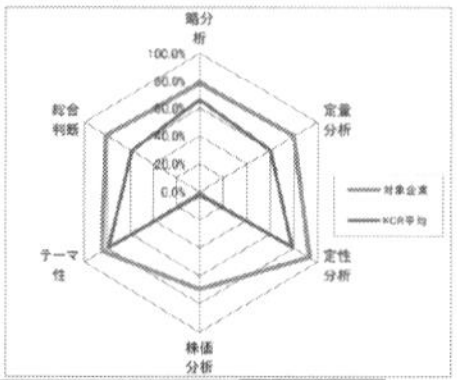

	IR戦略分析	定量分析	定性分析	株価分析	テーマ性	総合判断
対象企業	78.3%	79.8%	93.1%	69.5%	85.0%	81.0%
KCR平均	66.4%	60.0%	78.4%	2.0%	79.1%	59.2%
差異	11.9%	19.8%	14.7%	71.5%	5.9%	21.8%

このレポートは、投資の参考となる情報提供を目的としたもので、投資勧誘を意図するものではありません。このレポートに用いられた数値及び意見等は、信頼に足ると考える情報源から得たデータ等に基づいておりますが，KCR総研がその正確性を保証するものではありません。使用するデータ・表現等の欠落・誤謬等については責任をおいかねますのでご了承下さい。当社は、当資料の一部または全部を利用することにより生じたいかなる損失 損害についても責任を負いません。投資の決定はご自身の判断と責任でなされますようお願いします。記載された意見や予測等は作成時点のものであり、正確性、完全性を保証するものではなく，今後予告なく変更されることがあります。本資料の金融商品について当社や関連会社、及びその役職員が自己売買または委託売買取引等を行う場合があります。内容に関する一切の権利はKCR総研にあります。事前の了承なく複製または転送等を行わないようお願いします。

出典：ＫＣＲ総研

第4章

この銘柄を買えば間違いなし!?
ハイパフォーマンス実証済みの〝レジェンド特選銘柄〟を一挙公開！

ハイパフォーマンス実証済みの「レジェンド特選60銘柄」

「中三学割投資法」の実践において中長期保有する銘柄の選択は、困難を伴う。中長期保有と簡単に言うが、株というものは、そうそう簡単に中長期保有できるものではない。頭では、中長期保有が大切と分かっていても、自身の保有銘柄がするすると上がり出せば、どうしても利益を確定したい衝動に駆られる。逆も然り。するすると下がり出すと、保有コストを下げるためにも買い場が到来しているにもかかわらず、買いを入れることができずに、せっかくの買い場を逃してしまうことにもなる。

こうした、当たり前の投資家心理に打ち勝つためには、計画的に物事を進めることが肝要である。10年という期間で数倍から10倍を目指そうという計画だ。日々の値動きを確認することは大切だが、株価の動きで一喜一憂するようではいけない。たかが1億円、されど1億円である。金融資産1億円は、そう簡単に達成できるものではない。中長期保有の利点である時間を味方にするには、まずは何としてでも中長期の目線である達人視点があなた自身に必要である。「株価ではなく会社を見る」。このシンプルな視点が、「中三学割投資法」の実践には絶対に必要なのである。

図表４－１を見てほしい。ここに掲載されている企業は、ＫＣＲ総研が過去買い推奨をした銘柄群であるが、私自身取材を通じて長年お付き合いをさせていただき、直接経営者の顔がよく見えている企業集団である。掲載企業の８割にはＫＣＲ総研主催の株式講演会＆企業ＩＲフェアへの参加や当社投資情報番組「ＩＲチャンネル」などにもご出演いただき、何らかの形でＫＣＲ総研の使命の一つである「企業ＩＲの普及」に協力していただいた。ＫＣＲ総研の「ＩＲチャンネル」は、２００５年10月2日スタートの投資情報番組であり、当初ラジオたんぱ（現ラジオＮＩＫＫＥＩ）で放送されたが、２０１２年からは、経営者の人となりと企業の進化を多くの投資家により理解してもらうため、「ＩＲチャンネル」をYouTubeで無料配信することにした。前述したように「金田一ＩＲチャンネル」と検索してもらえれば過去の放送内容も全て残してあるので、「中三学割投資法」の考え方に基づき、私がどのような企業を推奨してきたのかを知る良い手掛かりを得ることができるだろう。ちなみに「ＩＲチャンネル／IR Channel」は、ＫＣＲ総研によって商標登録されている。

私は、「中三学割投資法」の対象銘柄の研究と検証を行うなかで、著しい株価パフォーマンスを上げた企業に何らかの共通事項があるのではないかと思い、約2年の歳月をかけ

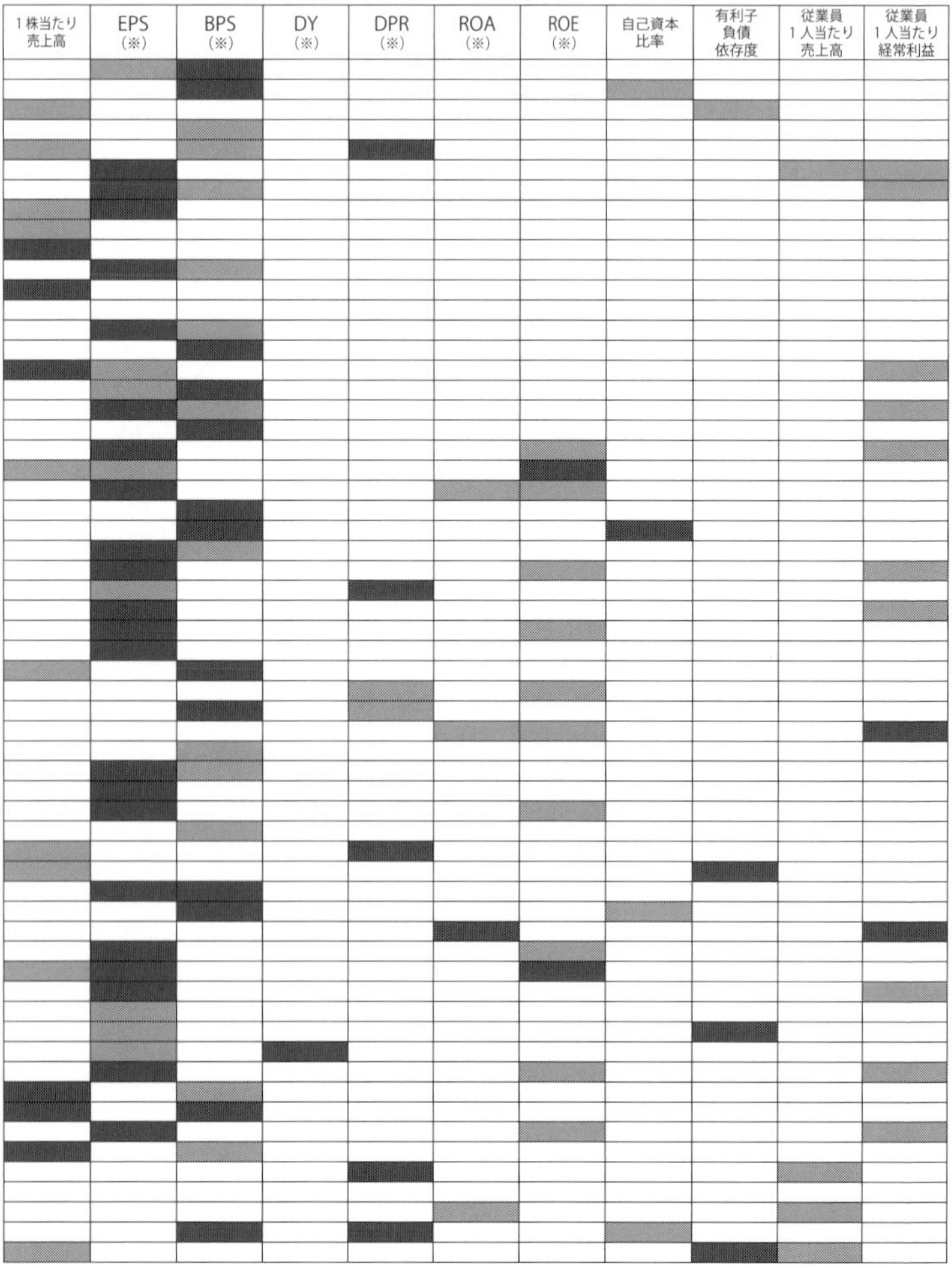
1株当たり売上高
EPS（※）
BPS（※）
DY（※）
DPR（※）
ROA（※）
ROE（※）
自己資本比率
有利子負債依存度
従業員1人当たり売上高
従業員1人当たり経常利益

出典：ＫＣＲ総研

図表4-1　レジェンド特選60銘柄定量分析結果

	企業名（発表順）	証券コード	推奨時株価から高値までの倍数	高値までの年数	経常利益	総資本	有利子負債	従業員数	DPS（※）
1	プラネット	2391	6	8.9					
2	ワッツ	2735	12	8.5					
3	ベルグアース	1383	2	3.3					
4	ドウシシャ	7483	4	9.4					
5	VT ホールディングス	7593	4	2.9					
6	TB グループ	6775	5	4.9					
7	EM システムズ	4820	8	12.5					
8	GMO グローバルサイン・ホールディングス	3788	6	9.1					
9	ライク	2462	3	11.5					
10	ユニバーサル園芸社	6061	3	2.7					
11	コタ	4923	13	12.1					
12	コロワイド	7616	6	6.0					
13	デリカフーズホールディングス	3392	3	11.7					
14	サックスバーホールディングス	9990	12	5.2					
15	トリドールホールディングス	3397	21	12.6					
16	フジックス	3600	2	6.9					
17	エーアイテイー	9381	14	8.6					
18	セリア	2782	71	7.0					
19	スターティアホールディングス	3393	13	1.7					
20	BEENOS	3328	15	2.1					
21	スクロール	8005	3	7.2					
22	クイック	4318	25	8.4					
23	FRONTEO	2158	72	4.0					
24	ティア	2485	3	6.4					
25	幼児活動研究会	2152	6	8.1					
26	パシフィックネット	3021	7	7.6					
27	MonotaRO	3064	215	10.7					
28	電算システム	3630	8	5.1					
29	テクマトリックス	3762	17	6.3					
30	ギガプライズ	3830	22	6.9					
31	アステリア	3853	5	5.6					
32	E ストアー	4304	3	5.1					
33	ウチダエスコ	4699	6	8.2					
34	FC ホールディングス	6542	5	4.7					
35	ITbook ホールディングス	1447	12	1.3					
36	ハウスコム	3275	8	6.1					
37	Cominix	3173	2	8.0					
38	泉州電業	9824	8	6.1					
39	ヒューマンホールディングス	2415	3	11.0					
40	エイジア	2352	9	4.9					
41	バリューHR	6078	3	2.3					
42	ウイン・パートナーズ	3183	6	6.6					
43	ディジタルメディアプロフェッショナル	3652	27	5.9					
44	高橋カーテンウォール工業	1994	8	6.5					
45	乃村工藝社	9716	8	6.3					
46	カワタ	6292	8	4.2					
47	ホソカワミクロン	6277	3	3.9					
48	クリーク・アンド・リバー社	4763	11	8.1					
49	ミロク情報サービス	9928	5	2.8					
50	KeePer 技研	6036	2	3.8					
51	ダイキアクシス	4245	4	3.6					
52	パイプドHD	3919	18	3.8					
53	IMV	7760	2	11.2					
54	キャリアバンク	4834	3	7.9					
55	ロングライフホールディング	4355	4	1.1					
56	東洋電機	6655	3	6.0					
57	サンフロンティア不動産	8934	10	1.3					
58	システム ディ	3804	4	3.6					
59	ジョルダン	3710	2	2.2					
60	ワコム	6727	7	1.8					

※レジェンド特選レポート発表年月（2019年4月～2020年3月、ベルグアース2020年7月30日、クリーク・アンド・リバー社2020年8月3日発表）
※DPS＝1株当たり配当、EPS＝1株当たり当期純利益、BPS＝1株当たり純資産、DY＝配当利回り、DPR＝配当性向、ROA＝総資本経常（税前）利益率、ROE＝株主資本当期純利益率

て企業選定を行い、推奨時からの業績の変化の共通事項を探した。また、選定した企業トップに取材を申し込み、改めて経営者インタビューを行うことで、特に経営者の人となりに焦点を当てて、共通事項を模索したのである。膨大な時間と手間を要したが、ようやく研究成果を発表する定量面、定性面のデータが出そろった。選出した企業群は、「レジェンド特選60銘柄」と名付け、「中三学割投資法」の投資対象として参考になるだけでなく、これからもなお、成長が期待される企業群と言える。KCR総研は、2020年でちょうど20周年を迎える。本書にて、これまでの研究の集大成としてここで発表をしたく思う。

将来、持続的に増配をしていく会社を探せ

KCR総研が初めて買い推奨格付レポートを発表してから高値まで、レジェンド特選60銘柄の株価パフォーマンスの平均は、約14倍である。最も値上がりしたのが、MonotaRO（3064）で推奨時から高値までの上昇率は、なんと約215倍、高値まで要した期間は、10・7年であった。MonotaROの瀬戸欣哉元取締役代表執行役社長（現取締役会長）には、

当社の勉強会にもゲスト出演いただき、当社投資情報番組「ＩＲチャンネル」でも対談させていただいた。工場用間接資材を主力にＥＣサイトを展開する会社であるが、社長自ら尼崎の大型物流倉庫を案内していただいたのをよく覚えている。ご存じの方も多いとは思うが、瀬戸氏は現在、住宅設備最大手のＬＩＸＩＬグループ（５９３８）の取締役代表執行役社長兼ＣＥＯとして采配を振るっている。ＬＩＸＩＬグループの騒動は、新聞、ＴＶを賑わせたが、瀬戸氏は元住友商事のサラリーマンで、同社鉄鋼畑を歩んでおり、鉄鋼第一事業企画部では、ｅコマースチーム長・マネージャーを務めていた。MonotaROの前身は海外企業との合弁会社、住商グレンジャーであり、いわば社内ベンチャー的に独立したのが瀬戸氏である。飾らない性格で、たしか当時乗っていた車もプリウスである。MonotaROは、私が初めて瀬戸氏とお会いしたときは売上高90億円程度であったが、12年後には１３００億円を超える会社に成長させた。これだけでも並大抵の経営手腕でないことが分かる。まさにプロ経営者といえるが、そこに目を付けたのがＬＩＸＩＬの潮田氏だったのだろう。まさか、ひと騒動起こるとは本人も思わなかっただろうが、瀬戸氏のプロとしての経営能力と性格を知る人であれば、どちらに軍配が上がるか自ずと分かっていたはずだ。

当時の株価で１００万円をMonotaROに投資して、10年程度持っていただけで約２億円になる。当社の勉強会には、２００８年３月に来ていただいたが、参加した個人投資家全員にMonotaROを購入する大チャンスがあったわけだ。当社のセミナーは推奨型であるから参加メンバーは購入を少なからずしたと思うが、それから10年黙って持っていることができただろうか。MonotaROは、「中三学割投資法」の基本を守ることがいかに資産形成に大切か分かる1社と言える。

さて、そのMonotaROであるが、推奨時は無配であった。ここがポイントである。図表4－1は、レジェンド特選60銘柄において、株価上昇に関係の深い指標を探るべく、それぞれ推奨時のものとレジェンド発表時のものを比較分析して、何が一番伸びれば株価が上昇するか、定量面から調べたものである。

株価上昇に関係がある指標として、経常利益、総資本、有利子負債、従業員数、1株当たり配当、1株当たり売上高、EPS（1株当たり当期純利益）、BPS（1株当たり純資産）、配当利回り、配当性向、ROA（総資本経常利益率）、ROE（株主資本当期純利益率）、自己資本比率、有利子負債依存度、従業員1人当たり売上高、従業員1人当たり経常利益の16項目を抽出した。各企業において、増加した上位4つまでの指標を選び、1、2位を黒で3、4位を灰色で示してある。

この結果、株価上昇と最も関係が深かったのは、1株当たりの配当増加額であった。60社中37社（62％）が関係しており、EPSが2番目で60社中30社（50％）であった。これは事前の予想を覆すもので、ＥＰＳが伸びれば株価が上がるのは間違いないが、業績向上以前に企業が株主に対して、持続的な配当増加を意識して経営しているかどうかが株価に最も影響する指標と言えることになる。経営者は業績を上げることが仕事であるが、株価を意識した場合、中長期的に意図的に持続的配当を増加させていくことが最も効果的な方法であることを知るべきであろう。また、投資家も、投資する企業が将来持続的に配当を増加していくかどうか見極めることが肝要と言える。我が国で最も連続増配を実施しているのは、花王（４４５２）であるが、２０２０年12月期で連続配当31期を見込んでいる。10年以上連続増配をしている企業の株価が堅調であることはよく知られている。配当には経営者の思い入れが深く刻まれている場合が多い。「中三学割投資法」においては、花王とまではいかなくとも、とにかく中長期的に配当額を増額させていくと思われる中小型銘柄を探すべきである。

その点で、MonotaRO の無配は参考になる。つまり将来、株価が大きく上がる会社とは、現在無配の会社も大きな対象となるということである。要は、なぜ無配なのか。当時のMonotaRO の場合は、「投資優先で株主還元は後」と前向きな無配であるが、いつまで無配を続けるのか？　将来、増配していくつもりはあるのかを知ることが重要と言える。概して、銘柄選択において現在の配当利回りの高さや配当性向などは、あまり関係がないと言える。むしろ、これから中長期的に増配をしていく強い意志を持つ経営者、企業を探すことが大切ということができる。

ROEやROAの高さに目を奪われるな！

レジェンド特選60銘柄による分析結果でもう一つ興味深いことが分かった。ROA（総資本経常（税前）利益率）やROE（株主資本当期純利益率）の増加が、あまり株価の上昇とは関係がないということである。ROEやROAは、投資家にとって重要な指標で知られる。中期経営計画などで目標ROEやROAを示す企業も多い。一般的に、株価と関係の深い指標に思われているが、短期的な指標と見るべきで、中長期にわたる株価の上昇のベンチマークとしては、相関関係は薄いと言える。調査結果では、ROEは60社中12社で20%、ROAは、60社中4社で7%となっている。

配当増加額やEPSに続いて、株価上昇と深い関係があると思われるのは、むしろ規模の増加である。次に続く指標として、BPS（1株当たり純資産）が、60社中25社と42%、総資本（総資産）が60社中24社と40％となっている。その後、経常利益37％、従業員数33％と続く。面白いのは有利子負債増加額で売上高と並んで、27％とＲＯＥよりも高い関与が認められた。

これは、株価上昇における企業成長というものを投資家がどのように捉えられているかを知るうえでも興味深い。察するに、Ｍ＆Ａによる成長というものを市場が高く評価していることは間違いないだろう。一般に、Ｍ＆Ａを戦略として組み入れる会社は、どうしても有利子負債額は増加する。Ｍ＆Ａ成長で有名な日本電産（６５９４）なども有利子負債依存度や負債比率は高めである。それでもなお株価が成長するのは、投資家がこの指標を是と認めているからであり、創業者の永守重信氏のカリスマ的経営能力と相まって同社の期待値が上昇しているからと考えられる。

無配や赤字の会社にも注目せよ！

株式投資をするにあたって、無配や赤字の会社を避ける投資家も多いであろう。確かに無配や赤字企業は、ボロ株も多いため注意が必要だ。しかし、まったくこれらの会社を無視するというのは達人視点を持つものとしては失格である。キラキラした会社を買うと結構痛い目に遭うことが多い。私は、「旬の銘柄は買うな」と再三言っている。株式投資で成功するためには、これから旬になる銘柄、これからキラキラ光るであろう銘柄を買わなくてはならない。

図表4－2は、KCR総研が買い推奨した株価から最高値まで10倍以上に伸びたレジェンド特選60銘柄の上位ランキング表である。驚いてはいけない。このうちの3社に1社が、推奨当時、無配か赤字であったのである。具体的にみていくと、MonotaRO（3064）が無配であったことは先述したが、株価が72倍に伸びた2位のFRONTEO（2158）は赤字かつ無配であった。FRONTEOは以前の社名をUBICといい、コンピュータフォレンジックサービスを本業としている。コンピュータフォレンジックサービスとは、何らかの訴訟問題へと発展したときに、パソコン内のハードディスクに保存されている電子データを必要な証拠として開示するために、特殊な技術を用いて抽出、精査、整理する訴訟支援サービスである。当時、訴訟大国の米国では、コンピュータフォレンジックサービスの業者が500社を超えていたが、日本でこのサービスを始めたのはFRONTEOのみ。しかし当時は、日本でこのビジネスモデルがなかなか理解してもらえず、時価総額

図表4-2　推奨後株価10倍以上に伸びた企業

	企業名	期間（年）	倍数
1	MonotaRO	10.7	215
2	FRONTEO	4.0	72
3	セリア	7.0	71
4	ディジタルメディアプロフェッショナル	5.9	27
5	クイック	8.4	25
6	ギガプライズ	6.9	22
7	トリドールホールディングス	12.6	21
8	パイプドHD	3.8	18
9	テクマトリックス	6.3	17
10	BEENOS	2.1	15
11	エーアイテイー	8.6	14
12	コタ	12.1	13
13	スターティアホールディングス	1.7	13
14	サックスバーホールディングス	5.2	12
15	ITbook ホールディングス	1.3	12
16	ワッツ	8.5	12
17	クリーク・アンド・リバー社	8.1	11

出典：ＫＣＲ総研

は上場廃止基準すれすれまで低迷するほど落ち込んでいた。しかし、このＦＲＯＮＴＥＯを一躍、有名にした事件が起こった。

トヨタ自動車の高級車「レクサス」のリコール問題を調査する米国下院公聴会である。このとき、米国下院公聴会で話す豊田章男代表取締役社長の目にはうっすら涙を浮かべているようにも見え、日本を代表する企業であるトヨタが責められる様子にショックを受けた人も多かった。公聴会ではレクサスリコール問題に関する証拠が求められた。証拠の多くが電子データである。しかし、米国で訴訟慣れしていない日本企業は、膨大な量の電子データを普段から証拠提出できるように整理していないのが実情であった。コンピュータフォレンジックサービスを手掛ける唯一の日本企業、ＦＲＯＮＴＥＯが一躍、脚光を浴びたのは言うまでもない。この事件を機に、日本の大企業を中心にＦＲＯＮＴＥＯのサービスの引き合いが増加した。ちなみにＦＲＯＮＴＥＯの創業者であり、代表取締役社長最高経営責任者守本正宏氏は海上自衛隊出身者であるが、ＦＲＯＮＴＥＯのことは当時一緒に仕事をしていた航空自衛隊出身の経営者から初めて知った。防衛大学校出身者にはユニークな経営者がいるものだなと感心したものである。ＦＲＯＮＴＥＯに関しては、企業の法務活動において、「転ばぬ先の杖が必要ですね」と「戦略予防法務」というコンセプトで推奨させてもらった。推奨値から高値まで72倍という結果を出すまでに要した期間は、たった4年。まさに「谷深ければ山高し」を地で証明した企業といえる。ＦＲＯＮＴＥＯは、２０１０年に推奨した会社であるが、投資理論として「中三学割投資法」を完成し、そのための投資判断レポートも全種類完成した年でもある。リーマンショック冷めやらぬ雰囲気のなかで２０１１年には東日本大震災も発生するなど、世相が決して明るいとはいえなかったが、「中三学割投資法」に則り、精力的に無配や赤字の企業も調査した。２０１２年1月5日付の日本経済新聞によると、新興東証マザーズとジャスダック市場における２０１１年の値上がり率トップは断トツＦＲＯＮＴＥＯ（２２０１・５４％上昇）であったが、3位のITbookホールディングス

（1447、当時サムシングホールディングス）が615・88％上昇し、12位にセリア（2782）が176・37％上昇とランクインした。KCR総研の推奨銘柄が軒並み上位に食い込んだため「中三学割投資法」にいよいよ自信を深めたのを覚えている。

改めて図表4－2を見てもらいたい。当時、MonotaRO、FRONTEO以下、クイック（4318）が赤字で無配、パイプドHD（3919）が無配、BEENOS（3328）が赤字で無配、ITbookホールディングスが赤字であった。実に株価が10倍に伸びた17社中6社が赤字・無配企業であり、上位5社以内では、実に3社が当てはまる。このように赤字・無配の会社は、驚きのパフォーマンスを見せる。株式投資においては、谷底深くに眠る企業にこそ宝があるということを知るべきであろう。

株は12年間を勝負の期間と考えるべし

KCR総研が初めて買い推奨格付けレポートを発表してから高値まで、レジェンド特選60銘柄の株価パフォーマンスの平均は、約14倍である。その間、平均で6・2年。最長で

12・6年、最短で1・1年である。1年から12年程度とは、随分開きがあるように思えるが、これは当社推奨タイミングによるものである。図表4－3は、レジェンド特選60銘柄において、推奨後、当該銘柄の最高値を達成するまでの期間を調査するために作成したものである。分かりやすくするため、70倍以上に上昇した上位3社は除いてある。株は、早く上がるに越したことはない。そのため、KCR総研もなるべく早く投資パフォーマンスが上がるようなテーマを探して、調査体制を組んでいる。グラフを見れば分かるように早いものは、2年も待たずして結果を出すものもある。しかし、これは当該企業の推奨タイミングが良かったからであろう。また、1年以下で最高値に達した銘柄はないことを知るべきである。買えば明日にでも気になるのが株であるが、「中三学割投資法」の場合、これと決めたら集中投資による仕込みだけでも半年や1年はかかる。ということは、あまり早く上がるのも困りものということになる。相手は中小型株なので、日々の出来高は少ない。集中投資をする時間を与えてもらわないことには資産形成につながらないからだ。

レジェンド特選60銘柄の場合、最初の山は2～4年の間に来る。ピークは6～8年の間が最も多い。その次が4～6年の間となっている。つまり、約7割が8年目までにピークを迎えており、8年目以降にピークを迎えたのが残り3割ということになる。しかし、10年程度待てばMonotaROのような企業もあるのだから、辛抱強く待ちたいところだ。「中

図表4-3　推奨後上昇株価倍率と達成年数

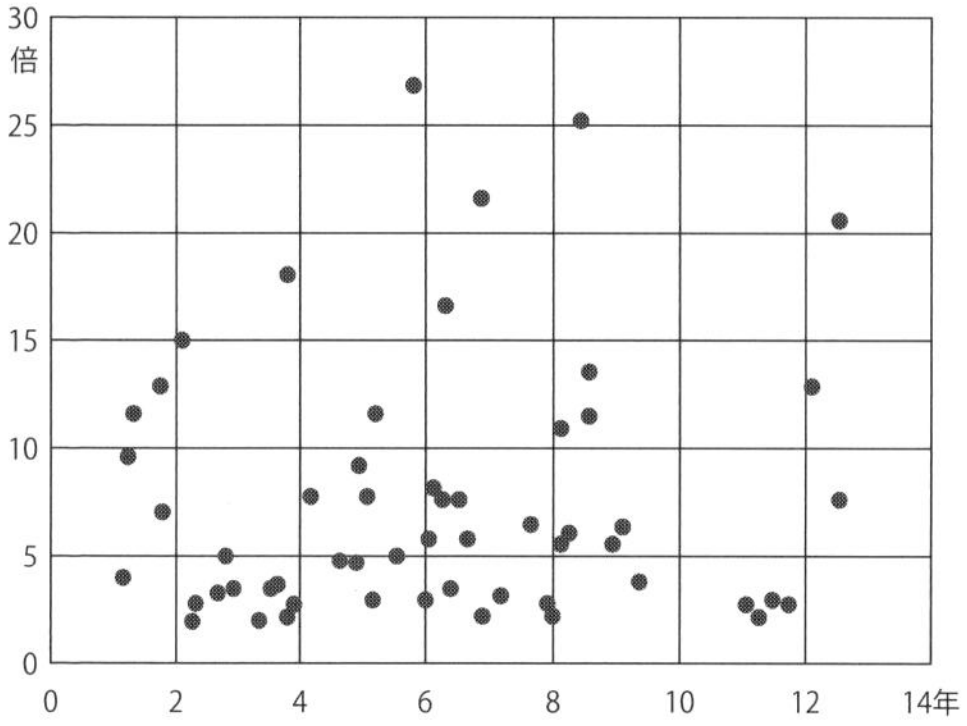

出典：ＫＣＲ総研

三学割投資法」は10年で数倍から10倍の利幅を指南するものであるが、これまでの経験則から、勝負の期間は12年間までと考えておいていいと思われる。現状、日本株の場合、12年以上持っても投資効率が悪いと言える。

最高値を迎える場合、何らかの材料から急騰することが多い。この急騰場面こそ、それまで仕込んだ株を売るチャンスである。出来高も急増するので売るのには困らない局面である。こうやって一旦売却し、投資コストを下げていくのが日本株での資産形成では重要である。このあたりは売買のテクニックともなるので、実践で腕を磨くしかないが、「出来高急増は売り」と頭の中に入れておいてほしい。

また、12年という期間は、値上がりを待つだけでなく高値掴みした銘柄を挽回するうえでも重要な期間と言える。ＥＭシステムズ（４８２０）という会社がある。調剤薬局向けのシステム開発でトップの企業であるが、この企業を初めて推奨したのが２００５年9月5日。調整後終値は91・２５円であったが、推奨後に急騰し、２００６年1月12日には５６３・７５円を付けるなど、たった4カ月ほどで一挙に6倍になった。しかし、その年の3月に同社は、公募売り出しを発表する。資金使途は、本社ビル建設のための土地購入の借入金返済がメインであった。当時、７００万株弱の発行済株式数であったが、市場流通株式数が一気に１５０万株も増加することもあって、その後株価は軟調となり、リーマンショック直後の２００８年10月には39・６３円の最安値を付けた。この間の高値からは、まさに約14分の１になったわけであり、私の推奨値からも約半分の水準にまで低迷した。まさに天国と地獄。株とはこういうものだということを努々《ゆめゆめ》覚えておかねばならない。しかし、ＥＭシステムズにとってこの本社ビル建設は必要不可欠のものであった。本社ビルは、ＡＳＰ（アプリケーションサービスプロバイダ）事業のインターネットデータセンターとコールセンター設置が主目的である。地域医療機関とも連携し、高度医療情報開発のモデル地域を創るという野心的な試みであった。同社の創業者であり現取締役最高顧問の國光浩三氏（当時は社長）に完成後の同社を見学させてもらったが、自社サーバー内に大量のレセプト情報が蓄積されており、まさにAIビッグデータ時代を予見した設備投資をしたと言える。2009年以降は、ストック型ビジネスモデルへと転換し、株価も徐々に見直され始める。そして、2017年6月7日に571円を付ける。2006年1月12日の高値を抜いた日である。この間約11・5年。株価は元に戻ったわけだ。同社株はその後さらに上昇し、2019年11月には最高値1093・5円を付けている。つまり12年間という期間があれば、たとえ最高値近辺で掴んだ銘柄でも、企業さえ間違っていなければ取り戻せるということになる。もっとも、達人視点を持つものならば、「中三学割投資法」に基づき同社の下落局面で分散購買をし、所有株数を増やし、投資コストを落とさなければならない。「集中して分散せよ」を地でいけば、同社株は、結局のところかなりの資産株になったことになる。

悪材料は買い、株は景気の悪いときにこそ買え

株は生き物である。企業が成長し続ける限り、株価は当然上昇するが、中長期的に企業業績が上昇トレンドを描くとしても、外部環境や内部環境に翻弄され、一直線に上昇する

ことはまずない。揺れ動く業績を予見して、株価は上がったり下がったりする。特に、大型株投資であれ、中小型株投資であれ、日本株で勝負する以上、この大きな波の動きは、頭に入れておかなくてはならない。

こうした環境の変化は、景気循環によるものと私は考えている。景気循環には、期間に応じて4つの波があることは広く知られている。超長期のコンドラチェフの波（約50年）、長期のクズネッツの波（約20年）、中期のジュグラーの波（約10年）、短期のキチンの波（約40カ月）である。キチンの波は在庫循環に着目されているとされ、ジュグラーの波は設備投資、クズネッツの波は建設投資、コンドラチェフの波は技術革新が背景にあるといわれている。超長期のコンドラチェフの波や長期のクズネッツの波は、あまりにも長期循環であるため、人の一生に照らした投資にすぐに役立つとは思えないが、コンドラチェフの波は2000年前半頃、クズネッツの波は2012年頃に底を打ったと考えられているので、超長期的に見て、現在、日本株が買い場であることは間違いなさそうである。

景気には山、谷があり、日本株である以上、どうしてもこの景気循環の影響は受ける。「中三学割投資法」において、こうしたマクロの動きを捉え、投資戦術に役立てるのは賢明なことである。とにかく株式投資は、谷の段階で仕込むのがベストである。谷を見極めるのはなかなか難しいが、景気の判断は、山がどこであったか先に教えてくれる。日本経済は、戦後第16循環の山を迎えたところであり、コロナ不況から下り坂に向かっているとされるが、次のサイクルを見据えた場合、ここから数年が資産を数倍にするための仕込み場ということになるのである。

「悪材料は買い」は、私の造語格言であるが、まさに然り。とにかく株は、環境の悪いときに買わなければならない。ある特定企業の不祥事などが出たときは、それは買い場のチャンスと考えなければならない。もっとも、企業によっては不祥事がきっかけで倒産に至ることもあるので、そこは、購買に至るまでに第3章で述べた達人視点等の一連の分析は必須であるが、チャンス到来と考えることは決して間違ってはいない。これは「中三学割投資法」において極めて大切な考え方で、「悪いときは買い、良いときは売り」と考えておいてよい。できれば、倒産しない限り、企業が最悪なときに集中投資によって十分仕込むぐらいの器量があれば、まずは達人視点の領域に入ったということができるだろう。

伸びる会社の共通点とは!?

いよいよ「中三学割投資法」の解説も佳境に入ってきた。ここでは、最後にレジェンド特選60銘柄を通しての定性面においての共通点を整理して解説するとともに、共通点をいくつかのファクターに分け、特長的な企業トップのインタビューを紹介し、なぜ私がこの会社を推奨したのか、当時のエピソードも交えながら進めていきたい。

投資で成功するためには、「株価ではなく会社を見る、経営トップの人となりを見る」とは再三本書で述べてきたことだが、会社を経営するのが人である以上、この原則は決して間違っていない。経営者の考え方、戦略一つで企業の将来は大きく変わる。かくいうKCR総研もIPOを考えたことがあった。2005年頃のことだ。当時、大卒の若手男子社員を7名採用し、一挙に事業拡大の勝負に出たことがあった。しかし、証券アナリスト業務は激務で、ある日、東京出張の際に電話で、有望だと思っていた若手3人が一度に辞めたいという連絡が入った。かなりショックだったが、今度は母校である関西学院大学の学生だけに絞り、その分を補ったが、これも2年ほどで1人を転勤させようとしたところ一緒に採用した社員と辞めてしまった。まさに社長失格である。思えば私は、社員に先生と呼ばせ、社長らしいことは何もしなかったように思える。自らがプレーヤーのため出張ばかりで、ほとんど会社にいないことも多かった。社員が去った後、残されたのは1億2000万円に上る借金だけであった。私は若手を育てるのを諦め、自分ができる本業のみに特化して事業を進める決意をした。「中三学割投資法」理論が完成したのもその頃である。幸い、それから9年ほどで借金も完済し、「中三学割投資法」のお陰で資産形成にも成功した。「中三学割投資法」は、私自身が成功体験を持つ一人なのである。

私は、自らが社長失格と烙印が押されたことをよく分かっているので、取材でお会いする経営者を本当にリスペクトしている。この点は、投資家の方々にも言っておきたい。投資家の皆さんが株で資産形成することができているのは、当該投資銘柄の経営者と従業員が知恵を絞り、日夜会社を成長させているからに他ならない。良い会社の株価が持続的に伸びるのは、良い経営をしている証である。投資家は、ファン株主として応援こそすれ批判などしてはいけない。どうしても我慢ならんというときは、売却すればよい。たとえ、それが損切りだとしても株はあくまでも自己責任である。自身の見立てが悪かったと考えなければならない。

さて、伸びる会社の共通点に話を戻そう。図表4－4は、レジェンド特選60銘柄の業種

図表4-4　レジェンド特選60銘柄業種割合

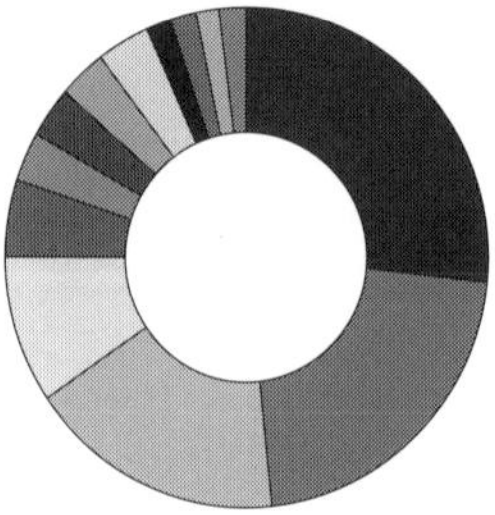

出典：ＫＣＲ総研

の割合を示したものである。随分と業種が絞られていることが分かるだろう。「中三学割投資法」で勝負する以上、重厚長大な業種はなるべく避け、中小型企業でも活躍できる業種が望ましいと言える。特にサービス業、情報・通信業、小売業、卸売業、電気機器で8割を超える。日本においては今後も、この5セクターに注目していく必要があるだろう。

中小型株においては、オーナー経営が多い。レジェンド特選60銘柄の推定オーナー持ち株比率を調べたところ平均は22・8％で、オーナーが10％以上保有している企業は45社と75％を占める。こう聞くとオーナー経営のほうがいいように思えるが、先述したMonotaROの瀬戸氏や後述するギガプライズの梁瀬氏のようにプロと言える経営者は、

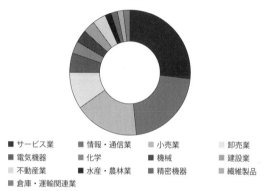

株価を大きく伸ばす傾向があるので、一概にそうとも言い切れない。また、オーナー経営者は第3章で述べたグッドウィルのように、突然豹変することもあるので注意が必要である。やはり、企業ＩＲなどを通して人物を見極めていかねばならない。

レジェンド特選60銘柄のうち推奨後、市場替えをしたのは22社である。全体の36％に当たる。東証1部など上の市場を目指す際、株価が上昇することが多いが、市場区分の変更が予定されているため参考程度にすべきであろう。中小型株の場合、地方の証券取引所に上場されている企業もあるが、こちらのほうが狙い目かもしれない。地方証券取引所から東証を目指す例は今後も続くと思われるからである。株主優待にも触れておきたい。株主優待は個人投資家に人気があるが、あくまでも「おまけ」と考えておかねばならない。レジェンド特選60銘柄で現在優待制度を導入している会社は、36社と6割に上る。しかし、購入するならば、むしろ優待制度を導入していない企業を探すべきであろう。なぜなら、優待制度導入は一つのプラス材料であり、内容如何では、株価上昇を促すことになるからだ。逆に、優待制度廃止はマイナス材料となる。株主優待を「おまけ」として楽しむ分はいいが、「おまけ」で資産形成はできないことを知っておきたい。

株式投資の本質が、究極のところ美人投票であることは間違いない。しかし、どの企業が美人かということにおいては、見極める時間が必要である。株価は毎日のように上げ下げするが、1年や2年で会社が大きく変わるわけではない。また、投資をするので、空売りなどから入る投機は、株価だけを見て会社を見ていない行為であるから厳に慎まなければならない。自分が分からないものや将来が読みにくいものは避ける。企業は、結局は人である。株は、好きな経営者や企業を応援して楽しみながら投資するのが良い。そのための独自情報を提供するシンクタンクとしてKCR総研も存在している。個別の企業情報は「達人視点の会」で勉強会を開催している他、「投資判断レポート」は、北浜キャピタル・アセット・マネジメントで提供している。株は、一人で粛々としても面白くない。独自の最新情報を用意しているので、是非とも参加してほしいと思う。

最後に、レジェンド特選60銘柄における定性面での共通点をまとめておく。今後の投資判断に役立つよう、チェック形式でまとめたので、企業と経営者の人となりを見る際に参考にしてほしい。

□ これからの市場を見据えているか
□ 成熟業界の成長企業か
□ M&A戦略を活用しているか
□ 国際化を目指しているか

□差別化された無形資産を持っているか
□外部環境の変化に機敏に対応できるか
□持続的連続増配を意識しているか
□業界にイノベーションを起こす会社か
□地方のキラリと光る会社か
□話が信用できるか、話がコロコロ変わらない経営者か
□有言実行の人間か
□プロ経営者か
□経営理念がしっかりして従業員を大切にしているか
□優秀なCFO、参謀がいるか
□オーナーと2代目がしっかり共存しているか
□ベンチャー精神を持っているか
□トップが財務に強く証券市場に精通しているか
□問題解決型の会社か
□投資家目線で持続的企業IR活動をしているか
□株価を意識しているか

これらのチェック20項目において10項目以上該当する会社は、定性面において、かなり有望と言える。無論、こうした定性情報の確かな取得は、継続的な取材によってのみ明らかになっていく。ＫＣＲ総研は、こうした情報を独自に分析して投資判断を行っている。

本書では、これらの共通する定性面において特長のある企業を８ブロックに分類し、これからも成長が期待される代表的な企業のトップ取材を23社紹介して結びとしたい。なぜ、これらの会社の株価が上昇し、これからも期待できるのか分かるはずである。

持続的連続増配が期待できる会社に投資をする

プラネット(2391) 代表取締役会長 玉生 弘昌氏

「国債買うならプラネット、売上が減らない驚異のビジネスモデル」

「国債買うならプラネット」とは、2009年4月のKCR総研提供のラジオ番組「IRチャンネル」で、私が口にした言葉である。プラネットの創業者である玉生弘昌会長(当時は社長)とはその頃、取材を通じて知り合った。最初の取材のときに玉生氏からランチに誘われ、帰るときに玄関先で、見送りに来ていただいた当時の経営企画部長に、「どうやら気に入られたみたいですね」と言われたのが印象に残っている。最初は、ピンとこなかったが、お付き合いしていくうちに人物をよく見定めていることが分かってきた。もっとも、私の仕事も経営者の将来ビジョンをお聞きし、その目標なりが達成可能かどうか人物像を見定めているわけだが、常に貴重な時間をどう使うか闘っている経営者が、その人物がお付き合いに値するかどうか、会社にとって有用な人物かを見定める眼力を備えることは極めて大切と言える。

この点、玉生氏は、学生時代から友人を大切にし、持ち前の好奇心で気に入った人物との交友関係を大切に育み、その人脈を経営に役立ててきたと言える。玉生氏は、埼玉県立浦和高校から早稲田大学政治経済学部に進学し、ライオン油脂株式会社（現在のライオン株式会社）に入社した。聞けば一介のサラリーマンだったというが、１９８５年電気通信事業法が施行され、民間に通信事業の参入が認められたのを機に「業界ＶＡＮ（付加価値通信網）運営会社」というビジネスモデルを考案し、ライオン社内で起業したのである。いわゆる社内ベンチャー企業であり、当時それを認めたライオンの先見性（当時は小林敦社長）もさることながら、こうした起業家精神は、MonotaRO の瀬戸氏などにも通じるところがあると言えよう。

プラネットの主要業務であるＥＤＩ（Electronic Data Interchange）とは一般に聞き慣れない言葉だが、要は受発注や出荷情報、請求書など企業間での各種取引情報を標準化して通信および伝送し、コンピュータで自動的に処理するシステムのことを言う。ライオンの所属する日用品雑貨化粧品業界は、当時メーカー各自で自前の専用端末を卸売会社に設置していたから、卸売会社にはメーカー別の端末がズラリと並び、各社の様式も様々で卸売会社の負担は大変なものだった。そこで、ライオンの他に資生堂やユニ・チャームなど大手メーカー企業8社が参画し、業界VAN運営会社プラネットが出来上がったのである。現在もプラネットの大株主に日用品・雑貨・化粧品業界の大企業が名を連ねているのはこのためだ。

「業界インフラとして売上が減らない会社をつくった」と玉生氏は言う。それもそのはず、日用品は1日だけでも歯ブラシ1本からものすごい数の商品が流通している。プラネットのシステムにもしものことがあれば、店頭に私たちが必要とする商品はすぐに並ばなくなってしまうのだ。2010年に最後の砦、業界トップの花王が参加し、名実ともに業界インフラとなった現在、約1400社の取引データを管理している。まさに業界から見れば、水道や電気と同じように生命線をプラネットに委ねたと言える。売上が減らないのは業界の取扱商品や取引量が年々増加していることに加え、ペットフードや介護業界など、システムを利用する業界と企業数が増えてきているからだ。売上高経常利益率は、2割を超え、参加企業への還元として、これまで9回も値下げをするなど、まさに驚異のビジネスモデルを築き上げたと言える。

「変えていくことが大切」と玉生氏は語る。流通問題に造詣が深く、一般社団法人流通問題研究協会会長を現任し、プラネットは常に我が国流通問題の最前線にいる。現在、社長職は1964年生まれの田上正勝氏に禅譲し、後継育成に力を注いでいる。田上氏も流通問題研究協会の理事を務める。日本の流通問題を解決していくことこそが創業時からのプラネットの使命なのである。プラネットは少しずつ成長する企業なので派手さはないが、小さい付加価値の積み重ねを続けることで確実に成長していく。また、自身が持つベンチャースピリッツから、流通問題を解決するベンチャー企業に積極投資をしている。なかでも全国のドラッグストア、スーパーマーケットなどのＰＯＳデータから消費者購買情報を統計化した日本最大級の標準データベースを有する「株式会社 True Data」の大株主であり、世界最大の調査会社ニールセンも出資する True Data の成長はプラネットの成長戦略の第二の転機となるかもしれない。

「株主に報いるのは増配」と言い切るプラネットは、連続増配企業としても知られる。実に日本の上場企業では連続増配ランキングでトップ5に入る企業であり、今後も連続増配は意識しているという。ＫＣＲ総研の研究では、連続増配と株価は高い相関関係があり、安全性もずば抜けて高いプラネットは、中長期保有にもってこいの銘柄である。安心して保有できて配当に加え値上がり益も見込める銘柄はめったに出会えない。私がラジオで「国債買うならプラネット」と「国債を買うつもりならプラネットに投資したほうが安全に何倍も資産を築ける」と薦めたのも頷けるというものだろう。

ちなみに玉生という名前は、珍しいが栃木県北部に玉生という地名があり、先祖は玉生城の殿様だった。豊臣側に仕え、関ヶ原の合戦以降、お家はお取り潰しになったというが、高いプライドとチャレンジ精神は脈々と受け継がれ、プラネットのＤＮＡとなっている。

玉生氏の父親、玉生道経氏は法務省勤務で退官後、絵画に没頭し、自由奔放な画風で第二の人生を楽しみ画家として生涯を終えた。プラネット本社には、道経氏の遺作の他数々の骨董、書画が展示されている。新進気鋭の若手の美術作品も多く展示されており、我が国流通問題だけでなく美術品にも造詣が深い。さすが殿様の家系である。

セリア（２７８２）　代表取締役社長　河合　映治氏

「業界初のＰＯＳシステム導入でイノベーションを起こす」

「いやあ、いよいよ令和元年になりましたね」。こう私が語りかけると「いや、違う。飽和元年ですよ」と、セリアの河合社長は、すぐにこう言い返してきた。「世の中のものは何でも飽和してきている。コンビニもドラッグストアも家電製品なども全て。もちろん、私たちの１００円ショップ業界も例外ではありません」。しかし、こうした環境がむしろチャンスだと自信をのぞかせた。セリアの代表取締役社長河合映治氏に会うのは久しぶりである。当社が、セリアに最初に注目したのは、２０１０年の年末のことである。このとき、現在社長である河合映治氏は常務取締役で経営企画室長を務めていた。この頃、私は100円ショップ業界に改めて注目し、今後、小売業の新業態としてどのような進化を見せるのかを考えていた。大阪にワッツ（2735）という上場会社があり、当社が2002年の上場時から、カバーリングしている会社がある。ワッツは、当初業界第5位であったが、すべて直営店舗による出店コストをかけない差別化戦略で、大手との競合を避け、小規模商圏でも出店可能という独自のビジネスモデルで成長をしており、現在は業界4位となっている。ワッツの平岡社長とも長いお付き合いになるが、ワッツの大手との競合を避けるというゲリラ的な戦略モデルに共感していた私は、2005年の記念すべき当社のラジオ番組「IRチャンネル」に第1号の企業ゲストとしてお招きし、注目企業として取り上げた。ワッツもレジェンド特選60銘柄の1社である。

しかし、その後、100円ショップ業界は、全国的な出店余地からワッツを含め業界規模こそ大きくなっていったものの、上場している会社の株価はさほど伸びない。業界トップのダイソーは未上場企業であるため、調べようがないが、特に業界第2位のセリアの株価もぱっとせず、これは、業界として企業IRが不足しているからと感じていた。つまり、100円ショップとしての小売業界における地位そのものが、コンビニやドラッグストアなどと比較して投資家から低く見られているとと考えたわけであり、業界4位のワッツだけが一生懸命、企業ＩＲをしていても限界がある。上位企業も戦略的に企業ＩＲをすべきという思いも込めて、最初の取材を申し込んだのである。

しかし、初めてお会いした河合社長（当時は常務）の口から出た言葉は意外なものであった。「当社は、ＰＯＳシステムを導入していきます」。私は、一瞬耳を疑ったほどである。なぜなら、１００円ショップはどこまでも１００円。１００円以上に値上げはできないのだから、まず需要と供給による価格戦略が取れない。また、全て１００円なのでレジ業務は商品点数を数えるだけでよく、ＰＯＳシステムを導入する費用対効果を考えると、あまりにも無駄な投資に思えたからである。実際に当時のセリアの業績は、売上高は７６０億円ほどであったが、利益率は４％程度で、業界他社と大きくは変わらないし、有利子負債依存度も25％程度あり、数十億円に上るシステム投資を行うには、あまりにも無謀と感じた。

しかし、河合社長には確かな勝算があった。当時の１００円ショップは、品揃えもさることながら、出店の成功は立地と店長裁量にあった。前職で大垣共立銀行審査部調査役として、同行独自の自動審査システムを作った実績を持つ河合社長は、銀行業務と１００円ショップの共通点を見出していた。銀行の主な収益源は貸出債権であり、その管理を適正に行うことで利益を創出できる。一方の１００円ショップの収益源は在庫であり、その価値と回転率を高めることで利益率を高めることは可能と気づいたのである。１００円ショップである以上、100円以上にはできないのだから、徹底的に経営効率化を進めることで他社だけではなく、他業界も圧倒する差別化を図ることができる。その発想が、業界初のPOSシステムと発注支援システムの導入につながったのである。

ところで、河合社長が開発した一連のシステムは、単なるPOSではないことを言っておかねばならない。セリアのシステムは「自律型仮説検証モデル」と呼ばれ、「刀は何度も叩くことで材質が変わるように、データも仮説と検証を繰り返すことで適正化されていく」という考えがベースとなっている。

例えば、猛暑日が続くと冷感商品などの需要が高まるが、供給を増やした途端に涼しくなると在庫がだぶつく可能性がある。「今日売れたものをそのまま発注するのは実は最もダメな戦略。必ず修正を加えなければならないが、何を指標にするのかが難しい」。そこで同氏が開発したのがSPIと呼ばれる独自のアルゴリズムであり、無限にある需要動向の組み合わせの最適化計算を繰り返し、最適な品揃えとオペレーションの簡素化を実現するものなのである。これにより、店舗オペレーションは端末の指示どおりに動けば品揃えも在庫も最適化されるため、アルバイトスタッフで店舗を回すことも可能になった。他店の多くが店長の裁量で売上が左右されるのに対し、人件費の大幅な削減につながったのである。

写真３　経営トップを取材する筆者
右はセリアの河合映治社長

出典：ＫＣＲ総研

「死に筋商品をなくす」。ＰＯＳと聞くと売れ筋商品を発想しがちであるが、河合社長が狙っていたのは、店舗内でまったく売れない死に筋商品をなくすことであった。売れ筋商品は、店舗に品物がなくなってくるため、人間の目でも分かるが、ずっと滞留している在庫を人間の目が見つけるのは難しい。こうしたシステムによる徹底的なデータ経営は、売上成長もさることながら、利益率で他社と決定的な差をつけることになった。１００円ショップ業界では、経常利益率は、2～3％程度であるが、セリアは、10％程度と同業他社と4～5倍も開きがあるのである。しかも、この開きは他社がどんなに頑張ってもそうそう縮むことはない。今でこそ、１００円ショップ業界にもＰＯＳシステムは常識となったが、セリアのシステムは独自ノウハウの塊のようなもので、すでに一種のＡＩと化しているからだ。

「100円ショップは独占できるかもしれない」。河合社長は、これからの100円ショップ業界の未来をこう語る。国内市場での出店余地が飽和状態にある現状において、競争はもっと熾烈になる。しかし、日本国内において100円にこだわるのであれば、効率化できた企業が必ず生き残る。それがセリアだと言って憚《はばか》らない。確かに、最大手のダイソーは、海外展開や100円均一に、もはやこだわらない店づくりをしており、100円ショップとして、トップの背中もすでに見えているという。私は、初めてお会いしたときから、河合社長の戦略的な先見性と実行力にほとほと敬服している。河合社長は、同志社大学経済学部卒だが、大学時代は、証券研究会に属し、独自のトレードソフトを自前で制作するなどコンピュータ関係の造詣が深かった。その知識の積み重ねが、銀行時代のシステム開発、セリア最大の強みとなっている武器の構築につながっていることに疑いはない。河合社長は企業IRにも注力しており、トップメッセージは毎回自分で書いているという。さらに「株価は常に意識している」として、投資家目線を共有しており、「自分のなかで自信があるのに、株価が下がると逆に、励まされる」と言っている。配当に対する姿勢は大切にしており、「今後も配当の増配を続けていく」と明言する。連続増配を期待する投資家にとっては、目が離せない企業である。そんな河合社長との出会いからセリアの株価は最高終値で約70倍まで成長した。冒頭に掲げたレジェンド特選企業のなかでは

MonotaRO（3064）、FRONTEO（2158）に次いで3番目のハイパフォーマンスである。その間たった8年間。まさに「中三学割投資法」に最適の銘柄と言っていい。

余談だが、河合社長は、私のことを「福の神」と言ってくれる。「金田一さんが現れると株価が上がり出すんですよね」。数多く出会ったなかでも尊敬する指折りの経営者に直接、そう言ってもらえるのだからアナリスト冥利に尽きることこのうえない。

泉州電業（9824）　代表取締役社長　西村　元秀氏

「成熟業界でシェアを拡大する成長企業」

「まさに灯台下暮らし、大阪にこんな会社があったなんて……」これが、泉州電業取材後の最初の感想である。地下鉄江坂駅から程近くにある泉州電業は、2019年に70周年を迎えた老舗である。現代表取締役社長の西村元秀氏は、2代目になる。

泉州電業の商売は、平たく言えば電線屋である。電線を扱う総合商社であるから、その活躍は私たちの目に触れることは少ないかもしれないが、戦後からの日本の復興において、電線が全国電力会社の送電ケーブルに代表されるように、重要な社会インフラであることに異を唱える者はいないだろう。インターネット時代における現在も然り。無線の裏には有線がある。本格的ＩｏＴ（Internet of Things）時代を迎えるにあたって、これからも電線商社の果たす役割は大きい。

泉州電業はただ電線を右から左に流す商社ではない。独立系として独自のネットワークとアイテムを揃え、20万種類もある電線のなかから、常時豊富な在庫を持って、ジャストインタイムで届ける他、他社にはないオリジナル商品の販売、ケーブルアッセンブリなどきめ細かいサービス力でシェアを拡大している会社である。その守備範囲は、ＦＡ・機器・通信・電力・光ファイバーなど幅広く、近年ではローカルの太陽光発電の商材を大きく伸ばし、利益率を大きく改善した。「環境分野において、日本はまだまだ遅れている。今後は太陽光や風力、バイオマス発電が出てくる。そのあたりも関わりを増やしていく必要を感じている」と西村社長は語る。環境分野においての並々ならぬ意欲を感じるというものだ。

また近年、西村社長が注力したのが、Ｍ＆Ａである。この業界の顧客層をさらに横に広げる戦略として、半導体業界に食い込んだ他、自動車製造ラインの電気系統。果ては、ＮＴＴグループの通信建設会社をターゲットにしている専門商社も買収し、周辺領域を積極的に拡大しているのである。

同社の成長だけを見ていると業界全体が成長しているように見えるが、電力ケーブルだけを扱う電線商社は、徐々に大手電線メーカーの完全支配下になっていく時代である。こうした成熟業界とも言えるなかにあって成長する泉州電業。一見、成熟と思える業界においても果敢にチャレンジし続ける企業があるものなのである。こうした企業を見つけることは「中三学割投資法」の成功にとって極めて大切なことだ。70年も続く老舗である。これまでに危機がなかったわけではない。１９７０年代に泉州電業に内部統制上の問題が発生した。このとき、個人商店の弱みである管理部門の強化のため、当時の仕入れ先であった電線大手の昭和電線（現昭和電線ホールディングス）から出資を受けると同時に、管理部門の役員を招聘《しょうへい》した。先代の強いリーダーシップの下で内部体制の指導を受け、近代的にしていこうと方向転換して以降、泉州電業は変わっていき、株式公開への契機になったと西村社長は言う。こうした危機的な状況を克服した企業は強いということも投資家は知っておくべきであろう。

ちなみに同社を知るきっかけになったのは、昭和電線からの歴代招聘役員の一人である、宮石忍元専務取締役との出会いにあった。この宮石氏と現社長の西村氏は同時期に泉州電業の役員になったという。西村社長は岡三証券出身で、現地法人社長などで活躍後、１９９５年に2代目として泉州電業に入る。すでに１９９１年に大証新2部に上場しており、電線総合商社として更なる成長が求められているときであった。２０００年に社長に就任してからは着実に事業を拡大し、その後２００２年に東証2部、２０１７年に1部昇格へと進んでいく。こうした経緯から、西村社長も宮石元専務も企業IRの大切さは心得ていて、2012年の夏に私の「IRチャンネル」にご出演いただいた。泉州電業は、第3回2012年度KCRアナリストレポートランキングで達人視点部門第1位になった会社である。初回の推奨レポートから6年ほどで約8倍に上昇したが、環境・エネルギー・IoT・災害復旧や海外展開など、まだまだ伸びしろは大きい。

新事業にも積極的に取り組んでいる。その一つである農業分野においては、「アビルヒーター」という新商品を開発した。新発熱体により、ビニールハウスの土を直接温めることによってエネルギーコストの大幅削減ができるシステムで、専用施設で3年の研究を経て、いよいよ本格的に乗り出す構えだ。また、オリジナルカタログ事業「@スカイ（アットスカイ）」では、値段変動の大きい商品を扱うことからカタログに値段を入れないというユニークな発想と景気に左右されない在庫率の高さによって、顧客から絶大な信頼を得ている。

創業の精神である企業理念は、「新しい価値を創造して　能力を発揮し　社業の発展に努め　社会に貢献するとともに　株主に報い　社員の福利厚生を図る」である。連続増配も常に意識をしており、自社株買いも含めて株主のことは常に気にかけている。投資家として価値観を共有するにはもってこいの会社と言える。

M&Aで飛躍的成長を目指す会社は魅力的である

コロワイド（7616）　代表取締役社長　野尻　公平氏

「外食業界の風雲児、成長の先頭を走り続ける」

「これから大手レストランチェーン店を買収していきます」。初対面でこう切り出したのは、コロワイド代表取締役社長の野尻公平氏である。当時は、専務取締役だった。折しも大手レストランチェーン店の「すかいらーく」がファンド傘下ですったもんだしていた時期だけに内心ドキリとした。すかいらーく買収こそならなかったが、その後、同社のM&A戦略は急加速していく。同氏が社長に就いた2011年当時、コロワイドは甘太郎の居酒屋業態を中心に、すでに1000億円を超える会社になっていたが、特殊な例を除き、単一業態では、国内市場1000億円が限界点であるということも、野尻氏と取材を通じて学んだことだ。日本の外食は、あまりにも中小個店が多いのが特徴だ。そのなかの、志高き猛者が、ある業態でチェーン店化に乗り出す。中華もあれば洋食、和食もあり、ステーキ専門店や寿司、ラーメン、スパゲッティーの専門店などなど、業態やオペレーションは様々だが、各店が日夜、鎬《しのぎ》を削っているのが外食業界なのである。無論、チェーン店化を成功させるのは容易ではない。出発が人気店でなければならないことは言うまでもないが、最初の10店舗目ぐらいまでが大変だろう。外食は、フードレイバーコストが決め手というように、オペレーションは労務費と食材費との闘い、立地が成功の80％を決めるともいわれており、競合他店を考慮した立地戦略に加え店舗増加のための資金調達など、巨大化するにしたがい、およそ「食」とは関係のないところの要素が増えていく。5～10店舗ぐらいまで増やして資金繰りに行き詰まり、倒産することは決して珍しくないこの業界で「所詮、その程度の経営者だった」とは、かつて知り合いの銀行融資担当者が去り行く敗者に対して吐き捨てるように言っていた言葉だ。

国内外食産業25兆円の市場において、レストラン業は約12兆5０００億円といわれるなか、「さらなる飛躍のためにはレストラン業態への大型M＆Aが必要」と訴える野尻氏の目は光り輝いていた。その後、実際に牛角のレインズインターナショナル、かっぱ寿司のカッパ・クリエイトなど4社を傘下に入れている。さらにレインズを買収した頃からコロワイドのお家芸でもある地域を絞って集中出店する〝ドミナント戦略〟にさらに力を入れている。都市部の飲食店ビルを一棟借りし、異なる業態の店舗を集めて多様な顧客ニーズを満たしていく。この多業態ドミナント戦略とM&Aを掛け合わせて総合外食チェーンとしての存在感を増していった。

「スケールメリットの追求と歩留まりの向上を発揮するためには最低でも１０００億円または１０００店舗が必要」というように、コロワイドの規模拡大のメリットは経営の効率化にある。同社の場合、再生させた子会社アトムだけでも約９００億円の含み益がある。コロワイドの強さの秘訣は意欲的なM&Aによるスケールメリットの拡大と、エリアを絞ったドミナント戦略によるマーチャンダイジングの相乗効果により、効率的に稼ぐビジネスモデルが確立している点と言える。加えて「非競争戦略も重要」と考えているとおり、居酒屋「甘太郎」は客単価３０００円と高めに設定することで他店との差別化を図り、競争を回避することができた。

「これからが本当の飛躍であり、成長期に入る」。野尻氏はそう強調すると同時に「外食産業は真の意味での産業化が必要」と付け加える。〝真の意味での産業化〟とはどういう意味だろうか。

外食チェーンは年商50億円から５００億円規模の豪族企業が多い。野尻氏の見立てでは、「こうした中堅規模の外食チェーンは単独の生き残りは厳しい」と話す。人手不足、資本不足、仕入れ価格の高さなどが原因だ。特に、規模の経済を発揮できるコロワイドのような大手外食チェーンと比較すると、中堅企業は仕入れ価格などのコスト面において劣勢に立たざるを得ないだろう。

そこでコロワイドは今後の成長戦略として、「ＩＴ化やキャッシュレス化、省力化を武器に業界再編を起こし、国内シェアを切り取り寡占化に挑む」と話す。同社は居酒屋の業態から外食産業に入ったことから他業態との親和性が高く、アイテム数が多い。「これからの外食産業はシステムとシステムの戦いになる」と断言するように、今後同社はオーダーから決済までの自動化を視野に徹底的な効率化を目指していく。つまり、ＩＴ活用による効率化、省力化こそが同氏の言う〝真の意味での産業化〟であり、今後コロワイドは新たな産業化への挑戦でさらなる飛躍を貪欲に求めていくことになる。

同時に国内だけでなく、海外展開も加速させていく。「世界的に見ても日本食が一番人気と考えており、外食日本一の企業を実現し、アメリカおよびインドネシア、ベトナムなど東南アジアを中心にグローバルな外食産業を目指す」と同氏。加えて「従来の再生型Ｍ＆Ａだけでなく、再編型Ｍ＆Ａを積極的に仕掛ける他、フレッシュネスバーガーによるファーストフード業態からの若年層の取り込みや病院や福祉施設での採用が広がる給食事業にも挑戦する」と意欲的だ。こうしたなか、外食業界で大戸屋への敵対的Ｍ＆Ａを初めて成功させた。まさに再編再生型Ｍ＆Ａの実現である。これからの時代、大戸屋のようなと言える。

中堅規模の外食企業は、何らかの形で大手の傘下に入る証明をコロワイド自ら成し遂げたと言える。

ところで、トリドールホールディングス（３３９７）というセルフ式うどんチェーン店「丸亀製麺」を成功させた創業者であり、現社長である粟田貴也氏という経営者がいる。当社が２００６年春頃に大推奨した会社であり、レジェンド特選60銘柄にもランクインされ、「ＩＲチャンネル」にも頻繁に登場していただいたが、当時の売上高は50億円強の会社であった。アグレッシブな性格の方で「ＩＲは社長の仕事」と公言していた粟田氏だが、チェーン化する業態として「うどん」に目を付け、その後およそ14年で１５００億円を超える外食企業に育て上げた。しかし、破竹の勢いをもつ同社も、現在海外比率は20％超。先述した単一業態国内１０００億円が限界という言葉が真実味を帯びている。当時、私は粟田氏に城山三郎氏著『外食王の飢え』という本をプレゼントした。粟田氏は、その日のうちに山手線内を３周して読破したという。外食王の期待を込めてプレゼントしたのだが、今やコロワイド同様に目が離せない経営者になったと言える。再編型Ｍ＆Ａに挑むコロワイドに比して、粟田氏が今後どのような戦略でシェアを伸ばすのか実に興味深い。

たまに他の大手外食企業と比較してコロワイド財務体質を指摘する論調も見受けるが、Ｍ＆Ａを成長戦略の目玉に掲げている以上、ある程度の利益率の低下や有利子負債が増加することなどは仕方がないことである。日本を代表する外食企業であるゼンショーホールディングス、すかいらーく、日本マクドナルドホールディングスと同社を比較した場合、ここ10年間での売上高成長率はコロワイドが断トツトップなのである。M&Aを成長戦略に掲げる成長企業とは、いかに戦略的にM&Aを実践していくかということであり、投資家にはそのM&Aが当該企業にとって双方プラスに働くかどうかを判断する目が求められる。その点、こうした批評をする人たちはこれからの外食業界をよく理解したうえで判断をしなければならない。近年の成長性、規模の拡大からいえば、コロワイドはトップを走るまさに台風の目なのである。

外食産業を知り尽くしている男「野尻公平」、私の目にはそう映るが「ただの普通の人間」と野尻氏は言う。30歳のときに、現代表取締役会長で創業者の蔵人金男氏の面接を受けて株式会社コロワイドに入社した。当時のコロワイドは神奈川県藤沢市に本社を置き、手作り居酒屋「甘太郎」のチェーン展開を本格化させていた時期と重なる。利益を新店舗開発に再投資するとともに、出店エリアにセントラルキッチンを設けて食材の商品開発から調達加工まで一貫して行うマーチャンダイジングを志向し、波に乗っていた。野尻氏が入社した当時の年商は20億円程度で、甘太郎他27店舗目をちょうど出店したところだった。そんなタイミングでコロワイドに入った野尻氏は「感謝の気持ちを忘れずに」をモットーにただ無心で働き、自らを切り拓いてきた。「責任感と一生懸命さがあれば出世できるのが当社」と話す同氏。入社以来、管理畑を歩むが、外食に関してはあらゆる業態を勉強し、気になる店の問題点や改善点を見出して自社店舗の運営に活かしてきた。社名のコロワイド（ＣＯＬＯＷＩＤＥ）には「勇気」（Courage）、「愛」（Love）、「知恵」（Wisdom）、「決断」（Decision）という意味がある。「Ｍ＆Ａ戦略に資金が必要なために配当は安定配当で株主には成長性で報いていきたい」とする考えで、「当面、売上高５０００億円にはもっていきたい」と目標を口にする。「外食業界も今はおいしいのは当たり前で、どう売るかが大切になってきている」と話す同氏。今後のさらなる経営手腕に注目したい。

ＶＴホールディングス（７５９３）　代表取締役社長　高橋　一穂氏

「ディーラーを超えるディーラーを目指す成長企業」

「当社が上場したのはＭ＆Ａのためです」。こう言い切るのは創業者であり、現社長である高橋一穂氏である。成長戦略にＭ＆Ａを掲げる企業は魅力的であるであることは先述した。しかし、成長戦略としてＭ＆Ａのために上場したという会社を私は同社以外に聞いたことがない。高橋社長の言葉どおり、１９９８年上場以降は積極的Ｍ＆Ａで業容を拡大しており、これまでに上場直前期と比較して、売上高は約30倍、経常利益は31倍を達成している。

同社はもともと、ホンダ系ディーラーとして初の上場であり、ホンダ系の最後のディーラー店であった。愛知日野自動車のトップ営業マンだった高橋社長が独立したのは25歳。5年10カ月のサラリーマン生活に終止符を打ち、中古車ブローカー（店舗を持たない販売）として2年間営業し、その後中古車販売店を買収。中古車販売業は順調に伸長したが、メーカーと直接取引を行う自動車ディーラーとは業界のポジショニングが決定的に違う。高橋社長はディーラー取得にこだわった。

その後、1983年にVTホールディングスの前身となる株式会社ホンダベルノ東海を設立。審査に1年も要したそうだが、最後のベルノ店として念願のディーラー業をスタートすることになった。「同業者としては最年少で、成長志向だった」と振り返る高橋社長。プレリュード1車種のみで厳しかったが、東海地区の決して恵まれているとはいえない知多半島と半田で精力的に展開した。

日本のディーラー業は、一般的にメーカー主導で販売地域が決められており、地域における同車種間の競争はない分、成長の余地は極めて限定的だ。「まともに戦うだけでは生き残れない」。後発の弱点を補い、厳しい競争を勝ち抜くために高橋社長がたどり着いた拡大戦略――それは成長のための ビジネスモデルの一つでもある「M&A」だった。

ただしM&Aには資金が必要である。そこで手段として選択したのが上場だ。信用力や資金を得るために1998年9月に名証2部に上場。「VTホールディングスの歴史はM&Aの歴史」といっても過言ではない。名証2部上場後、直ちにM&Aを開始。2000年には取引機会を増やすためにナスダック・ジャパンの1号銘柄にもなるなど環境を整え、以降も毎年のようにM&Aを繰り返し、現在までの成長を成し遂げたのだった。ちなみにこのときのナスダック・ジャパンの上場申請の同期には、愛知を地盤とするスギ薬局（7649、現スギホールディングス）やドン・キホーテ（7532、現パン・パシフィック・インターナショナルホールディングス）など8社。当社レジェンド特選60銘柄では映像やマルチメディアなどのコンテンツ製作活動の管理・運営をプロデュースするクリーク・アンド・リバー社（4763）も含まれている。こうした新市場に果敢に挑戦する経営者は成長に貪欲であることを記憶しておきたい。

上場企業と中小企業の違いは、資本力であり信用力である。自らの株式を上場するメリットは、当該企業の企業価値を明確にし、最大化することによって、スピード感を持ってM&Aに対する判断力を高めることでもある。実際、VTホールディングスの場合、M&Aまでの決断は早い。また、そのための資金も常に用意されている。

無論、やみくもにＭ＆Ａしているわけではない。同社は、Ｍ＆Ａのターゲットを自動車販売と周辺業界に絞り込んでいる。高橋社長は、無類の車好きであり、自動車販売業界を知り尽くしている人物と言える。そのため、決断後の買収先の収益化もスピーディーである。その象徴ともいうべき事例が、２０12年4月2日に子会社化した日産サティオ埼玉であろう。同社グループの傘下入りをする前は、事業再生ＡＤＲ（裁判外紛争解決手続）にまで陥っていた企業をＭ＆Ａによってグループ化した後は、同社グループのノウハウで収益改善し、わずか半年足らずで日産系トップディーラーに仕立て上げているのである。

日産サティオ埼玉のケースでは、私もそのＭ＆Ａによるスピード改善の秘密を探ろうと当社情報番組「ＩＲチャンネル」で直接現地に赴き、インタビューも実施したが、立て直しのために送り込んだのは社長ただ一人。従業員は誰一人も解雇せず、給料も下げない。コストダウンはせずに、むしろ広告宣伝費を上げて来店率を高めることにより、大きな収益を出すというシンプルなモデルは、簡単なようで、そうそう真似ができるものではないと率直に感じたのを覚えている。同社資料によれば、子会社化前の日産サティオ埼玉の売上高経常利益率は、マイナス0・4％だったものが、買収立て直し後、日産自動車ディーラーランキングでは、10・76％と大幅に改善し、全国2位に急浮上したのである。

このように短期間に、スピーディーにＭ＆Ａを実施した企業の収益性を向上させるノウハウには素直に驚くしかないが、その背景にはＶＴ方式と呼ばれる自動車ディーラーとして最高水準の利益率を誇る経営ノウハウ、営業ノウハウがある。もともと、同社グループは自動車ディーラーでありながら、新車販売に依存していない。この点において、同社のディーラーとしての卓越性を図る尺度として、基盤収益カバー率という指標がある。基盤収益カバー率とは、新車以外の粗利益÷販管費で示され、新車以外の部門の利益で販管費をどの程度カバーできるかを表す指標であり、１００％を超えれば、新車が売れなくても赤字にならないことを示しており、同社が最重視している指標である。この指標は、ディーラー業務とは、単なる自動車を販売することだけがディーラーの仕事ではないことを端的に示していると言えよう。同社グループでは、新車販売に関しては値引きを抑制し、むしろオプション用品を含め、お買い得感のあるパッケージを提案し、ワンプライス戦略を進めることによって単に新車を販売する以上の付加価値を見出しているのである。

同社収益の約40％は、サービス部門が占めている。サービス収益の向上は同社グループの収益性向上における要であり、メンテナンスを行うサービスマンも営業マンという考え方を取り入れ、敏腕営業マンでなくても誰もが売れるシステムとマニュアルを完成させているのである。サービス収益の向上は、新車販売台数ではなく保有台数を収益源とするストックビジネスモデルであるため、同社グループの取扱い台数を増加させれば増加させるほど収益率が向上する仕組みとなっている。日本の自動車登録台数は少子高齢化を背景に新車・中古車とも減少傾向にあるが、全国乗用車保有台数は車両保有年数が長くなったことなどを理由に増加している。保有台数が伸びる以上、同社のストックビジネスは着実に伸長していく。

また、電気自動車や水素自動車など、メーカーサイドの技術革新は、メーカーにとっては死活問題であり企業の変革を大きく促すが、小売サイドである自動車ディーラーの役割は今後も変わらない。ＭａａＳ（Mobility as a Service：サービスとしての移動）時代の布石としても、シェアリングサービスの核ともなる国内第6位の「Ｊネットレンタカー」ブランドでレンタカー事業に注力している。傘下の上場企業としては、中古車輸出事業を担うトラスト（３３４７）の他、住宅関連事業のエムジーホーム（８８９１）、レジェンド企業60の1社であるカーコーティング事業を展開するKeePer技研（６０３６）も持分法適用関連会社となった。

現在、Ｍ＆Ａによる成長戦略は、国内に留まらず海外も積極展開しており、今や全車種を取り扱うことができるグローバル企業へと変貌を遂げつつある。国内収益力№１を達成した同社が向かう先は、海外のグローバル企業が相手である。例えば米国市場のオートネーション（ＡＮ）の場合、売上高は、約2兆円でＶＴホールディングスの約10倍ある。時価総額も約10倍の開きがあり、まだまだ成長の余地は大きい。

ところで名古屋は、東京と大阪の中間にあり、「名古屋飛ばし」なる言葉もあるくらいだが、同社のように日本一、世界一を目指すユニークな会社が実に多いので、要注目の地域である。世界のトヨタも東海地域であることを忘れてはいけない。特にここで注記しておきたいのが、名古屋証券取引所の存在である。今や、地方証券取引所は、札幌、名古屋、福岡を残すのみとなったが、東京一極集中が進むなかで上場の登竜門として、地方証券取引所の果たす役割は実に大きいと考える。特に名古屋証券取引所が開催する「名証ＩＲエキスポ」は、証券アナリストが企業を直接取材する出会いの場を提供しており、私は第1回目から、ほとんどかかさず参加してきた。結果、非常に多くの優良企業を取材する機会を頂き、労せずして調査することができたのである。

レジェンド特選60銘柄のなかでも、ＶＴホールディングス（７５９３）の高橋社長を筆頭に、感動葬儀をモットーとするティア（２４８５）の冨安社長、収納代行のパイオニアであり、決済ビジネスを手掛ける電算システム（３６３０）の宮地会長、田中社長、エレベータ開閉用ドアセンサートップの東洋電機（６６５５）の松尾社長などの出会いも全て名証のイベントがきっかけとなった。これからも地方証券取引所は、それぞれのオリジナリティを発揮して、地域の活性化のためにも独自の上場企業支援を続けてほしいと思う。

ＶＴホールディングスの高橋社長のユニークな発想と戦略的構想に共感した私は、名古屋に足繁く通うようになった。また、ＶＴホールディングスの関連会社となった、KeePer技研（６０３６）の谷会長（当時は社長）も高橋社長から面白い会社があるから行ってみたらとの一言がきっかけであった。KeePer技研は、自社開発のカーコーティング用ケミカル製品等の開発・製造、販売を手掛ける会社であるが、全国に「KeePer LABO」直営店舗を積極展開する他、アフターマーケットとして「専門店」「ガソリンスタンド」等での施工も当たり前の商品になってきているほど技術、施工サービスは優れていると感じる。そんな私自身の愛車も贔屓目なしに毎年、「KeePer LABO」のお世話になっている。そんなKeePer技研にも足繁く通ったが、ある日、KeePer技研の本社前で車にはねられてしまった。生まれて初めてのことである。幸い、相手の車にとっさに肘鉄をかまし、転げたため、大けがをせずに済んだが、右足をひかれ1年間通院するはめになった。このときほど、空手をやっていて良かったと思ったことはない。KeePer技研の谷会長にも「不死身ですね」と言われ、苦笑いをした。救急車で運ばれた病院も知多半島西の大きな総合病院だった。あらゆる意味で車関係の思いが深い場所である。

赤字経営でも挑戦するベンチャー会社は突然急騰する

アステリア（3853） 代表取締役社長兼CEO 平野 洋一郎氏

「つなぐ技術で世界シェアトップの成長企業」

私は、人から「バイタリティの塊」と言われたことがあるが、自分ではついぞそんなことは思ったことがない。しかし私自身が、この人は「バイタリティの塊」だと思ったことはある。その人こそアステリアを率いる代表取締役社長の平野洋一郎氏である。投資家はどうしても企業規模で銘柄の優劣を判断しがちだが、経営者の持っている資質にもっと目を向けなくてはならない。その資質をどこで見極めるか。ズバリ、戦略とビジョンである。平野氏の持つ戦略性やビジョンは、どこの企業よりも大きく、その発想には時折、はっとさせられる。投資家は、投資を通じて平野氏が持つ夢やビジョンを共有できるのだから投資家冥利に尽きるというものだろう。

平野氏は熊本大学工学部を中退し、熊大マイコンクラブに在籍していた。大学時代には仲間と株式会社キャリーラボを起業。早々に起業家としての片鱗を見せる。キャリーラボは国内有数のソフトハウスに成長し、特にNEC用の日本語のワープロソフトは、爆発的にヒットし、ベストセラーになった。キャリーラボの主力プログラマーは、当時巷でキャリー7人衆と呼ばれるほど評判になっており、そのプログラマーの一人が平野氏である。しかし、退屈を嫌う彼は日本一で満足できる男ではなかった。大学も時間の無駄だと感じたので、中退したという。平野氏いわく中学生のときに学級新聞コンクールで日本一になったので、日本一になるのは難しくないと思っていた。そこで日本一は取ったので、次は世界一のロータスに転職することにした。今度は作るのではなく売る側に回りたかったと言う平野氏は、世界的マーケティングセンスを実践的に身体で覚えていく。ロータスノーツがヒットし、やりがいも感じていたが、ある日それぞれのソフトウエアが相互に通信できないことに大いに疑問を持つ。回線をつなぐためにノーツの通信手段等を公開するよう本国（当時のロータス本社は米国マサチューセッツ州ケンブリッジ）に提案したが、一蹴されたため、XML技術でつなぐことを目指し、当時の開発部門にいた北原淑行氏（現取締役）とともにインフォテリア株式会社（現アステリア株式会社）を起業した。35歳のときである。つなぐ執念で、他のベンダーとも話ができるようになった。このとき、世の中より一歩先に広く使われる重要性を痛感したという。

「これからはソフトウエアがデザインファーストになっていく」。こう言って平野氏は、ロンドンの世界的デザイン会社を買収した。ソフトハウスがデザイン会社を買収とは、一見相容れないように思えるが、このときアップルやマイクロソフトなどのシンボリックなデザインが一瞬、私の脳裏をよぎった。ソニーの盛田氏も黎明期には、世界にソニーの名を広く知ってもらうため、ＳＯＮＹの４文字を世界に向けてブランディングしたと聞く。折しもＩｏＴの時代である。平野氏のビジネスセンスに、はっとさせられる瞬間である。買収したロンドンのデザイン会社は、世界の名だたる大企業のデザインを数多く手掛けている。今後は世界的なグローバル企業に対し、デザインコンサルティングを通じて自社の製品をつなげていくチャンスも拡大するわけである。アステリアは創業当初から日本発世界中で使われるソフトウエアを目指している。そのため、市場シェアにはとことんこだわっている。現在主力製品のアステリアは販売当初、欧米の10分の1の値段で勝負に出た。「プロダクト事業なのでシェアは大切だ」。平野氏はしみじみそう語る。その先見性と戦略性の高さからアステリアワープは14年連続シェアNo.1を維持している。

平野氏は常々、売上規模は１００億円を意識してきたというが、私の目には日本のベンチャー起業家には乏しいもっと大きな夢を感じた。日本一と称し、上場してもこぢんまりとまとまるＩＰＯ企業も少なくないなか、なお挑戦し続けるベンチャースピリッツに憧れさえ感じてしまうのは私だけではないだろう。「売上の半分は世界で稼ぐ」「シェア№1は利益率重視のため」。平野氏の答えは一つひとつが明快だ。今後、ＩｏＴの本格的な時代を迎え、アステリアを取り巻く市場環境も10年スパンでかなり大きな市場になる。得意の先見性で一般社団法人ブロックチェーン推進協会をいち早く立ち上げ、代表理事も務めている。「投資なくして成長なし」として、ＣＶＣ（コーポレート・ベンチャー・キャピタル）も設立した。今後、２００億円規模のＭ＆Ａを画策しており、海外企業をメインターゲットとし、海外の買収は海外のファンドで実施するという。これからは、つなぐもの、ＩｏＴの時代でインフォテリア（Information Cafeteria の意）の時代でもないと東証1部昇格を機に創業時のインフォテリアからアステリアに社名変更した。アステリアはギリシャ語で「星座」を意味し、同社の使命である「つなぐ」という意味もある。つなぐのは企業情報（Information）システムだけではない。あらゆる産業の輝く星々をつないでいく。平野氏はそう微笑んだ。

ＴＢグループ（６７７５）　代表取締役会長兼社長　村田 三郎氏

「普及率ゼロの市場に挑戦する開発ベンチャー」

「社長、どうしてこの会社にいるのですか?」。突然の出会いに驚いたのは私だけではない。ＴＢグループ代表取締役会長兼社長の村田三郎氏自身も、私の顔を見て驚いたからだ。２００８年頃のことである。実は、村田社長は大阪でビッグサンズという会社を経営しており、私の古巣であるベンチャー・キャピタルの勧角インベストメントはビッグサンズに投資をしていた。ビッグサンズは私が担当していたこともあり、当時は事業の進捗状況を定期的にヒアリングしにきていた。ビッグサンズは、ＬＥＤ電光表示機等のメーカーで、屋外型中小型デジタルサイネージではシェアトップ。グループ会社のホスピタルネットで病院向けプリペイドカードを企画・開発して、シェアトップを続けている実にユニークな会社であった。しかも１９７８年の設立以来、一度しか赤字計上したことがない。ベンチャーキャピタリストとしては、ＩＰＯを心待ちにしていた会社である。それが、どういうわけで連続赤字を続ける上場企業のトップになったのか。

ＴＢグループの前身は東和メックスといい、ＥＣＲ（Electronic Cash Register：電子式金銭登録機）の製造販売の大手だ。ＴＯＷＡレジスターを聞いたことがある人もいるだろう。中小の個店が主要客で、全国的に分社化した販売網が強みであったが、大手チェーンストアの台頭により、時代がＰＯＳシステムに移り変わるのに乗り遅れてしまった。東和メックスは２００４年３月期から赤字を出すようになる。この頃からメインバンクの支援を仰ぐようになり、銀行管理下に置かれたが、すっかり赤字体質が定着していた。東和メックスは、ビッグサンズのＬＥＤ電光表示機の大口取引先であった。全国の中小個店にビッグサンズのＬＥＤ電光表示機を販売してくれる販売力は、大変魅力的だった。当初、社外取締役として東和メックスの後方支援に乗り出したが、ついには陣頭指揮をお願いされることになった。「東和メックスを建て直せば、強力な全国販売網が構築できる」。そう考えた村田社長は東和メックスに出資し、自らも代表取締役会長兼社長を引き受け、本格的経営再建に乗り出すことになったのである。このときが２００８年。その年に、私とばったり出会うことになる。

村田社長が実態が厳しいと判断したのは、東和メックスの販売力であった。特に地方の販売会社は個店の廃業や高齢化など、時代の波についていけない状態になっていった。また、約25％強あった海外売上も魅力に見えたが、海外代理店との契約内容が利益の出るかたちにはなっていなかった。毎期末になると、地方の販売店が倒産し、損失を計上することが続いた。この間、統廃合および直営化を図り、忍耐強く海外事業も含め、販売店の再構築もようやく出口が見える状態まできた。２０１１年11月、社名をＴＢグループと変更し、グループ経営へ乗り出した。社名のＴＢには、一つはトレンディビジネス（ＴＢ）という意味が込められており、時流の「環境」「健康」「観光」のグッド３Ｋ市場でニッチトップシェアを取るという方針が掲げられている。もう一つは、トータルワンストップビジネス（ＴＢ）という意味で、メーカーからソリューションビジネスまで、ワンストップで顧客満足度の高いビジネスを実現するとしている。無論、東和メックスのＴとビッグサンズのＢを融合させた意味もある。

村田社長は、「普及率ゼロの市場に挑戦する」ことにこだわる。船井電機（６８３９）出身の村田社長は、自らをビデオの落第坊主と呼び、船井電機独自のビデオ事業の失敗を教訓に、世の中に普及していない商品を企画・開発し、世に送り出し、喜んでもらうことを使命として、ビッグサンズ時代から脈々と企画・開発を続けてきた。その流れはＴＢグループに受け継がれ、現在も新製品の開発に余念がない。２００８年のリーマンショック後に、パナソニック、三洋電機などの技術開発陣を受け入れ、商品開発をさらに拡充させた。達人視点の会では、宇都宮の同社工場見学を実施したが、パナソニックから購入した最新の実験設備が並び、商品開発がスピーディーにできるように工夫されていた。

村田社長は、世界遺産で有名な軍艦島の出身だ。長崎観光大使も務める村田社長の魅力の一つは人脈である。ビッグサンズはファクシミリや多機能電話、見えるラジオなど通信機器、ネットワーク系の商品開発を実施していたため、ＮＴＴやＮＨＫ、毎日新聞などの大手企業から出資や共同開発を通じて信用力を培ってきている。１９９５年開発のスキップバックレコーダーは、現在のドライブレコーダーの先行モデルとも言え、その縁で元ソニー社長の安藤国威氏が特別顧問になっている。多くの商標や特許も所有しており、こうした見えない無形資産が、ＴＢグループを支えているといっても過言ではない。

村田社長は、アイディアマンで、持ち前のキャラクターから多くの人を引き付ける魅力を持っている人と言える。直近の経営課題はオープンイノベーションによるＷＩＴＨコロナ対応とグループの早期黒字化にある。２０１9年度中間期は、実に16期ぶりに営業黒字を計上したが、期待された通期は新型コロナウィルスで頓挫してしまった。しかし、明るい材料はある。デジタルサイネージは、ＤＯＯＨ（Digital Out of Home：デジタル屋外広告）時代の成長戦略として5Ｇ基地局とサイネージ街路灯を合体させたスマート街路灯をＮＥＣとコラボしている。さらに戦略商品として、フルカラーハイビジョンＬＥＤ表示機を新規開発し、販売を開始した。子会社であるＭビジュアルは、従来のＶＯＤに代わるインターネットスマートテレビシステム「スマテレ®」をホテルに本格的に展開する。ＡＩロボットサービスもレンタルでホテル、介護市場、外食レストランなどに展開を始めた。

しかし何といっても、コロナ禍で今後期待できるのは同社が得意とする病院・クリニック向けビジネスである。村田社長は、長年病院市場に精通しており、ヘルスケアにおける造詣は深い。今後、ヘルステック事業を〝アフターコロナ〟時代の中核とし、経営資源をシフトさせて変貌を図れば、見違えるほどキラキラ光る会社に様変わりをするだろう。村田社長の腕の見せ所と言える。

ITbookホールディングス（1447） 代表取締役社長 前 俊守氏
「経営統合で急展開を見せる成長ベンチャー」

2018年10月1日、どちらも上場会社であるITbookとサムシングの共同株式移転の方法により、ITbookホールディングス株式会社は誕生した。このニュースを聞いて驚いた。サムシングの前俊守社長は、私が以前、積極的に推奨した会社だからだ。2007〜2010年頃のことである。私のラジオ番組「IRチャンネル」にも頻繁に出演していただいた。私は、前社長の経営手腕とベンチャー精神に傾倒していた。この人物は、業界を変えていくと確信していたのである。

前社長が創業したサムシングは地盤改良事業をドメインとしており、お会いした当初は赤字経営であった。建物を建てるときに必ず地盤を調査し、問題があれば地盤を改良する事業である。この地盤改良事業であるが、建物の土台となる部分であるから当然、手抜きは許されない。しかし、家を建てたことがある人なら分かると思うが、地面の中がどのようになっているかなんて実際は分からない。したがって、業者任せにしてしまい、きちんとした調査・改良がなされているかなどということは業者を信用するしかなく、分からず仕舞いで終わってしまうのが通例である。土木や建築において手抜き工事は私たちの生活にとって看過できない問題である。建築士が耐震偽装した「姉歯事件」を覚えている人も多いだろう。地盤改良の世界においては、「秋住事件」という有名な事件がある。秋田県の第三セクターが造成した大規模宅地が全戸、地盤が沈下したというものだ。もしも苦労して手に入れたマイホームが、そんな目に遭ったら……。他人事では済まされない話である。

サムシングは、こうした問題をＩＴ技術で解決した企業である。労働集約型の地盤改良業界において、ＩＴ化、自動化やワンストップ化を図ることによって顧客に利便性・効率性・透明性を提供し、同業界の近代化を図った企業なのである。前社長は持ち前のベンチャー精神で、ＩＴ技術だけでなく、工法や設備においても近代化を図り、惜しげなく投資を進めた。また地盤を保証する事業も展開し、先頭を切って業界を変革した人物と言える。特に２０１１年3月11日の東日本大震災は、地盤の重要性を再認識することになった。千葉県浦安市の市内各所で発生した大規模な液状化現象は、まざまざと地盤改良の大切さを私たちに教えてくれた。こうした惨状を見て、これからはサムシングが業界をリードする企業になるべきだとさらに積極推奨したのを覚えている。その後のサムシングであるが、地盤調査・工事データの信頼性に対するニーズの高まりから堅調に業績を伸ばしている。前社長の業界を変革したいという一念が実ったと考えるべきであろう。

前社長は、奈良県出身で天理大学を卒業後、大阪の機械商社であるワキタに就職した。ワキタ時代に顧客から要望のあった地盤調査のシステムを開発するプロジェクトに参加したが、当時は不動産業界全体において情報開示の意識が低かったこともあり、ワキタはこれを事業化しなかった。しかしながら、潜在ニーズの確信があったこと、また前氏自身が、主体的に仕事ができる環境を求めていたこともあり、このノウハウをもって起業することを決意。地盤調査・改良サービスを事業化したのである。

前社長によればIT bookとの統合は、大きな可能性を秘める戦略的なものと言う。IT bookは、ITコンサルティングをメインに事業展開し、M&Aで成長してきた会社である。IT book現代表取締役会長兼CEOである恩田氏は、大和証券出身者でKOBE証券の社長も務めた人物。前社長とは、以前から知り合いで自らの後継者に悩んでいた。IT bookは行政に強く、マイナンバー対応や地方創生ソリューションなどのシステムコンサルティングをしている。言うまでもないが、地方行政は土木関連工事が多い。IT技術をさらに進化させ、サムシングの事業領域を広げていくには理想の結婚相手だったと言える。統合の効果はじりじり現れてくる。益々、目が離せない企業になったと言えよう。

ジョルダン（3710）　代表取締役社長　佐藤　俊和氏

「100年に一度の交通網の大変革に挑戦する」

「ようやく本気で全力で当たれるテーマと出会いました」。ジョルダン代表取締役社長の佐藤俊和氏は、そう語る。米国ラスベガスにて、世界最大級の家電見本市「CES：コンシューマー・エレクトロニクス・ショー2018」を訪れた佐藤社長は、自動運転を軸に車メーカーの出展が増えていることに衝撃を受ける。MaaSとは、鉄道・バス・タクシー・レンタカーなど多様な移動手段が「一つのサービス」としてシームレスにつながり、ルート検索から予約・手配、支払いなどをワンストップで受けられる次世代の新しい交通インフラのことを指す。このMaaSの先駆けが、フィンランドのヘルシンキに本社を置くMaaS Global社であり、サブスクリプション型サービス「Whim（ウィム）」を提供。2018年には、すでにフィンランドだけでなく、イギリスやベルギーなどにも大きな広がりを見せていたのである。利用者はスマートフォンのマップ上で目的地を指定し、乗換バリエーションを出し、選ぶと決済まで終わり、目的地までスイスイ行ける。若干の費用を払うと電車バス乗り放題、他は割引というモデルで、一定の月額固定料金を払えば、乗り物は全て乗り放題（タクシーは5キロ圏内）というものであった。その年にフィンランド大使館でイベントがあり、ジョルダンのスタッフも早速参加した。そのとき、「ジョルダンはなぜ本気でＭａａＳに取り組まないのか。すでにお客さんを多く抱えているし、良いポジションにいるだろう」と言われたという。

ジョルダンは、目的地経路ソフトのパイオニアで知られる。主力の「乗換案内」の各種インターネットサービスの月間検索回数は約2億３０００万回、有料会員数・取り放題サービス等の月間利用者数は約33万人に上る。佐藤社長の動きは早い。２０１８年には戦略子会社Ｊ MaaSを立ち上げた。日本におけるＭａａＳのインフラをつくるために設立。ＭａａＳに対応し、「乗換案内」をさらに使い勝手の良いものにするため、地図アプリ「行き方案内」との融合も実施。佐藤社長は、日本版ＭａａＳを実現するには、交通事業者や地域との提携が不可欠と考えている。同社は２０１９年、豊田市などで開催されたラグビー国際大会で、期間限定の「観光型ＭａａＳ」に取り組んだ。試験的に「モバイルチケット」を提供し、利用者には「ＥＮＪＯＹとよたパス」「とよた1ＤＡＹパス」を提供。スマートフォン一つでバス・飲食店・観光施設の優待サービスを利用できる。多言語対応のアプリで国籍問わず利用でき、一つの日本版ＭａａＳの成功モデルを築いた。

「新型コロナウィルス感染症の拡大は、ＭａａＳに思わぬ待ったをかけたかのように見えるが、諸外国の例などを見ると、逆にＭａａＳへの移行の流れを速めている感触を受けている」と話す佐藤社長。戦略子会社Ｊ MaaSは、「ＭａａＳサプライヤー」としての事業拡大・強化をさらに進め野村総合研究所、電通と資本業務提携を行い、次の時代に向けて新たな動きをスタートさせている。

　ここで「乗換案内」の誕生秘話を話しておかねばならない。佐藤社長自身は、福島県出身で東京大学工学部では化学を専攻していたが、在学中にコンピュータシミュレーションの実験にはまり込んだという。その後、当時先駆けであったオフィスコンピュータの製造を手掛ける企業に入社するが、そのときは最短経路を求めるというアルゴリズムが研究された頃で、利便性への探求心が「乗換案内」の開発につながった。この画期的なアイディアに賛同してくれた仲間と、その後ジョルダン創業に至る。こう聞くと、いかにもスマートに開発したように思えるが、徹底的に利用者のユーザビリティにこだわっているのが、他のソフトと異なるところである。使い勝手を良くするため、開発当初は全国の時刻表を手分けしてソフトに落とし込んでいったという。このものづくりにこだわる技術開発の

ＤＮＡは今も脈々と受け継がれており、全国バスの運行状況や音声サービス、多言語化、公共交通の減便、運休のダイヤを逐次反映するなど、プロフェッショナルとしての妥協がないところがジョルダンの真骨頂と言える。

「ＭａａＳオペレーターというものに、ジョルダンはなっていく」。こう語る佐藤社長の決意は固い。ＭａａＳに関しても妥協は一切許さないだろう。そんなジョルダンは、上場以来、一度も赤字になったことはない。日本版ＭａａＳが今後、どのように進化し、ジョルダンがどのように貢献していくのか。佐藤社長の腕の見せ所と言える。

スターティアホールディングス（３３９３）
代表取締役社長兼グループ最高経営責任者　本郷　秀之氏
「アジアNo.１のＩＴグローバル企業を目指す」

「いつもいつも、嬉しいお言葉ありがとうございます。もっともっと、良い会社にします。応援よろしくお願いします」。これは、私の投資情報番組「ＩＲチャンネル」に最後にご出演いただいた後、当時の秘書を通じて本郷秀之社長から直接頂いた言葉である。

２０１４年夏頃のことだ。出演後、「久しぶりにお元気な顔を拝見できて、大変嬉しく思いました。会社も急成長中で気苦労も多いかと思いますが、頑張ってください」とメールを入れた返信の言葉である。スターティアホールディングスは、2005年の末に上場して以来、当社はずっとカバーリングし続けてきた企業である。「もっと良い会社にする」。この一言に、本郷社長の会社に対する情熱と成長意欲が凝縮されていると言えるだろう。

スターティアグループは、IT技術に強みを持つ通信・情報通信機器商社である。なかでもスターティアラボが手掛けるデジタルマーケティングサービスは、クラウドサーカス(Cloud Circus)というブランドで、AR(Augmented Reality：拡張現実)やMA(Marketing Automation)、CMS(Contents Management System)といった様々なツールを提供する。

特に、ARに関する技術は業界内で一歩先行しており、日本経済新聞社に「日経AR」として採用されるなど、斬新なものである。新しい企業広告の在り方として人気を博しており、日本だけでなく台湾をはじめ、アジア一帯に広く展開中だ。ARと聞いてピンとこない人は「ポケモンGO」を思い出せばいいだろう。現実世界にスマホをかざすことによって現れる拡張された世界。このIT技術こそARなのである。同社は、「COCOAR(ココアル)」という自社ブランドが手掛けるARの拡大をトップラインとしてデジタルマーケティング事業の飛躍的拡大を目指している。また、MAは顧客データを活用してマーケティング施策の簡単かつ効果的な運用を実現させ、自社ブランドの「Ｂｏｗ Ｎｏｗ（バウナウ）」は国産ツールでは業界1位の導入数を誇る。

こう聞くとスマートなＩＴ社長を想像するだろうが、本郷社長はなかなかの苦労人である。熊本生まれの本郷社長はホテルマンになるため、東京のホテルマン養成の専門学校に通って修業していた。国際的な仕事を目指して、ベルボーイのアルバイトをしながら学校に通っていたのだが、自身が勤めていたホテルでＧ６サミット（現在のＧ７）が開催され、各国の首脳が集まるのを見て、価値観が大きく変わる。「ホテルに勤めるより、一流ホテルを使う側の人間になっていかないと」。このとき、20歳。その後、ふとん訪問販売に転職。7年間勤め、トップセールスに上り詰める。本郷社長の持ち前の営業力は、このときに培われたという。その後、通信の自由化を商機と見て、通話料金を引き下げるサービスを行う会社へ転職。持ち前の営業力で、他の営業マンを圧倒し、1年程度でマネージャーになった。ほとんど休まず働いたという。そのため結構、お金も貯まっていった。ところが勤めていた会社は社長の乱脈経営でいきなり倒産してしまう。本郷社長自身も、当時の部下も同業他社に移るなどしてバラバラになったが、ある日、久しぶりに会った部下たちから「本郷さんが会社を創るならついていきます。潰れないしっかりした会社を創りましょう」と持ち掛けられ、有限会社テレコムネット（現スターティアホールディングス）が産声を上げたわけである。このとき、弱冠29歳。「絶対に潰れない会社を創る」。これまでの転職経験から身体で学んだ本郷社長は、創業当初から地に足がついた経営を心掛ける。平日のゴルフは禁止するなど、強い会社を創るために様々な社内ルールをつくった。「人をどうやって育てるかが難しい」。仲間と起ち上げた会社だけに、会社と社員への愛情は人一倍強い。家族も参加しての大運動会は、11回を数える。また、会社のクラブ活動も盛んだ。――野球、フットサル、軽音楽部、とジャンルは広い。

スターティアグループは、創業以来、ITインフラからデジタルマーケティング、RPA（ロボティック・プロセス・オートメーション）など、幅広いサービスをワンストップで提供する企業へと大きく成長した。約2万社を超える中堅企業と強固なリレーションシップを図りながらサブスクリプションモデルを拡大し、安定成長できる収益基盤を構築。子会社の「スターティアラボ」はソフト開発等も手掛け、電子ブック作成ソフトでは業界トップのシェアを誇る。現在AR拡販に注力していることは先述したとおりである。本郷社長は、「時代に逆行するのが好き」と言う。私は、本郷社長が、普通の人にはない独特の「商機を掴む」嗅覚を有していると思う。「アジアNo.1のITグローバル企業を目指す」ことを意識して経営しているその姿は、さらなる成長を予感させるに十分と言えよう。

エーアイテイー（9381）　代表取締役社長　矢倉　英一氏
「世界トップクラスのフォワーダーを目指す」

「フォワーダー」というビジネスを初めて知ったのはエーアイテイーを訪問してからである。港湾運送では上組（9364）や国際物流では日立物流（9086）のようなメジャー企業しか知らなかった私は、創業者であり代表取締役社長である矢倉英一氏を取材して、大手で寡占化されているように見えた物流業界で、中小型企業でもトップを狙えるビジネスがあるのだなと感心したのを覚えている。

フォワーダーとは、利用運送の通称であり、船舶等のハードを保有することなく、クライアントのニーズに合わせて最適な全体輸送（door to door：一部輸送は door to 港）を実施する専門業者のことを言う。船会社や航空会社は自社の貨物便で物を運ぶ機能は持ち合わせているが、自社以外の情報をもって、どのようなルート、方法、積み方で最短・最適コストで目的地まで運んでくれるかといった情報は提供してくれない。フォワーダービジネスとは、まさにクライアントのニーズに合わせて最適解を導き出すビジネスでもあり、情報力が決め手のビジネスといっても過言ではない。同社は、独立系フォワーダーとして独自の情報網を構築し、特に日中間の海上輸送に特化して、飛躍的に事業を成長させた企業である。同社の得意とする混載輸送（ＬＣＬ：複数の荷主から小口貨物を集荷し、コンテナ単位にまとめて輸送すること）は、単一輸送（ＦＣＬ：単一荷主の貨物をコンテナ単位で輸送すること）よりもクライアントにとっては低コストで輸送が可能であり、同社にとっては利益率が高いビジネスモデルである。主たる取扱い品目は、アパレルや日用雑貨に特化している点も特長である。

矢倉社長は和歌山県出身で、大阪経済大学経営学部卒業後、地元和歌山港の荷役作業を請け負う国際物流会社浅川組運輸に就職し、国際物流の面白さを知る。その後、伊藤忠系のアトラス複合輸送（現伊藤忠ロジスティクス）が、韓国釜山駐在員を募集しているのを知り、転職を決意。以後、米国ニューヨーク、欧州、台湾、インドネシアと長期出張、駐在を重ね、約20年間会社員として勤務したが、うち10年間を海外で過ごしたという。

中国物流に商機を見出した矢倉氏は、阪神淡路大震災の直後に独立した。厳しい時期だからこそ、これ以上状況が悪化することはないだろうと思い切ったという。当初、業界価格の半分で受注を伸ばそうと目論んだが、社員1～2人の会社に荷物は預けられないと断られ続け、信用力のなさを痛感。当時のライバルであり、憧れでもあった日立物流の子会社「日新運輸」は一つの顧客に深く入り込むのが得意で、大きな開きがあった。信用力で劣るエーアイテイーは大きな顧客を取れず、営業マンを増やしながらコツコツ顧客を増やしていくしかなかった。

しかし結果として、自らの足で顧客を小まめに開拓する姿勢が強みとなる。ある日、いつものように荷主企業へ営業に回っていると、他の物流業者の営業が輸出に偏っていることに気が付いたという。「これはいける」。そう判断した矢倉社長は、中国からの輸入する貨物の業務受託にフォーカスし、一気に営業マンを増員。結果として、中国輸入を得意とするフォワーダーとして成長が加速しシェア拡大に成功した。

２０１８年10月、同社は日立物流と資本業務提携を発表、同時に業界の最大のライバルであり、ガリバーであり、憧れの存在であった「日新運輸」を買収し、傘下に入れた。これにより、同社の中国物流ビジネスは安定し、売上高も一挙に倍近くに伸びた。これからは、３ＰＬ（サード・パーティ・ロジスティックス）や倉庫など、自社にはない経営資源を求めて積極的Ｍ＆Ａを進めると矢倉社長は語る。矢倉社長率いる新進気鋭の国際フォワーダーが国際物流市場で一層の存在感を示す日はそう遠くないだろう。

経営理念がしっかりして従業員を大切にする会社の株は上がる

クイック（4318）　代表取締役会長兼グループCEO　和納　勉氏

「小が大に勝つ戦略を明確に持つ人材サービス企業」

私がクイックの代表取締役社長（当時、以下同）の和納勉氏を直接取材したのは、2009年のことである。悪いときにこそ、投資のチャンスがある。そう考えていた私は、人材ビジネスの業界に注目していた。そのときの日本は、リーマンショック後で人材採用意欲は急減し、折しもこの年は、民主党が悲願の政権を奪取した年でもあった。民主党は労働者派遣法等に厳しい目を向けていたため、人材サービスを扱う企業は、これからどうなるのかと戦々恐々であった。クイックも例外ではない。本業はリクルーティング広告だが、人材紹介やアウトソーシングと人材に関するビジネスを幅広く展開している。2009年3月期は赤字決算であり、こうした環境から来期も赤字決算が濃厚であった。しかし、当時の和納社長の顔は、あまり焦りを感じておらず、明るく見えた。さすがに、この年のクイックの買い判断はホールド（中立）にしたが、翌年にもう一度訪問すると、今度はもっと明るく自信に溢れていた。これは本物だと思い、慌てて買い判断のレポートを書いたのを覚えている。当時の株価は、たったの85円。投資勉強会「達人視点の会」でもラジオ番組「ＩＲチャンネル」でも大推奨をした。

そのとき、和納社長は「ほぼ底をついたような気がする。求人件数、広告が徐々に増えてきている。去年の５～８月が一番しんどかった。30～50％割れとなったが、秋口から少しずつ改善してきた。２月は20％を切っている水準にまで戻っている。５％程度ではあるが、紹介が着実に増えてきている。新しく立ち上げている看護師紹介ビジネスが堅調で明るい材料もある。情報出版分野は、合理化が進展し、黒字化できそう。全体的にシュリンクから抜け出し、横ばいが維持できそうな感じまで来た。来期においては攻めの姿勢でいけると思う」と朴訥《ぼくとつ》ではあるが確かな口調で私に語りかけた。

後になって考えたことだが、和納社長がこうした危機を乗り越える自信があったのは、過去の経験からではないかと思った。バブル経済が崩壊した1991～1993年は、もっと大変だった。当時、32億円あった売上高が16億円に半減、120人いた従業員も80人にまで減少したという。このときの体験から和納社長は悟ったのだろう。無益なリストラはしないと。こうした環境の変化が、全員で切り抜ける決意を固めていったのだ。その証拠に、真っ先に役員報酬の減額を図っている。従業員も同様に、賃金カットを図るが、苦境を乗り越えれば必ずその分を還元するとコミットして、優秀な人材を手放そうとしなかった。

「国内需要の回復を待ち、競争相手が少なくなってきているので、生き残れば残存者利益はそれなりのものがある」。和納社長は、そう言い切った。

和納社長は香川県善通寺市出身で、関西学院大学を卒業後、縁あって日本リクルートセンター（現リクルートホールディングス）に入社。そこで、当時の上司で、専務取締役だった池田友之氏に起業の相談をする。実はクイックという社名は池田氏の誕生日9月19日を語呂で合わせたものなのである。「会社はみんながハッピーになるところだよ」。池田氏の経営哲学に傾倒していた和納社長は、社是を「関わった人全てをハッピーに」とした。そして、人材・情報ビジネスの領域において、「はたらく」ことに真摯に向き合い、「はたらく」を「いっしょけんめい」支えていくことを信条とした。リクルートの礎を築いた稀代の経営者から受け継いだDNAがクイックには脈々と生きているように思われる。だから、発想がユニークだ。クロスボーダーリクルートメント構想などはその典型である。今後、転職は国境を越えるのが当たり前の時代になり、そのため海外事業に注力をしている。人材紹介は看護師や施工管理技士といった専門性の高いプロフェッショナルの人材紹介が、業界で小が大に勝つ戦略として随分前から投資してきた。

２００９年の危機に戻るが、2年目の２０１０年の赤字はあえて出した、と和納社長は語る。「2億円ほど、看護師紹介の投資をした。それが今、大きな差別化となって活きている。不況のときは逆張りのチャンスだ。それをどこに投資するかが大事。常にそういう考えをするようになった」。代表取締役会長に就任された今、和納会長はコロナ不況から、また人材サービス業界における環境の変化を予想している。こうしたなか、不況下においても投資すべき人材サービスの企業名を挙げるとするならば、私は真っ先にクイックの名前を挙げるだろう。

幼児活動研究会（２１５２）　代表取締役社長　山下　孝一氏
「顧客と社員を喜ばすことが第一」

「人を喜ばす。社員を喜ばし、お客さまを喜ばす。この2つができたらどんな社会環境となろうと、景気であろうと経営はうまくいきます。競争相手以上にできたら必ず発展します。社長を48年間やってきた私の信念です。この2つができたら最終的に株主に喜んでもらえます。さらに日本が良くなります。我が祖国に貢献し、人類の進歩発展に貢献します。

子どもの成長＝日本の発展です。立派な日本人を育成します」。

この言葉は、幼児活動研究会の創業者であり現社長の山下孝一氏から私に直接送られてきた取材御礼のはがきのままである。同社の業容を語る前に、なぜ同社が創業からずっと47期も連続増収できているのかをこの文面から感じていただけるのではないかと思う。もっとも、直近は新型コロナウィルスの影響を受け、初めて逆境に立たされている。事業の柱である体育指導が幼稚園の休業などが響き減少したからである。しかし、投資家にとってこの踊り場はむしろチャンスと考えるべきであろう。

同社の業容は、幼稚園、保育園のサポートがメインであるが、なかでも幼児体育指導関連に特長があると言える。山下社長はもともと中学、高校の国語の教師を目指していたが、学生時代は器械体操をしていたので、アルバイトとして幼稚園で子どもたちに体操の指導をしていた。すると、現場で子どもがとても喜んでくれる。学生時代には味わえなかった感動があった。子どもが「面白かった」と言ったという、たった一言で人生が変わったのである。最初は個人事業で始めたが、翌年には会社組織にした。幼児活動研究会の誕生である。事業を始めた当初は、子どもに有料で体操を教える会社なんて相手にされなかった。それに社員を採用しようとしても、中学や高校の教員に採用されるまでの腰かけのような学生が多く、採用が決まるとさっさと去っていく。「精一杯やってだめなら考え直そう。

やるなら日本一を目指そう」と考えていた矢先、一部の幼稚園経営者のなかに園の特色づくりに体操は面白いと思ってくれる人が現れ始めた。それにつれて社員も少しずつ増え始め、少子化が進むなかで幼児体育への注目度が格段に高まったという。

「少子化問題は国の一番の問題」と山下社長は言う。待機児童問題がよく騒がれるが、東京などの一部の大都会の問題であり、地方では少子化のほうが深刻である。少子化により、幼稚園や保育園は差別化する必要があり、園の経営、職員の採用、職員の育成など、同業他社中同社だけが全てをサポートできる体制を取っているのである。少子化がむしろ追い風になり、成長に結び付いたと言える。

幼児教育において、山下社長は体育指導にとことんこだわる。なぜなら、子どもの発達にとって、「できる」という成功体験が大事だからだ。読み書き算盤も大切だが、個々の子によって差がある。しかし体育は園児のときは例外なく、皆同じようにできるのだ。山下社長によれば、子どもの頃は、体育、国語、音楽がとても大切で、特に小学校3年生までが大事という。国語は本を読むことである。人間力、修身が大事で、世の中に役に立つ立派な大人に育つという。その証拠に、同社のサポートに対して保護者からお礼の手紙がたくさん届く。また、同社がサポートした園児が成長して同社に就職を希望することも珍しくない。私もお会いした当初、同社が指導した園児のＶＴＲを拝見したが、「すごい」

の一言である。私の息子も同社のサービスを取り入れている園が近くにあると知っていたら、入れておけば良かったと悔やんでいるほどである。同社の顧客は全て私立園である。公立の園も導入すれば、今よりもっと立派な若者がたくさん日本に出てくるのではないかと私自身、本気でそう思っているほどだ。

山下社長は、「最後に株主に喜んでもらう」と言う。社長自身、創業の頃は、顧客第一だった。しかし、社長業に専念し、社員が顧客と接するようになったとき、社員は何のために働いているのかと考えるようになったという。一日の大部分を会社に預けている。社員の人生を預かった以上は、社員第一でいこうと決めた。社員とお客さんが良ければ、株主も必ずハッピーになる。「お客様を喜ばし、社員を喜ばす」が社是となっている。この信念が継承される限り、同社成長に疑いの余地はない。

ちなみに、同社は会社訪問時、玄関でスリッパに履き替える、第3章で述べた「スリッパの法則」の会社である。しかし、帰りにお客様の靴はピカピカに磨き上げられて、全社員立ち上がってお見送りをする。「スリッパの法則」が通用しない会社の一つであることは言うまでもない。

テクマトリックス（3762）　代表取締役社長　由利　孝氏

「SIMPLE&4Cに込められた思い。医療クラウドに期待」

「当社の企業理念と行動指針は、全社員が持ち歩いています」。こう言って一枚の名刺サイズのカードを手渡したのはテクマトリックス率いる代表取締役社長の由利孝氏である。そのカードには、Mission Statement として「より良い未来を創造するITのプロフェッショナル集団」とし、行動指針として「共存・共栄の精神のもと、誠実、かつ真摯に顧客貢献・社会貢献に取り組む」「常に謙虚に学ぶ姿勢を忘れず、新しい技術や新しいビジネスに挑戦し続ける」「オープンな議論を交わし、全員がチームの成功と成長にコミットする」とされている。テクマトリックスが目指すプロフェッショナルな人材像として「SIMPLE&4C」が掲げられ、「Speed（スピード）」「Innovation（革新）」「Management（マネジメント）」「Passion（情熱）」「Learning（学習）」「Endeavor（努力）」「Commitment（コミットメント）」「Customer Satisfaction（顧客満足）」「Confidence（信頼）」「Challenge（挑戦）」と具体的なテクマトリックスとしての社員像が細かく描かれている。私はこのカードを受け取ったとき、これは由利社長自身がテクマトリックスと歩んできた歴史そのものを凝縮したものだなと感じた。

実は、テクマトリックスは由利社長が創業者ではない。旧社名をニチメンデータシステム株式会社といい、大手総合商社ニチメン（現双日）のIT子会社であった。由利氏がニチメンに入社した頃、ニチメンのIT戦略は他の先行する総合商社より10年は遅れていたという。

由利氏は、早稲田大学理工学部建築科出身。同期のほとんどが大手ゼネコンに就職するなか、自らは商社を希望。当時は第2次AIブームの頃。TCP／IPなどの通信プロトコルの黎明期であり、新しいIT技術が開花しつつあった。こうした新しいITに関する挑戦への情熱ともいうべきDNAは今も社是にあるとおり、テクマトリックスの真骨頂である。ニチメン入社後、大手SIであるTISに出向し、本格的にIT技術を学んだ由利氏は、創業間もないニチメンデータシステムに参画。当時の社員数は15人程度で、出資比率はニチメンが7割、オリックスが2割、あとは理系出身の創業社員が1割を保有していた。その後、米国のデータベースマネジメントシステム（DBMS）の総販売代理権を取得、またセキュア面での販売代理権を取得するなど、IT商社として業務を拡大させる一方で、DICOM（医用画像の国際規格のこと）対応医用画像サーバ「Secured DICOM Server」を自社開発するなど、順調に発展していったが、由利氏が代表取締役社長に就任した直後に、同社の資本関係に激震が走った。ニチメンが保有全株式を日商岩井系列ＩＴＸに売却したことにより、ＩＴＸの子会社となったのだ。この売却騒動に納得がいかなかった由利氏は、他社よりの第三者割当増資を画策する。そのときに相談したのが、楽天の三木谷氏である。当時、同社は楽天のモール構築に携わっていた。三木谷氏に、「どのくらいの規模の会社にしたいの？」と聞かれ、とっさに答えることができなかったと言う。また、企業理念の重要性もここで知る。当時、同社には企業理念がなかった。そこで将来に思いを込めて作成したのが冒頭の「ＳＩＭＰＬＥ&４Ｃ」なのである。結果的に、楽天は同社に約15億円出資し、37％強の大株主になった。社名もテクマトリックスに変更した。社名にはテクノロジー（横軸）と垂直市場（縦軸）で構成されるマトリックスの交差点でビジネスを見つけていこうという熱い思いが込められている。その後の成長は、冒頭の社是を地で行く躍進ぶりである。現在は資本関係も解消され、名実ともにテクマトリックスの社員が手塩にかけて、つくり上げた会社となっている。

「Ｍ&Ａに関する考え方は楽天から学んだ」と由利社長は言う。海外の最先端技術・製品にオリジナルネットワーク・セキュリティ技術などを組み合わせた情報基盤事業と医療クラウド、ＣＲＭなどのアプリケーション事業を展開する同社だが、やはり注目は医療クラウド分野である。５Ｇ時代を迎え、これからの医用画像に関わるＩＴ技術は飛躍的に発展する可能性がある。この分野において同社は戦略的に分社化し、三井物産の資本を入れた。「すでに3000万人を超える患者の1億8000万以上の検査データをお預かりしており、PHR（パーソナルヘルスレコード）に注目し、個人を対象にしたスマートフォン向けのサービスもチャレンジし、BtoBからBtoCの分野にも注力していきたい」としている。由利氏が大切に培ってきたDNAは、これからも脈々と受け継がれていくに違いない。

地方発のキラリと光る会社に勝機がある

FCホールディングス（6542）　代表取締役社長　福島　宏治氏

「交通インフラ・国土強靭化・防災・環境に貢献する」

北九州市。この都市が今、大きく変貌しようとしている。OECD（Organisation for Economic Co-operation and Development：経済協力開発機構）がSDGs推進に向けた世界のモデル都市として北九州市を選定したのが2018年春のこと。本プロジェクトは、ＳＤＧｓに積極的に取り組む10～12程度のモデル都市を世界から選定し、15～18カ月間をかけて、調査・分析・評価を行うもの。無論、アジア地域では初の選抜である。このＳＤＧｓは、投資の世界においても重要なキーワードとなった。ＳＤＧｓは、国連の全加盟国が合意している世界の共通言語で、限りある地球の資源を世界中の人々が公平に利用し、未来の世代に残していく、そのための目標をいう。２０３０年までに達成する17の目標、１６９のターゲット、２３２の指標を掲げる。ＳＤＧｓに先行する概念にＥＳＧがある。環境、社会、ガバナンスの３つの観点から投資判断する指標で世界におけるＥＳＧ投資の規模は、年々拡大している。どちらもこれからの投資において重要な概念であることは間違いない。

この北九州市の取り組みと軌を一にするように変貌しつつある会社が代表取締役社長福島宏治氏が率いるＦＣホールディングスである。現在、福岡市博多区に本社を構えているが、北九州市と同社は深いつながりがある。同社は、北九州地区を主要拠点とする福山コンサルタントを前身として２０１７年持株会社体制に移行した。２０１９年には創業70周年を迎えた。福島社長は福山コンサルタントの5代目の社長で２０１４年に就任した。私が福島社長に初めてお会いしたのは２０１２年の秋頃で、当時は常務取締役経営企画室長だった。第4代社長である山本洋一氏の懐刀として同社を積極的に切り盛りしていたのを思い出す。山本社長の時代からＩＲ活動にも積極的に取り組み始め、株主優待制度の導入をはじめ、株主総会後の株主懇親会も開催するようになった。無論、これらの取り組みは現在も続いている。いや、それどころか強化されてきている。福島社長の第一印象は、とにかく腰が低いの一言である。しかし、笑顔の奥に秘める眼光は鋭い。福島社長は、地元、北九州市立大学の出身。宮崎県生まれの九州男児である。ＦＣホールディングスの前身、福山コンサルタントのプロパーであり、実務をなす常勤取締役全員が同社出身で、会社をこよなく愛している。

もともと、建設コンサルタントとして「道路と交通の福山」で有名であったが、近年においては、北九州市のＳＤＧｓに歩調を合わせるようにグループ全体の研究機関の位置づけとしてＳＶＩ研究所を設立。土木設計の分野にＡＩやビッグデータを活用した情報通信分野の技術開発を推し進めている他、動植物等の環境調査、研究、計画等を主力業務とするエコプラン研究所と資本業務提携し、北九州市若松区に立地する「響灘ビオトープ」の施設管理運営を手掛けるなどＩＴ技術や環境面を意識した企業へと変貌しつつある。現在グループ傘下には、福山コンサルタント、環境防災、福山ビジネスネットワーク、ＳＶＩ研究所、エコプラン研究所、地球システム科学がある。２０１６年に発生した熊本地震にも積極対応。被災した道路の復旧に精力的に参画し、感謝状を贈られている。

ＦＣホールディングスは、交通インフラ・国土強靭化・防災・環境に貢献することをテーマに「新しい価値の創造により社会の持続的発展に貢献する」を経営理念としている。主力の建設コンサルタント業は国や地方自治体、高速道路会社、鉄道会社を顧客とし、社会的課題を解決していく役割を担う。北九州市のコンパクトシティ化をはじめ、リニアを含む整備新幹線プロジェクト、渋谷駅大型拠点整備プロジェクトにも参画している。建設コンサルタント業の強化に加え、研究開発による新規事業展開にも積極的で、Ｍ＆Ａによる成長加速を目指す。全国の営業空白エリアへの進出、河川・砂防部門への展開、自動運転・ＭａａＳなどの新規事業への投資、ＡＩ・ＩＴの活用による業務高度化・効率化を重点戦略としている。「成長段階に入る準備はできた。実行するステージに入る」。こう語る福島社長にさらなる強い成長意欲を感じるのは私だけではないだろう。

ダイキアクシス（４２４５）　代表取締役社長ＣＥＯ ＣＧＯ　大亀　裕氏

「世界水インフラを構築する環境創造開発型企業」

四国に縁のある方でダイキを知らない人はいないだろう。そう、ホームセンター大手のダイキである。ダイキの社名は、創業家で「大亀」の音読みが由来である。その腹から出た会社がダイキアクシスだ。愛媛県松山市を本拠地とするダイキアクシスは、地方発ながらグローバルに地球環境を見据えて活躍している。企業使命として「ＰＲＯＴＥＣＴ×ＣＨＡＮＧＥ（地球環境を守る。人類の未来を変える）」を掲げ、地球環境に貢献することに並々ならぬ意欲を感じさせる会社だ。特にESG経営には積極的で、環境（Environment）、社会（Society）、ガバナンス（Governance）に力を入れているところに好感が持てる。

ダイキアクシスの目玉は、何といっても巨大な世界水インフラ事業を軸に成長を目指している点である。世界のインフラ需要のなかで水インフラは全体の3割超を占める最大の分野（2位電力、3位通信）であり、水ビジネス市場の規模は、２０２０年には１００兆円を超えると予想されている（経産省）。一方で、世界を見渡すと２０１５年時点で約６・6億人が基本的な給水サービスを利用できず、２０３０年には世界規模で水資源が40％不足するという報告もある（経産省）。日本は世界的に水資源が豊富で、安心して水が飲める水インフラの先進国だ。天皇陛下も長年、水に関する問題の研究に取り組んでおられ、世界の水を巡る問題が環境や衛生など、多方面にわたることに驚き関心をお寄せになっていると聞く。こうした世界の水問題の解決に日本企業が担う役割は大きいと言える。すでに日本政府は、インド洋と太平洋をまたぐ地域のインフラ整備に向けて、官民で約５００億ドル（約5兆５０００億円）を投融資する仕組みをつくると表明しており、環境省の「環境インフラ海外展開基本戦略」においては具体的取り組み分野として、ダイキアクシスのメインビジネスである浄化槽が盛り込まれたことは、海外展開の加速を予測させるに十分である。インド政府の「クリーン・インディア政策」然り、中国の「トイレ革命」然り、世界の水問題に対する関心は高く、ダイキアクシスの活躍の余地は大きい。

ダイキアクシスは水に関するエキスパートである。下水だけではなく上水、中水のすべての水ビジネスに対応しているのが特長で、水に関わる国内で培われた高い技術力とノウハウを武器にインド・中国・東南アジア・アフリカなど、水に関して深刻な環境問題を抱える地域を中心とした海外展開を積極的に実施している。海外M&Aにより取得したインドネシア工場は、大型・中型・小型浄化槽を年間各200基から250基生産できる体制を整えておりインドネシア国内に加え、すでにミャンマー、スリランカ、ケニアなど社会環境インフラが必要な周辺諸国に出荷実績を積み重ねており、中国、インドにも生産拠点を持つ。事業は「環境機器関連事業」「住宅機器関連事業」「再生可能エネルギー関連事業」の3つに分けられるが、水インフラは主に環境機器関連事業と関連している。将来性からも海外水関連インフラ事業は、環境機器関連事業の成長エンジンとなっており、利益率も高いのが特長であることから、極めて有望な分野と言えるのだ。

世界の水環境を改善する期待の星、ダイキアクシスだが、その誕生はいささか複雑である。ダイキアクシスの創業は1958年に遡る。現大亀 裕社長の父・大亀孝裕氏が愛媛県松山市に大亀商事を開店し、トイレや風呂、台所などの衛生陶器商品の販売施工を手掛け始めた。これが現在のダイキアクシスの「住宅機器関連事業」に踏襲されている。次いで1964年に前身のダイキを設立し、同年から浄化槽の生産を開始。これが現在のダイキアクシスの「環境機器関連事業」に踏襲されている。以上の2大事業で展開していたが、オイルショックの影響で第3の収益の柱を打ち立てるべく、1978年にディックを設立してホームセンター事業に進出した。これが、四国の方なら知らない人はいない今もなお庶民に愛されているホームセンター「ダイキ」の誕生である。この3事業を展開する会社が1989年に合併し、ダイキ株式会社（現DCMダイキ株式会社）の設立によって、ダイキは1993年に大証2部、1996年に東証1部への上場を果たす。その後、ホームセンター事業において同業のホーマック、カーマと経営統合する話が持ち上がり、日本最大級のホームセンターグループDCMホールディングス（3050）が誕生する。現在も大亀 裕社長がDCMホールディングスの取締役に名を連ねているのはこのためである。大亀 裕社長は、DCMホールディングスの社長になる可能性もあったが、経営統合の際に、切り離されたダイキアクシスを成長させる道を選んだ。自ら多額の借金をして、MBO（マネジメント・バイアウト）したのだ。「優秀な社員と一緒に成長したい」。そんな一念から、小売事業とは関係がないと判断された住宅機器関連事業と環境機器関連事業の受け皿会社として、誕生したのがダイキアクシスなのである。

この誕生秘話は、四国の大亀家という名家に生まれながらも、あえて茨の道を残された社員とともに歩もうと決心した大亀　裕社長の心意気とベンチャースピリッツを感じさせる。父親が四国から中国地方にかけてダイキ帝国を創りあげたように、自身も父親を超える挑戦をしてみたかったのかもしれない。大亀　裕社長は大学卒業時、松下政経塾を受験、その縁からパナソニックに入った。その後、海外留学を経て、昭和から平成に切り替わった１９８９年にダイキに入社している。１９８９年といえば、日経平均が最高値を付けた年で日本経済がデフレに突っ込む直前の年である。１９８９年は元号だけでなく、当時のダイキにとっても大転換期のさなかにあった。先述したように創業者の孝裕氏が株式上場を目指し、事業分野ごとに別会社で展開していた3社を合併するタイミングだったのである。大亀　裕社長は合併の手続きには関与していないものの、この組織再編でのちの同社長の経営参謀であり、現在ダイキアクシスの取締役副社長執行役員ＣＦＯを務める堀淵昭洋氏がダイキに加わっている。以降、堀淵氏は大亀　裕社長の右腕として社長を支える存在となる。ここで堀淵昭洋氏にも触れておきたい。堀淵氏はＵＣバークレーに留学していた逸材で、先の経営統合や事業分割によるダイキアクシスの設立、その後の事業展開に大きく関与している。一連の経営統合の準備に積極的に関わった大亀　裕氏と堀淵氏の2人は、ダイキアクシスの設立とともにダイキからともに抜けともに茨の道を選び、ダイキアクシスの成長に賭けた。大亀　裕社長とは入社年次が一緒という半ば同志のような存在であり、新たに漕ぎ出した船に乗り込んだ企業戦士と言えるからこそ、両氏の絆は強く太い。強いCEOとCFOが存在する会社。私が、株価ではなく会社を見る、それ以上に経営陣を見ることが大切と言っていることがダイキアクシスを見て分かっていただけると思う。

ダイキアクシスは3つ目の柱として再生可能エネルギー関連事業にも注力している。日本最大級のホームセンターグループDCMホールディングス傘下のホームセンターの屋上を活用して効率的に発電化を実現している太陽光発電をはじめ、小型風力発電、バイオディーゼル燃料など、環境に優しい事業には貪欲に挑戦している。折しもSDGsが注目される時代だ。社名のダイキアクシスのアクシスは「軸」を意味する。世界を股にかける「水」事業を軸として、自然と人に優しい快適な生活環境を構築するための社会インフラを築く「環境創造開発型企業」がさらに大きく開花する日はそう遠くない。

キャリアバンク（4834）　代表取締役社長　佐藤　良雄氏

「徹底した差別化戦略でキラリと光る人材サービスを展開」

「もう少しだけ夏が長いといいんですけどね」。そうしみじみと語るのは、こよなく北海道を愛する佐藤社長である。同社グループの指揮をとる佐藤社長は、北海道出身のいわば道産子で、ＳＡＴＯ行政書士法人の代表者というもう一つの顔を持つ。地元では有名な実力者であり、同氏の運営する行政書士、社労士法人のグループ社員数は１０００名近くと日本で最大の規模を誇る。こうした士業としてのクライアントのニーズに応えるなかで、転職で不利にならない社会をつくりたいとの思いから人材ビジネスを拡大していった。

佐藤社長は北海道の小樽商科大学卒業。高校2年のときに両親が離婚し、進学には大変な苦労をした。大学に進学したものの、夜学部で昼は働かなければならない。19歳のときに将来食べていける職業を真剣に考えた。行政書士という資格に出会い、大学2年で合格、業界の研修会などに参加し、卒業と同時に開業。27歳のときに北海道で一番の行政書士事務所になった。社労士は労務管理など人に関わるサービスが多い。そこで35歳のときに、職業紹介の許可をとって北海道で初めて人材紹介サービス企業を開始したのがキャリアバンクである。

「地方のマーケットはどうしても成長に限界がある。しかし、東京に正面から無理に進出しても差別化できなければ勝ち目がない」。そう考えた佐藤社長は、北海道から大手の手薄な東北エリアに進出。大手との直接競合を避けながら、じわじわとシェアを拡大していく。差別化戦略としては、リーマンショックのときに増やした再就職支援事業がある。アウトプレースメントとして、東京の再就職支援会社と提携し、業容の拡大に成功した。また、厚生労働省や地方自治体といった行政による雇用政策へのニーズに応えることで受託の拡大を図ってきた。現在は官公庁関連（厚労省、経産省、それから北海道庁、近隣自治体など）の売上が全体の約20％を占める。札幌や旭川、函館、千歳、北広島、恵庭、江別など、どこも人材不足の課題を抱える。地方には地方なりの人材に関する悩みがあることは全国同じである。こうした人材に関する問題を解決するノウハウとネットワーク力こそがキャリアバンクの強みであり持ち味と言える。

コロナ不況で、これからの人材ビジネスも変化が予想されるが、「失業者の就労支援など、これからも伸びる。福祉系のマーケットは特別大きい。生活困窮者や生活保護者の就労支援に注力する」と佐藤社長のターゲットは明確である。

キャリアバンクは福祉に強い。面白い分野である。膨張する生活保護者の就労支援は国の予算の削減になる。福祉と労働の真ん中がキャリアバンクの強みを発揮できるところだ。各公共政策の予算に従って事業を拡大してきている。

これからの人材市場の大きなところはシニア、2番目は外国人である。地方では不動産の価値が下落し、老後2000万円問題ではないが、公的年金だけでは生活は厳しい。したがって、シニアマーケットは必然的に大きくなる。このなかで、同社は職業マッチングを強化。外国人対策としては、日本語学校を買収している。海外12カ国から留学生を集め、北海道では一番大きな日本語学校の経営を行ってきた。日本語学校、特定技能、外国人の就労支援、インターンシップ、そして別の職業訓練校での技能実習など、環境はすでに整えている。外国人就職支援先としては介護市場などが有望と見ている。

また、子会社で上場しているエコミック（３８０２）もユニークだ。人件費の安い札幌という地の利を活かし、給与計算のアウトソーシングであるペイロール事業で着実に成長している。社長の熊谷氏はさくら銀行（現三井住友銀行）出身者で、札幌アンビシャス市場、東証ジャスダックにも上場を果たし、勢いを増してきている。

キャリアバンクは北海道企業ということで、全国的にはあまり知られていないが、実はキラリと光る地方上場の会社である。過去にニトリホールディングス（９８４３）の社外役員を務めた経験もある佐藤氏。差別化戦略で東京攻略も視野に入った今、さらなる飛躍が期待できる企業と言える。

プロの経営者、CFOが采配を振るう会社は面白い

ギガプライズ（3830） 代表取締役社長 梁瀬 泰孝氏

「プロ経営者が進化させるISP成長企業」

「プロ経営者というのは、本当にいるものだな」と感じたのが、ギガプライズの代表取締役社長を務める梁瀬泰孝氏に最初に出会ったときの感想である。輸入高級自動車販売の「ヤナセ」を知らない人はいないだろう。現在は輸入高級自動車ディーラーとして100年を超える老舗企業である。梁瀬泰孝氏は、ヤナセ創業者である梁瀬長太郎氏の孫に当たる。梁瀬泰孝氏は、慶應義塾大学卒業後、第一勧業銀行（現みずほ銀行）に入行し、国際資金為替部、証券企画部を経て7年後の1998年に創業者の孫として、ヤナセに入った。当然、将来の社長候補と注目されていたが、梁瀬氏が入社した90年代後半は、ヤナセはいつ破綻してもおかしくないと業界で囁かれたほど厳しい経営状況のとき。全ては、ビジネスモデルの核であった輸入権を失ったことに端を発するが、オーナーとしての流れを汲む、

若き梁瀬氏の目に、そのときのヤナセはどう映ったであろうか。

２０００年にはヤナセの専務に昇格し、関連事業を中心にリストラ業務に着手。立て直しの最前線に立ったが、ヤナセの債務超過を解消し、抜本的に立て直すには伊藤忠商事の支援が不可欠であった。梁瀬氏は、実質的にヤナセが伊藤忠の傘下に入ってからは顧問に退き、ヤナセ関連企業の社長を務めるなどしたが、知人の依頼で、2年の契約付で、２００５年自家用自動車管理の草分けだった大新東の社長に就任する。梁瀬氏が着任する前、大新東は2期連続の最終赤字で苦しんでいたが、赤字観光事業撤退などにより1年程度で利益を大幅に改善させた。その後、大新東はシダックス傘下に入ったが、その道筋をつけたのも梁瀬氏である。その後２００８年ＣＨＩＮＴＡＩの取締役に就任。子会社の旅行会社を短期間で立て直した実績を買われ、２０１2年にはエイブルの社長に就任した。就任後は、安定して順調に業績を伸ばした。「市場さえあれば、必ず立て直させることができる。特にサービス業は、やりやすい。私自身支配欲はないので、社長に就任したら社員に安心感を与えることが大切。エイブルの場合は、賃貸だけのストックビジネスをやっているのに経営が安定していなかった。そこで、システム開発と社員の離職率を下げるバックオフィス業務を強化することによって改善ができた」と梁瀬氏は語る。様々な企業の改善を経験した梁瀬氏だが、業績の悪い会社より、良い会社を改善するほうがはるかに難しいという。

梁瀬氏は、エイブルの経営的な道筋がついたと判断した3年後に同社代表取締役を辞職し、ギガプライズへと場所を移すことになった。エイブル辞任挨拶の企業の一つが親会社のフリービット（３８４３）だったのだ。辞めるなら是非来てくれと言われたという。

ギガプライズは、良い会社の部類に入る。ＫＣＲ総研は２００６年末の上場翌年から、ギガプライズに注目しており、創業者の下津弘享氏（当時代表取締役社長）にも当社投資情報番組「ＩＲチャンネル」でラジオ出演を頂いた。マンション向けに特化したＩＳＰ（インターネットサービスプロバイダー）事業者であり、システム開発も手掛けていることから、営業からシステム開発までの一連の業務をワンストップで実行できる点に強みがある。下津氏も、経歴が元議員秘書など異色であったが、２００７年にはメディアエクスチェンジと資本提携を契機に顧問に就任し、その後退任した。メディアエクスチェンジはフリービット傘下に入り、ギガプライズは現在フリービットグループ企業である。

梁瀬氏のギガプライズ社長在任期間は5年を超え、これまでの社長業では最も長い。無論、今回は契約期間などない。「ＩＳＰ事業が好調なうちに次の成長の柱を見つけることが大事。それを私が一人で考えてもダメで、社員と一緒になって考えていく」と梁瀬氏は語る。やはり優秀な経営者の役割は、いかに人材を育てるかにかかっている。経営幹部に

ＭＢＡを取らせることも奨励している。しかし、会社からの補助などは一切なし。「勉強したことはすぐに給料で取り戻せる」と梁瀬氏は笑う。

ギガプライズは、ＩＳＰ事業を中核として、梁瀬氏が精通する不動産事業を伸ばしていく戦略だ。Ｍ＆Ａした子会社フォーメンバーズのイオンハウジングネットワークを活用してイオンをはじめ住宅市場に関係する大企業の取引先、協業を深めていく。ＶＲ住宅展示場などはその典型で、ハウスメーカー大手7社のモデルハウスを一度で体感することができる。大幅コスト減にもなり、コロナ禍においてＩＴ技術を活用した遠隔接客、商談の拡大と期待は大きい。ギガプライズは、大企業のトップと直接話ができるぐらいに評価されているという。「よりそうパートナーでありたい」と語る梁瀬社長。目が離せない経営者である。

ＢＥＥＮＯＳ（３３２８）　代表取締役副社長兼グループＣＦＯ　中村　浩二氏

「越境ＥＣで東南アジアを中心にプラットフォームをつくる」

昔から優秀な番頭を持つ会社は伸びるというが、それを地で行くのがＢＥＥＮＯＳであろう。ＢＥＥＮＯＳは、上場時の会社名をネットプライスドットコムといい、同社代表取締役副社長である中村浩二氏がグループCFO（最高財務責任者）を務める。もともと、サイバーエージェントの子会社として2004年に上場し、新興のIT企業としては比較的古い部類に入る。中村氏は、CFOであるから、無論、采配はCEO（最高経営責任者）が担う。しかし、中村CFOがいなければ、今のかたちで会社は生き残っていなかったかもしれない。

BEENOSの前身、ネットプライスドットコムは、ギャザリング事業という共同購入ビジネスをメインに展開していた。ギャザリングとは、ネットショッピングの共同購入を指し、申し込み数量が設定数量に達した場合に販売価格が低下する販売モデルのこと。ネットプライスはその草分け的存在で、日本初のギャザリングをスタートしたネットショッピングサイトであった。ギャザリングは、2008年頃まではEコマースにおいて人気を博した。しかしその後、共同購入型のクーポンサイトで次第に悪質な業者も出始め、競争も激化し、大手のグルーポン・ジャパンの不祥事も相まって、次第に廃れていく。

ネットプライスの創業者とも言える佐藤輝英氏はソフトバンク出身で、現在も第2位の大株主であるが、北尾吉孝氏（現SBIホールディングス代表取締役社長）を恩師と仰ぎ、上場後は持株会社に移行し、Eコマースに関係する様々な会社を傘下に収めていった。このなかの一つが、デファクトスタンダードである。当初、出張買取とオークションの会社であったが、買収後は「ブランディア」として「無店舗の宅配買取のモデル」に切り替え、事業を急成長させ、BEENOSの連結業績を支えた。しかし、このデファクトスタンダードもフリマアプリ大手のメルカリなどの台頭により競争が激化。東証1部にまで上場したが、BEENOSが完全子会社化し、立て直しを図っている。佐藤輝英氏は、BEENOSのトップとして2011年から海外のベンチャー企業に対し、新興国投資を始めた。しかし本業の不振に加え、新規事業への先行投資も相まって2011年から4期連続の営業赤字を計上する。ここで佐藤氏は、2014年に役員会議で議論し、BEENOSを現代表取締役社長兼グループCEOの直井聖太氏に任せ、自身は投資事業に特化しBEENOSから離れることを決断した。

この一連の流れをCFOの立場でずっと支えてきたのが中村浩二氏である。中村氏は、野村證券出身で、ハイパーネットに転職。ハイパーネットは無料インターネット接続サービスの先駆けとして一世を風靡するものの倒産。創業者は自己破産した。このとき、中村CFOは、経営管理の大切さを痛感したに違いない。BEENOSには当初、監査役で入った。現在、役員在任期間では一番の古参である。「2014年までの間は新規事業をやり過ぎていた。本業に回帰したほうがいい。一旦、健全なかたちにする」。そう決断した同社は、グループの祖業であるネットプライスを売却。現在、BEENOSは、越境ECを中心に、これまでのノウハウを結集し、数千のECサイトの後方支援に回る。子会社のライバルであったメルカリとも連携するところに企業としての成長が感じられる。2019年時点で投資実績は10カ国以上80社以上に及んでいる。東南アジアに注力しているのが特長で、楽しみな分野である。近年は、東南アジア全域で約2億人の会員を持つ「Shopee」と提携。海外利用者を増やし、そのプラットフォームを整えることに余念がない。その核となる本体は、常に健全性が求められるため、管理は重要なファクターである。

BEENOSという社名は、ミツバチの巣を意味し、受粉を媒介する意味がある。その核となる本体は、常に健全性が求められるため、管理は重要なファクターである。

「CFOとして番頭役は、コストを絞るイメージがあるかもしれないが、リスクをコントロールすることが一番重要だ。トップからすると、自分が踏みたいと思ったときにアクセルを踏めるとか、自分でコントロールできなくなったときにブレーキを踏めるかなど、あくまでリスクコントロールをしてくれる人が必要。そこにいかに応えるかがCFOの役割だ」。こう話す中村副社長には謙虚な姿勢のなかにもその眼光は鋭く光って見えた。

トップ、２代目と経営体制が強固な会社は安定している

バリューＨＲ（６０７８）　代表取締役社長　藤田 美智雄氏

「健康管理のプラットフォームで国民の健康を守る」

「それまでは起業することなど考えていなかった」。藤田社長がバリューＨＲを設立した経緯は、起業家がぎらぎらした思いで会社を設立するのとは少々異なる。しかし、この国の膨張し続ける医療費を何とかしたいとの思いは誰よりも熱いかもしれない。バリューＨＲに課された使命と成長は、我が国が誇る国民皆保険、それを支える健康保険組合と膨張し続ける国民医療費問題の光と影に真摯に向き合うビジネスと言えるのだ。

健康保険組合のありがたさは今さら言うまでもないだろう。誰もが当たり前に利用する健康保険。しかし、その仕組みを知る人は少ない。健康保険組合は厚生労働省の認可団体で、健康保険法に基づき国が行う被用者医療保険事業を代行する組織である。従業員やその家族である被保険者や被扶養者の利益・福利厚生の充実を図ることを目的に設立される

のだが、現状は3割の団体が赤字で解散の危機に瀕している。

「業界健保をつくってほしい」。この一言がなければ、藤田社長が起業することもなかっただろう。大学を卒業後、外資系会計事務所、外資系証券会社で人事関連の仕事に従事した後、監査法人に転職して人事部長兼人事コンサルタントとして働いていた。そのとき公認会計士業界の健保組合を立ち上げる動きがあり、1万人規模の大企業の健康保険組合の分割をコンサルティングした経験のある藤田社長が担当に抜擢されたのである。「結果的に業界の健康保険組合は立ち消えになったが、大手外資系監査法人から自前の健康保険組合をつくりたいと相談を受け、引き受けることにした」と藤田社長は振り返る。ところが、自身が監査法人勤務のままでは設立はできてもその後のサポートまでは難しいということになり、「ならば私自身が独立し、健康保険組合の立ち上げからその後の運営管理まで丸ごとサポートすることにした」と言う。小学生の頃から将来、自分でビジネスをやりたいと胸に秘めていた思いが溢れ出た瞬間である。藤田社長41歳。こうしてバリューＨＲは誕生した。

「無駄が多いし、保険料も多く払い過ぎているところもある」。自身のこうした経験から健康保険組合の制度をあますことなく勉強し、知識を得た藤田社長はしみじみ語る。「必要のない医薬品などを配ったり、保養所なども設立したりしているが、本当に組合員のためになっているのか。自分の健康は自分で管理する、自分を健康にするサービスも組合員自身が選べたほうがいい」。そこでバリューHRの設立と同時に打ち出したのが、事業の核となる選択型福利厚生制度支援システム「バリューカフェテリア®」である。バリューカフェテリア®とは、一言でいうと、〝健康管理のプラットフォーム〟ということになる。まず導入する健康保険組合や企業・団体にとっては、健診予約や健診結果管理、保健指導履歴管理といった煩雑な健康管理業務をシステム上で完結できるメリットがある。次に、従業員や被保険者などの個人にとっては、職場環境で疲れを感じたときにマイページにアクセスし、ストレスチェックやリラクゼーションサービスを受けることができるなど、充実した多様な福利厚生サービスを利用することができる。さらにそうした個人の健康行動データはシステム上に一元管理されるため、一人ひとりが自分の健康状態を把握できる利点もある。個々の健診データは20年以上も蓄積されている例もあるという。自身で入力しなくとも、データ資料を送れば代行して入力もしてくれる。まさに個々人の健康管理にとって至れり尽くせりのサービス提供となっている。

こうしたバリューHRの魅力は、サブスクリプション的なビジネスモデルにある。収入全体の８割は、主にこのバリューカフェテリア®システム等のシステム利用料と健康診断の費用精算や健診結果のデータ化等の事務代行料等といったストックビジネスなので安定感があるうえ、サービス利用者は年々増加しており、2018年には100万人を突破するなど右肩上がりの成長が続いている。また、テーマ性も十分だ。少子高齢化社会を迎えた現在、国は医療費抑制のために健康寿命の延伸を国家戦略に掲げ、国民の健康増進や予防医療に重点を置いている。他方で過労自殺が社会問題化して、長時間労働を防ぐ働き方改革の動きが強まっているように、企業にとっても従業員の健康管理が喫緊の課題となっている。バリューHRがメインフィールドとしている組合管掌健康保険（通称：組合健保）の期待も大きい。組合健保は、主に大手企業やそのグループ企業の社員が加入しているが、生活習慣病など疾病予防の活動を積極的に行い、従業員等の健康増進とともに医療費や保険料を抑えることができるというスケール・メリットを活かした活動が期待されており、バリューHRが展開する健康管理のインフラ事業が果たす役割は実に大きい。「人生100年時代に向かうなか、個人一人ひとりが自らの健康を自己管理する重要性は今後益々高まっていく。病気を患えば医師にかかるのは当然ですが、その一歩手前の自分の身体を知ってセルフケアする、そのための健康管理をワンストップで提供するのが当社の使命です」。そう強調する藤田社長の経営者としての魅力は、会社のビジョン、未来地図を明確に描けていることでもある。「将来的には現在会員制のバリューカフェテリア®システムを誰でもアクセス可能な健康ポータルサイト化し、健康に関する情報発信をトータルで担っていく」。そのための布石の一つとして、健康情報を一元管理するPHR（生涯型電子カルテ）の取り組みも進めており、情報のデータバンク化を目指している。多くの経営者が後継者問題で頭を悩ませるなか、長男の藤田源太郎氏が支えているのも心強い。源太郎氏は学生時代からバリューHRでアルバイトし、「泥臭い仕事は一通り経験させた」と藤田社長は語る。オーナー企業の2代目は金融機関などで数年修業に出したりすることが多いが、「そんな必要はない。時間がもったいない。土台があるので次のステップを考えたほうがいい」と2代目ならではの若さからの発想に期待する。先代の事業を若くして理解し、ビジョンを共有した後継者がいるオーナー企業は事業承継面でも盤石と言える。「社会に必要なビジネスを実施している。IPOを目指したのもそれを知らしめたいから。可能な限り高めたい」。医療費膨張、健康保険組合健全化などの社会問題解決に奔走する藤田社長の事業意欲は旺盛だ。ちなみにバリューHRの株主は、株主優待としてバリューカフェテリア®を利用することができる。「株主にはできるだけ報いたい」と連続増配も意識しているという。渋谷区の代々木駅を下車して、ほどなく歩くとバリューHRと書かれたビル群にぶち当たる。同社がアウトソーシングを手掛ける大企業の健康保険組合管理事務所が多数入居する他、運営支援をしている健診センターなどがあり、さながらバリューHRビレッジといった風景だ。ここ代々木周辺も発展著しいが、それ以上の発展が期待できるのがバリューHRであることは間違いない。

サックスバーホールディングス（9990）代表取締役社長　木山剛史氏

「ファッショングッズ小売りの世界一を目指す」

ＪＲ総武線で隅田川を過ぎて荒川をまたぐと、ほどなくして新小岩駅に着く。サックスバーホールディングスの本社は、駅を降りてすぐである。サックスバーホールディングス代表取締役社長の木山剛史氏の父、木山茂年氏（現代表取締役会長）は、本社に隣接する新小岩商店街で父親から継いだ荒物雑貨を営んでいた。「どうせ商売をやるなら何かで日本一になりたい」。そう考えた木山会長は、当時の業界トップの企業が、年商7億円程度であったバッグに目をつける。靴も取り扱っていたが、当時のトップ企業の年商は約20億円。「バッグなら日本一になれる」。ニューヨークに専門店チェーンの視察に行った木山会長は確信し、京浜東北沿線上の赤羽駅のダイエーに初出店する。メーカー、問屋との信頼関係を大切にしていた木山会長は、日本の鞄メーカーを育てていかなければならないという強い使命感をもって、業界トップの鞄小売チェーンを目指した。

「ブランドを持たないブランド戦略」。私が木山会長に初めてお会いしたときに思った戦略モデルである。当時の会社名は東京デリカであった。木山会長が考えたブランド戦略とは、あえて自社の知名度を出さないようにするというまったく逆の発想である。他人が持っているものは持ちたくないという消費者心理を活用し、圧倒的な品揃えと出店に加え、あえてチェーンストアの定石である本部一極集中仕入れであるセントラルバイイング方式を採用せず、店長に大きな権限を持たせ、個店での仕入れ方式を採用することによって、鞄専門店では圧倒的№1のシェアを誇るトップ企業に成長させた。しかし、初めてお会いしたときの顔色は冴えなかった。2004年に実施した公募価格817円を株価が大きく下回っていたからである。「このままでは株主に申し訳ない」。そう言う木山会長に、「戦略的IRが足りないからですよ」。そう答えた私は、投資家が同社の戦略的ビジネスモデルを知らないからであり、東京デリカの魅力を知れば、必ず株価は木山会長が思っている以上に上昇すると確信していた。2010年のことである。その後の株価推移は見てのとおりだが、東京デリカは次の成長戦略を考えていた。バブル期に業界の2位、3位が倒産し、鞄小売市場では圧倒的トップに立った同社。同じビジネスモデルで国内シェアを拡大するには新しいビジネスモデルが必要である。次の成長課題は、息子の木山剛史氏に委ねられた。

父からバトンを受け継ぎ、社長に就任した木山剛史氏は、父が残したレガシーを大切にしながらも業態の改革に注力していた。その一つが、現在の社名である「SAC'S BAR」

である。ブランド志向の時代になると読んでいた木山社長は、2000年以降から父の下で商品や内装の研究を重ねた。ちょうどその頃、ショッピングピングセンターが大型化し、全国各地に大量出店されていく。これを商機と見た木山社長は、2002年にブランドセレクトショップ「SAC'S BAR」1号店を伊丹市のショッピングセンターに出店。爆発的ヒットとなった。サックスバーを皮切りにショップブランドを多様化していった。現在は、EC（Eコマース）とM&Aに注力している。木山社長が目指すのは「ファッショングッズ小売りの世界一」。「当社のようにプライベートブランドもナショナルブランドもインポートも扱うリテーラー（小売り）は海外にはない」と言う。リアルとECの拡販を同時に進め、日本だけでなく世界市場で№1を目指す。成長の第2ステージとなる木山社長の挑戦は、まだ始まったばかりである。

ドウシシャ（7483）　代表取締役社長兼最高執行責任者　野村　正幸氏

「世界に2つとない会社をつくる」

ドウシシャという会社に興味を持ったのは、当初LEDイルミネーションからだった。投資のヒントはどこにでもある。昔は、まったく見かけなかったLEDイルミネーションは、街中の店舗を彩るだけでなく、個々の住宅でもクリスマスを中心に楽しむ人々が増えた。またそれ以上に大規模ＬＥＤイルミネーションで集客する施設やテーマパークも増え、今やすっかり私たちの生活に溶け込んでいる。このＬＥＤイルミネーションの火付け役が、実はドウシシャなのである。

ドウシシャは、１９７４年に現会長の野村正治氏が日用雑貨品卸売業で創業した。創業の精神は、社名となっている「同志的結合をもってつぶれないロマンのある会社づくり」である。ドウシシャは、創業者の絶対つぶれない強い会社を創るとの固い決意のもと結成された同志の集団なのだ。全てのステークホルダーが望むことではあるが、中長期投資を標榜する投資家にとってこれほど心強い経営理念はないだろう。

ドウシシャは、人々のライフスタイルである「生活を豊かに彩ること」に目線を常に置いている会社である。こうしたなかから、様々なアイディアが芽生え、ヒット商品が生まれてきている。アイディアが良くとも実現し、普及できなければ意味がない。そのためドウシシャでは、従前から商社でありながら「ものづくり」にとことんこだわってきた。品質を保持しながらも少しでもコストを落とす努力は、商社でありながら製造の領域にも踏み込み、ＬＥＤイルミネーションは、中国に生産工場まで有し、品質体制の確立からＬＥＤライトの導入、豊富な品揃えで日本のイルミネーション市場を爆発的に拡大させることに成功した。こうした「無から有を生む」とも言えるマーケティング手法で、1つのビジネス単位を年商100億円とし、これを30の事業部に展開させる「100億円30事業部構想」を掲げている。こうした成長戦略をIRの責任者として発信し続けているのは、現常務執行役員である小柳伸成である。小柳氏は、当時私が講師を務めた日本IR協議会の大阪IR大会で、私の講演を聞いて声を掛けてきてくれた。IR的情報発信の強化がなければ、単なる一流通商社と見られてしまい差別化にならない。こう考えて、それまで商品別に切り分けていたセグメント情報を「開発型ビジネスモデル（メーカー機能）」と「卸売型ビジネスモデル（商社機能）」と分かりやすくした。

これからの成長エンジンは企画である。「モノを売るのではなく、企画を売る集団であること。専門性を高め、№1商品を数多く作り続けること」。2代目社長である野村正幸氏は語る。「経営理念は不変、それ以外は全部変えていい」。幼少期から会社で遊び大学時代にアルバイトもしていたから会社への愛着は強い。自身が入社したとき、会社は業績悪化の真っ只中にあった。上場直後だったが、その原因は在庫管理にあるとみるや、正幸氏は改革を先導して現在の在庫管理システムを構築。ドウシシャの商社としての高利益率、財務体質の強さは親子2代にわたって培われたものと言える。「100億円30事業部構想」の実現はこれから。益々夢膨らむ企業である。

フジックス（3600） 代表取締役社長 藤井 一郎氏

「糸の可能性を探求する技術者集団」

「京都で100年いうたら洟垂《はな》れ小僧みたいなもんですわ」。こう笑うのはフジックス代表取締役社長の藤井一郎氏である。何でも京都の池坊華道会の創業は587年（世界最古といわれる建設会社金剛組は578年の創業で、大阪府の企業）の飛鳥時代。つまり、聖徳太子の時代とのこと。さすが京都と頷いた。

フジックスは、藤井社長の祖父が1921年に京都御所から近い白峰神宮近くで「藤井太一商店」の屋号で生糸・撚糸の販売を始めたことに端を発する。2021年でちょうど100周年である。当時の京都では、絹撚糸の需要が盛んだった。ショールも一時的に流行したそうで、フジックスは絹手縫い糸の製造販売を開始した。昭和に入ると、商業用ミシンが本格的に普及し始めた。手縫い糸では後発だったが、ミシン糸用ボビン巻きを製品化したところヒットした。時代の変化に合わせて製品開発を進めるのがフジックスの特長である。たかが糸と思うことなかれ。フジックスの糸に対する探求心と研究開発、技術力は並大抵ではない。

小惑星「イトカワ」に着陸し、2010年に地球に帰還した小惑星探査機「はやぶさ」を覚えている人も多いだろう。実は、帰還用カプセルのパラシュート縫製のミシン糸はフジックスのものなのである。長期にわたる宇宙環境に耐え得るかの試験が行われたうえで、フジックスのミシン糸が最終的に選ばれた。滋賀県東近江市にある工場を見学させてもらったが、国内工場は滋賀工場に集約され、撚糸技術、染色技術、加工技術とノウハウの融合による国内屈指の競争力を持つオンリーワンの生産拠点であると率直に感じたものである。実際、国内需要は機能性衣料が増加している。静電機能、消臭機能など以前にはなかった高機能素材で衣料が縫製されるようになってきている。これまでユニクロの「ヒートテック」のような製品に使用される繊維はもちろんなかったため、縫い糸もこうした高機能繊維に合わせて高機能糸を作らねばならない。こうした厳しい品質レベルに応えることができるところがフジックスの強みであり、インナー衣料の先頭を走るワコールなどの大手アパレルメーカーとは企画段階から商品開発に参加するなど、提携を強化している。また、近年はウェアラブルデバイスのセンサーの導電性糸が開発され、同社も参入している。「もともと満州に工場があったので、中国進出に抵抗はなかった」。こう話すフジックスの製品は家庭用・工業用を合わせると約1300種類ものアイテムがあり、多いものでは数百色という色がある。染色には大量の水を使う。となると、排水の処理も企業競争力としては重要なポイントとなる。実は、中国は環境規制が厳しく、上海近郊において適合した排水基準で染色しているのはフジックスだけなのである。縫い糸業界の国内需要は、ここ10年でさらに淘汰が進み、長年の歴史を誇った業界団体、日本縫糸工業協会も活動を縮小しつつあるほど厳しい。しかし早くから中国に進出し、海外市場の足場をつくっていたフジックスは、「低価格品はコモディティ化しており、当社は競争をしない」と明言する。「当社は利益の向上を狙う。隙間でも十分な市場がある。世界全体では消費量は増大している」と藤井社長は語る。すでに視線はＡＳＥＡＮに向けられ、タイやベトナムに子会社を設立するなど、海外需要をターゲットにしている。

フジックスの社是は、「誠実」である。創業時、高価な絹糸は目方（重量）で取引されていたが、なかには洗うと目方が落ちる粗悪品業者もあった。そんななかで「目方絶対保証」を掲げ、長年にわたって顧客の信頼を築いてきたのがフジックスなのである。今後における成長のキーワードとして、「技術力」だけでなく、「環境」と「サスティナブル（持続性）」を意識しているという。ペットボトルをリサイクルした糸の開発に積極的に乗り出し、すでに販売を始めた製品もある。２００１年には、地球環境を意識した糸づくりを目指し、環境マネージメントシステム国際規格の認証を受けているが、今後はさらに一歩進んで対応していくという。藤井一郎社長で3代目の社長となるが、すでに4代目の藤井翔太氏も京都銀行での修行を終え、常務取締役経営企画室長として先頭に立つ。糸にこだわる技術者集団がどのような成長を見せていくのか楽しみである。

おわりに

本書は、2000年に設立したKCR総研が20周年を迎えるにあたり、これまでの集大成として、投資に関して何か残しておきたいと思ったのがきっかけである。2017年の秋には、自身において9年前にあった1億2000万円という多額の借金をクリアにした年でもあり、それ以上の資産形成にも成功を収めた記念すべき年であった。後にも先にも「中三学割投資法」を実践することができたお陰であり、証券アナリストとして取材する機会を頂いた素晴らしい経営者との出会いが支えになってくれたと心より感謝している。まずは、ここで改めて感謝の意を表したい。

私は、「金田一洋次郎の証券アナリスト日記」というブログを2005年から書いているが、本物の日記はサラリーマン時代からずっと書いている。めったに見返すことはないが、読み返すと当時の心理状態が正直に書いてあるから、自分のことなのに結構、興味深い。2007年は、私が若手の証券アナリストの育成を諦めた年でもある。本書にも書いたが、有望と思われる若手社員が一斉に辞めてしまったのだ。これで、2回目である。多くの社員がKCR総研に勤めてくれたが、誰一人、証券アナリストとして育成することはできなかった。2007年の年初の日記には、スタッフと朝食をともにし「今年のスタッフは今までとまったく違う。本物の人材が揃ったと実感している。彼らの目を見れば分かる。有能な人材を得ることができたのだから、私自身が一番しっかりせねばなるまい」と希望の年明けを喜ぶ内容が書かれている。この年までKCR総研は、ずっと拡張路線で来ていた。独立した以上、事業を大きくしたいと思うのは、どこの経営者も同じであろう。私もこの年は、何とか月商1000万円を安定的に得ることができないか腐心していた年であった。しかし、その野望は、社員の一斉退職ということによってあっけなく終わる。当時の当社にとって、成長のために東京の強化は絶対に必要であった。そのために東京支店を開設し、大阪から人材を送るも、当時の東京支店長はただ一人。そこで、大阪から1名、異動命令を出したところ、拒否の上、あっさり退社され、しかもその日のうちに東京支店長も辞めてしまった。今思えば、大阪で採用し、東京に送るという人事政策そのものが間違っていた。採用時、異動はOKということで、入社はしてくるのだが、いざ転勤ということになると、個人のプライベートにも大きく影響する問題であり、そう簡単ではない。大阪で採用をしておきながら、こうした細かい配慮ができない私は、やはり社長失格なのである。

組織は、人が全てと言ってもいい。その組織を育てるためには人を育てなければならない。人を育てるには時間がかかる。また、育て方を間違えれば、全てが無駄になってしまう。私には、経営者として人を育てる勇気がなかったのだ。私は、創業当時の先生業に戻ることに決め、証券アナリスト業務は、自身がこれまで以上に徹底してプレーヤーになることを決意し、足りない分は、アウトソーシングによって補い、自身は投資理論の構築と判断のための分析レポートの完成に集中して取り組んだ。その結果、生まれたのが「中三学割投資法」であり、IR戦略分析、達人視点分析、定量分析、定性分析、IPO分析、総合判断分析からなるオリジナルの投資判断レポートである。

私は、実践が大事と2010年頃から「中三学割投資法」による投資教育に力も注ぎ、同調してくれる「達人視点の会」のメンバーは、「中三学割投資法」を自己責任で実践してくれた。こうした経緯から、メンバーから億万長者が生まれ、資産形成に成功したことは望外の喜びである。私は、本書発刊を機に、これからの10年はさらに「中三学割投資法」を啓蒙すべくNPO法人日本ライフプラン協会が主催する「達人視点の会」を中心に活動をしていきたいと思っている。資産形成は、普通の人なら誰でも喫緊の課題である。「中三学割投資法」は必ず資産形成のお役に立つとお約束したい。末尾になるが、この度、発刊の機会を頂いた幻冬舎に感謝するとともに、公私ともに歩んでくれている我妻にも心から感謝の意を伝えたい。

【参考文献】

・不破雷蔵（２０１８）「１００年以上にわたる郵便貯金の金利推移をさぐる」Ｙａｈｏｏ！ニュース
https://news.yahoo.co.jp/byline/fuwaraizo/20180816-00092752/（最終閲覧２０２０年９月28日）

・株式会社日本取引所グループ（２０２０）「投資部門別売買状況」
https://www.jpx.co.jp/markets/statistics-equities/investor-type/index.html（最終閲覧２０２０年10月１日）

・公益社団法人日本証券アナリスト協会（２０２０）「会員名簿」
https://www.saa.or.jp/apps/list/meibo.html（最終閲覧２０２０年９月28日）

・若杉敬明・保田圭司・内堀節夫・紺谷典子共著（１９８７）『証券アナリスト―制度と役割』ビジネス教育出版社

・金融審議会 市場ワーキング・グループ報告書（２０１９）「高齢社会における資産形成・管理」
https://www.fsa.go.jp/singi/singi_kinyu/tosin/20190603/01.pdf（最終閲覧２０２０年９月28日）

・厚生労働省（２０２０）「令和2年7月末現在 国民年金保険料の月次納付率」
https://www.mhlw.go.jp/content/12500000/000673471.pdf（最終閲覧２０２０年９月28日）

・株式会社野村総合研究所（２０１８）「野村総合研究所、日本の富裕層は１２７万世帯、純金融資産総額は２９９兆円と推計」
https://www.nri.com/jp/news/newsrelease/lst/2018/cc/1218_1（最終閲覧２０２０年９月28日）

・遠藤四郎（１９９７）『株でゼロから30億円稼いだ私の投資法』エール出版社

・神田昌典（２００５）『竹田和平　日本一の大投資家に訊く経営に花咲かせる「旦那道」のススメ』アルマック

・ロバート・Ｇ・ハグストローム（２００１）『バフェット投資の真髄』ダイヤモンド社

・メアリー・バフェット、デビッド・クラーク共著（２００２）『億万長者をめざすバフェットの銘柄選択術』日本経済新聞出版社

・よろず堂通信（２０２０）「世界長者番付２０２０（富豪ランキング）」
https://yorozu-do.com/sekaichoujabandzuke/（最終閲覧２０２０年10月13日）

・株式会社日本取引所グループ（２０２０）「用語集」
https://www.jpx.co.jp/glossary/ta/537.html（最終閲覧２０２０年10月13日）

・新日本法規（２００８）「ジャスダック、フィールズなどＩＲ優良会社６社を表彰」
https://www.sn-hoki.co.jp/article/tamasters/ta4773/（最終閲覧２０２０年10月14日）

・東京商工リサーチ（２０１９）「平成の上場企業倒産（4月26日16時現在）」
https://www.tsr-net.co.jp/news/analysis/20190426_02.html（最終閲覧２０２０年10月14日）
・Sustainable Japan（２０１６）「グリーンウォッシング」
https://sustainablejapan.jp/2016/03/02/greenwashing/21386（最終閲覧２０２０年10月14日）
・土屋守章（１９８４）『企業と戦略　事業展開の論理』メディアファクトリー
・M・E・ポーター（１９８２）『競争の戦略』ダイヤモンド社
・グローバルタスクフォース株式会社（２００４）『ポーター教授「競争の戦略」入門』総合法令出版
・公益社団法人日本証券アナリスト協会編（１９９１）『証券投資論』日本経済新聞出版社
・井端和男（２００８）『最近の粉飾―その実態と発見法―』税務経理協会
・ローレンス・E・リフソン、リチャード・A・ガイスト共編　林 康史監訳（２００１）『投資の心理学』東洋経済新報社

【著者】

金田一 洋次郎（きんだいち ようじろう）

本名 金田 洋次郎（かねだ ようじろう）
1964年金沢市生まれ。大阪市在住。
関西学院大学社会学部卒業後、日本勧業角丸証券（現みずほ証券）、勧角総合研究所などを経て、2000年個人投資家のためのシンクタンク株式会社ＫＣＲ総研を設立。投資顧問会社北浜キャピタル･アセット･マネジメント株式会社代表取締役。ラジオＮＩＫＫＥＩ投資情報番組「ＩＲチャンネル」で７年間パーソナリティを務める。ＩＲコンサルティングにおいては実績を重視し、これまで企業価値最大化のための数多くの成功事例を有する。年間200社以上の直接取材を実施し、これまで数千レポートを配信。投資教育にも力を入れており、顔の見える個人投資家育成団体NPO法人日本ライフプラン協会理事長として投資勉強会「達人視点の会」を運営。
証券アナリスト［CMA］（公益社団法人日本証券アナリスト協会認定アナリスト）・ＩＲコンサルタント・経済産業大臣登録中小企業診断士・全日本空手道連盟空心会誠道塾空手初段

関連サイトQRコード

達人視点の会

IRチャンネル

北浜キャピタル・アセット・マネジメント

IPOチャンネル

KCR総研

本書についての
ご意見・ご感想はコチラ

中三学割投資法で
あなたも億万長者になれる！

2020年11月11日　第1刷発行

著　者　　金田一洋次郎
発行人　　久保田貴幸

発行元　　株式会社 幻冬舎メディアコンサルティング
〒151-0051　東京都渋谷区千駄ヶ谷4-9-7
電話 03-5411-6440（編集）

発売元　　株式会社 幻冬舎
〒151-0051　東京都渋谷区千駄ヶ谷4-9-7
電話 03-5411-6222（営業）

印刷・製本　シナノ書籍印刷株式会社
装　丁　　弓田和則

検印廃止
©YOJIRO KINDAICHI, GENTOSHA MEDIA CONSULTING 2020
Printed in Japan
ISBN 978-4-344-92697-4　C2033
幻冬舎メディアコンサルティングＨＰ
http://www.gentosha-mc.com/

※落丁本、乱丁本は購入書店を明記のうえ、小社宛にお送りください。
送料小社負担にてお取替えいたします。
※本書の一部あるいは全部を、著作者の承諾を得ずに無断で複写・複製することは禁じられています。
定価はカバーに表示してあります。